中国南方地域文化

徐 潜 \ 主 编

吉林文史出版社

图书在版编目（CIP）数据

中国南方地域文化 / 徐潜主编 . —长春：吉林文史
出版社，2013.4（2023.7 重印）
ISBN 978-7-5472-1550-0

Ⅰ.①中… Ⅱ.①徐… Ⅲ.①区域文化-研究-
南方地区 Ⅳ.①K203

中国版本图书馆 CIP 数据核字（2013）第 068660 号

中国南方地域文化
ZHONGGUO NANFANG DIYU WENHUA

主　　编	徐　潜	
副主编	张　克　崔博华	
责任编辑	张雅婷	
装帧设计	映象视觉	
出版发行	吉林文史出版社有限责任公司	
地　　址	长春市福祉大路 5788 号	
印　　刷	三河市燕春印务有限公司	
版　　次	2013 年 4 月第 1 版	
印　　次	2023 年 7 月第 4 次印刷	
开　　本	720mm×1000mm　1/16	
印　　张	13	
字　　数	250 千	
书　　号	ISBN 978-7-5472-1550-0	
定　　价	45.00 元	

序　言

　　民族的复兴离不开文化的繁荣,文化的繁荣离不开对既有文化传统的继承和普及。该书就是基于对中国文化传统的继承和普及而策划的。我们想通过这套图书把具有悠久历史和灿烂辉煌的中国文化展示出来,让具有初中以上文化水平的读者能够全面深入地了解中国的历史和文化,为我们今天振兴民族文化,创新当代文明树立自信心和责任感。

　　其实,中国文化与世界其他各民族的文化一样,都是一个庞大而复杂的"综合体",是一种长期积淀的文明结晶。就像手心和手背一样,我们今天想要的和不想要的都交融在一起。我们想通过这套书,把那些文化中的闪光点凸现出来,为今天的社会主义精神文明建设提供有价值的营养。做好对传统文化的扬弃是每一个发展中的民族首先要正视的一个课题,我们希望这套文库能在这方面有所作为。

　　在这套以知识点为话题的图书中,我们力争做到图文并茂,介绍全面,语言通俗,雅俗共赏。让它可读、可赏、可藏、可赠。吉林文史出版社做书的准则是"使人崇高,使人聪明",这也是我们做这套书所遵循的。做得不足之处,也请读者批评指正。

編　者

2014 年 2 月

目　录

吴越文化

　　中华大地历史悠久，其间为世人提供、创造了灿烂的文明和丰富多彩的文化类型。吴越文化就是一种富有特色的区域文化，是中华文化的有机组成部分。吴越文化区又称江浙文化区，以太湖流域为中心，其范围大致包括今日的苏南、皖南和浙江省。吴越文化区内产生的河姆渡原始文化，其丰富多彩的文化内涵充分表明长江下游的吴越地区也是中华古代文明的主要发源地之一。

一、吴越文化的来源和特征

吴越文化是长江下游的区域文化。中国古代一般以淮河为南北方的分界线。淮河以南的长江下游地区，从新石器时代以来，文化面貌相对比较一致。春秋战国时期，在这片土地上先后崛起吴、越二霸，因此我们称这一带为吴越文化区。

（一）吴越文化的来源

自商末周初起，吴和越两个国家分别在今天的江、浙地区逐渐形成，有关吴越文化的详细记载是从春秋始，确切讲是从句吴王寿梦（公元前 585 年称王）开始。当时的句吴在寿梦的领导下开始强盛起来，他通过"朝周，适梦，观诸侯礼乐"等一系列的外交活动，让中原人认识自己的国家。也就是从此时起，吴越两国成了晋楚相斗的国家，也因此开始逐鹿中原。这一地区在公元前 11 世纪"泰伯奔吴"之前，已经达到较高的文明程度。这从近半个多世纪以来马家浜文化时期和良渚文化时期的考古发现中可以得到佐证。但在中国文化史上，六朝时期以前产生并存续于江浙地区的吴越文化，尚未形成一种真正具有核心价值理念、具有鲜明的统一性和系统性的文化形态。直到六朝前期，吴越民众仍以尚武逞勇为风气。相比中原地区，吴越文化的落后是明显的。

七千年间，吴越文化经历了几次沧桑巨变。从公元前 333 年楚威王"大败越"到汉武帝时期，经过两百多年的种族大换班，吴越地区由夷越文化变为汉族文化，这是吴越文化的第一次转型。这次转型属民族属性的转型。吴越文化由春秋战国时期的尚武型变为汉代以后的崇文型，政治色彩由浓转淡。从东吴到南宋，吴越地区出现三次发展机遇。永嘉之乱、安史之乱、靖康之难，是中华文明的三次劫难，幸亏长江以南土地辽阔，使中华文明有足够的退身之地。这三次劫难，有两次迫使朝廷搬家，即永嘉之乱与靖康之难。朝廷两次搬家，都搬到吴越地区，第一次搬到南京，第二次搬到杭州。三次移民潮带来中原先进文化，经长期融合，明清时期的吴越文化才呈现纯正、成熟、鼎盛状态。三次移民改变了南北方的经济文化地位。从南宋开始，吴越地区逐渐成为中国经济文化的重心所在地，吴越文化成为中国最发达的区域文化。鸦片战争以后，吴越文化又经历第二次转型。这次转型是全国性的，不限于吴越地区。吴越地区的特殊之处在于：它的文化精英聚集上海，使上海成为中国文化转型的枢纽，吴越地区成为文化转型的最先进地区。经过这次转型，吴越文化在中国文化中率先与世界接轨，从古代型变为近代型，这是文化时代属性的转型。

（二）吴越文化特征

就总体性状而言，粗犷中蕴涵精雅，是当时吴越文化的显著特征。文化的地域特征取决于三个因素：一是自然环境，二是生产方式，三是人文环境。长江下游温湿多水，河网纵横，使人性柔；长江下游种植水稻，养蚕缫丝，生产方式精致细密，使人心细；六朝至隋唐的晋室南渡，士族文化的阴柔特质及其对温婉、清秀、恬静的追求，改变了吴越文化的审美取向，逐步给其注入了"士族精神、书生气质"。长江下游自古多艺术，南宋以后有"江南人文薮"之称，使人气质文雅。柔、细、雅，似乎可以称得上是七千年吴越文化的个性特征。

七千年前的中国各地史前文化，哪一个地方的艺术品，能像河姆渡出土的象牙雕刻"鸟日同体"图那么精致、柔雅、富于想象力？四五千年前的中国各地史前文化，哪个地方的艺术品像良渚文化玉雕那么精致高雅？春秋晚期，吴越争霸，尚武精神发挥到极致，但是即使在这一非常特殊的时间段里，吴越兵器仍然是全国兵器中最精致的艺术品。当时最美的文字是鸟篆书，鸟篆书以越国最发达。夫差与勾践都有卧薪尝胆精神，卧薪尝胆是以柔克刚。越剧可以看做是吴越文化的样品，其柔、细、雅的文化气质表露得淋漓尽致。以女小生为特色，这就决定了越剧的风格是柔美、细腻、文雅。从剧目、唱腔到服装都充满着柔、细、雅的特点。

二、吴越文化的原始文化

（一）河姆渡文化

河姆渡遗址是我国新石器时代的一处重要聚落遗址。它是 1973 年夏天当地农民兴修水利时发现的，总面积约 4 万平方米，自下而上叠压着四个文化层，第四文化层距今约七千年，第三文化层距今约六千五百年，第二文化层距今约五千六百年，第一文化层距今约五千年。1973 年和 1977 年冬季进行过两次考古发掘，合计面积 2630 平方米，出土生产工具、生活器具、原始艺术品等文物六千七百余件，还发现丰富的栽培稻谷和大面积的木建筑遗迹、捕猎的野生动物和家畜的骨骸、采集的植物果实等遗存。丰富的出土文物充分展现了我国南方氏族社会历史时期的繁荣景象，为研究远古时代的农业、建筑、制陶、纺织、艺术和东方文明的起源提供了极其珍贵的实物资料，所以命名为河姆渡文化。像河姆渡遗址这样历史悠久、文物埋藏全面又丰富的遗址在世界考古史上也是十分罕见的。

河姆渡遗址发掘发现的文物遗存具有数量巨大、种类丰富的特点，为研究距今七八千年的氏族公社繁荣时期人们的生产、生活情况提供了比较全面的材料。如两次发掘出土的陶片达四十万片之多，用同样的发掘面积作比较，是其他新石器时代遗址所不及的。又如出土的纺织工具有纺轮、绕纱棒、分径木、经轴、机刀、梭形器、骨针近十种，根据这些部件，可以复原当时的织机，其他的遗址就没有这么具体。它的文化特色主要还在稻作农业、干栏式建筑、纺织和水上交通方面。

河姆渡遗址两次考古发掘的大多数探坑中都发现 20—50 厘米厚的稻谷、谷壳、稻叶、茎杆和木屑、苇编交互混杂的堆积层，最厚处达 80 厘米。稻谷出土时色泽金黄、颖脉清晰、芒刺挺直，经专家鉴定属栽培水稻的原始粳、籼混合

中国南方地域文化

种，以籼稻为主（占60％以上）。伴随稻谷一起出土的还有大量农具、主要是骨耜，有170件，其中两件骨耜柄部还留着残木柄和捆绑的藤条。骨耜的功能类似后世的铲，是翻土农具，说明河姆渡原始稻作农业已进入耜耕阶段。当时的稻田分布在发掘区的北面和东面，面积约6公顷。农业起源表明人类社会从单一的攫取式经济开始向生产式经济发展，这一转变拓展了食物来源，为人类发展奠定了物质基础，在人类发展史上有十分重要的意义。河姆渡原始稻作农业的发现纠正了中国栽培水稻的粳稻从印度传入、籼稻从日本传入的传统说法，在学术界树立了中国栽培水稻是从本土起源的观点，而且起源地不会只有一个的多元观点，从而极大地拓宽了农业起源的研究领域。

河姆渡遗址两次发掘范围内发现大量干栏式建筑遗迹，特别是在第四文化层底部，分布面积最大，数量最多，远远望去，密密麻麻，蔚为壮观。建筑专家根据桩木排列、走向推算，第四文化层时至少有6幢建筑，其中有幢建筑长23米以上，进深6.4米，檐下还有1.3米宽的走廊。这种长屋里面可能分隔成若干小房间，供一个大家庭住宿。清理出来的构件主要有木桩、地板、柱、梁、枋等，有些构件上带有榫头和卯口，约有几百件，说明当时建房时垂直相交的接点较多地采用了榫卯技术。河姆渡遗址的建筑是以大小木桩为基础，其上架设大小梁，铺上地板，做成高于地面的基座，然后立柱架梁、构建人字坡屋顶，完成屋架部分的建筑，最后用苇席或树皮做成围护设施。其中立柱的方法也可能是从地面开始，通过与桩木绑扎的办法树立的。这种底下架空，带长廊的长屋建筑古人称为干栏式建筑，它适应南方地区潮湿多雨的地理环境，因此被后世所继承，今天在我国西南地区和东南亚国家的农村还可以见到此类建筑。建造庞大的干栏式建筑远比同时期黄河流域居民的半地穴式建筑要复杂，数量巨大的木材需要有专人策划、计算后进行分类加工，建筑时需要有人现场指挥，否则七高八低、弯弯曲曲的房子是不牢固的。较高的建筑技术彰显了河姆渡人的智慧。

河姆渡遗址出土的纺织工具数量之多、种类之丰富为新石器时代遗址考古所罕见。数量最多的是纺轮，有三百多件，质地以陶为主，还有石质和木质，形状以扁圆形最为常见，另有少量剖面呈梯形状。织的

吴越文化

方面有经轴、分经木、绕纱棒、齿状器、机刀、梭形器等，纺织专家认为这是原始踞织机的部件。缝纫用的是骨针，有九十多件，最小的骨针长仅 9 厘米，径 0.2 厘米，针孔 0.1 厘米，与今天大号钢针差不多。从出土的苇编和器物上精致的图案看，当时织品为经纬线数量相同的人字纹和菱纹。河姆渡遗址出土的木桨共 8 支，系用原木制作，形似后世的木桨，只是形体略小一些。有桨一定有船，推测河姆渡人已划着独木舟在湖泊之中捕鱼采菱，也可能是氏族间交流时的交通工具。河姆渡遗址发现的漆器有二十多件，早期单纯用天然漆漆于木器表面，稍后在天然漆中掺和了红色矿物质，使器物色彩更加鲜亮，第三文化层中出土的木胎漆碗是其中的代表作品。

河姆渡遗址发现的原始艺术品可分为独立存在的纯艺术品和施刻于器表之上集实用和观赏于一体的装饰艺术两大类，而以后一类数量居多，充分表现了河姆渡人的审美兴趣和文明程度。艺术品中最为人称道的是"双鸟朝阳"纹象牙雕刻件，该器长 16 厘米，宽 5.9 厘米，厚约 1 厘米，形似鸟窝。器物正中阴刻 5 个同心圆，外圆上部刻火焰纹，两侧各有一只圆目利喙的鸷鸟相对而视。画面布局严谨，线条虚实结合，图画寓意深刻，有人说它象征太阳，另有人认为是鸟在孵蛋，象征对生命、生殖的崇拜。说明该器物具有强烈的宗教意义，原始先民已有复杂的精神生活。

（二）马家浜文化

马家浜文化是中国长江下游地区的新石器时代文化。因浙江省嘉兴县马家浜遗址而得名。主要分布在太湖地区，南达浙江的钱塘江北岸，西北到江苏常州一带。据放射性碳素断代并经校正，年代约始于公元前 5000 年，到公元前 4000 年左右发展为崧泽文化。马家浜文化及其后续的崧泽文化、良渚文化的发现与确立，表明太湖地区的新石器文化源远流长、自成系统，并具有鲜明的地域特色。

1957 年发掘的浙江吴兴邱城遗址，下层是以红陶为主的遗存。1959 年，浙江省文物管理委员会等单位在嘉兴马家浜遗址发掘，发现有与邱城下层同类的遗物并有房基、墓葬等遗迹。同年，江苏省文物工作队发掘的吴江梅堰遗址中，也含有这一类遗存。20世纪60年代，有人把它归属青莲岗文化。后来，有人进一步定为青莲岗文化江南类型的马家浜期。20世纪70年代起，有人把它与青莲岗文化相区分，提出了马家浜文化的命名，现已普遍得到承认。经发掘的主要遗址，除马家浜、邱城外，还有浙江桐乡罗家角、江苏吴县草鞋山、常州圩墩等。

马家浜文化主要特点有三：其一，盛行俯身葬。有些死者头骨用陶器覆盖，或是把头骨另放在陶器内，这是较为特殊的一种葬俗。其二，陶器主要是红陶，以外红里黑或表红胎黑的泥质陶为特色，多素面，外表常有红色陶衣，器形以宽檐釜（或称腰沿釜）、牛鼻形器耳的罐、圆锥足鼎等具有代表性。其三，使用玉璜、玉玦等装饰品，这类玉器后来成了中国的传统饰物。

根据圩墩遗址的地层堆积，结合罗家角、马家浜、草鞋山等遗址的地层关系和陶器演变的排比资料，目前可将马家浜文化分为三期。早期：为马家浜下层和罗家角第四层。陶器以灰黑陶和灰红陶为主，绳纹较多见，器形以釜为主。中期：为马家浜上层，罗家角第一、二、三层，圩墩下层和草鞋山第十层。陶器以夹砂（包括夹蚌）红褐陶为主，仍有一定数量的灰黑陶和灰红陶，以素面的为多，绳纹基本消失，器形仍以釜为主，出现少量的鼎和较多的豆，还有牛鼻形耳的罐。晚期：为圩墩中层和草鞋山第八、九层。陶器以夹砂红陶和泥质红衣陶为主，主要器形是釜、鼎、豆。

农业生产是马家浜文化居民定居生活的基础。在圩墩发现一件残木铲，仅存铲身，两面削成扁平状，刃部较薄，应是掘土工具。收获用的石刀数量较少，而且制作也较粗糙。作物主要是水稻，在罗家角、草鞋山和崧泽遗址下层都发现稻谷，经鉴定有籼稻和粳稻两种。罗家角第三、四层出土的粳稻，年代在公元前5000年左右，是目前中国发现最早的粳稻遗存。同时，在罗家角遗址还发现有籼稻。从粳、籼稻粒的数量比例分析，当时籼稻的种植比粳稻要发达。同时，还饲养猪、狗、水牛等家畜。

渔猎经济也占有较重要的地位。发现的骨镞，以柳叶形的居多。在马家浜、崧泽、圩墩等遗址的下层，都有大量的兽骨

堆积。如马家浜有的兽骨堆积厚达二三十厘米。圩墩的野生动物骨头经过鉴定，有梅花鹿、四不像、野猪、獐、貉和鸟类、草龟、鼋、鲫鱼等。其中，梅花鹿、四不像和野猪的数量较多。在一些遗址中还发现有野生的桃、杏梅的果核和菱角等，这些是人们从事采集活动的例证。

石器的磨制技术较高，器类以锛为主，体型较厚，有孔石斧大都呈舌形，体也较厚。这种磨制精致的锛、斧，主要应是加工木器的工具。在圩墩遗址发现有铲等木器。陶器有夹砂陶和泥质陶两种，均为手制。一般陶色不甚纯正。器表以素面的为多，纹饰有堆纹、弦纹、镂孔、圆窝纹、刻点纹、绳纹、篮纹等。主要器形有釜、鼎、豆、罐、瓮、盆、钵等。还出土有陶质炉、箅、三足壶形器等其他文化所未见的器物。大都火候不高，陶质较软，制陶技术还处于较低的阶段。在草鞋山遗址发现了公元前 4000 多年的三块残布片，经鉴定，原料可能是野生葛。系纬线起花的罗纹织物，密度是每平方厘米经线约 10 根，纬线罗纹部约 26—28 根，底部 13—14 根。花纹有山形斜纹和菱形斜纹，组织结构属绞纱罗纹，嵌入绕环斜纹，还有罗纹边组织。这是中国目前最早的纺织品实物。

在草鞋山遗址，发现由 10 个柱洞围成的近圆形的房基残迹，面积约 6 平方米。在马家浜遗址发现的是长方形房基，面积约 20 平方米，其东、西两侧各保存柱洞 5 个，南面一侧有柱洞 3 个。上述两地房屋的柱洞中，有的还残存木柱或在洞底垫有朽木板。这种木板与柱础的作用相似。圩墩遗址出土有榫卯结构的木柱。在邱城遗址发现的居住面用砂土、小砾石、陶片、贝壳和骨渣等混合筑成，还在居住区内挖小型沟道，附近有石筑的长条形公共烧火沟。

在马家浜、圩墩、草鞋山等地共发现墓葬二百多座。多为单人俯身葬，也有仰身直肢葬、屈肢葬和侧身葬等，多数头向北。在草鞋山和圩墩墓地，还发现有几座同性合葬墓，同一墓内的死者年龄相近。在草鞋山有些死者头骨用釜、钵、盆、豆等陶器覆盖，有的把头骨另放在陶器内。随葬器物一般都很少，主要是日用陶器。草鞋山的 106 座墓中，有 25 座无随葬品，其他的有 1—4 件，最多的为一座成年女性墓，有 9 件。随葬品大都是 1 件食器，或食器和炊器各 1 件。食器以豆为多，其次为钵，也有罐、盆、杯等，炊器以釜为多，或用鼎代釜。用生产工具随葬的只有 2 座墓，各放 1 件石斧。有的墓还随葬玉环、玉镯等装饰品以及鹿角、兽牙、蚌壳等。一般认为，马家浜文化处在母系氏族社会时期。上述同性合葬墓的出现，大体是这个阶段在葬俗上的一种反映。

有人认为，马家浜文化由河姆渡文化发展而来。持此意见者把河姆渡遗址第三、四层定为河姆渡文化，将其第二层归属马家浜文化，并认为在地层叠压和器物演变上，这两种文化是先后承袭发展的。另一种意见认为，河姆渡遗址第二层均属河姆渡文化，马家浜文化则另有来源，需再作探索。持此意见者指出，马家浜文化的中、晚期，与河姆渡遗址第二层的年代大体相当，而分属于两个考古学文化，存在相互影响交流的关系。例如，河姆渡遗址第二层的泥质外红里黑陶、牛鼻形耳的罐等，与马家浜文化的有相似之处，是河姆渡文化晚期受马家浜文化影响的结果；同时，在河姆渡遗址还发现一件作为马家浜文化代表性陶器的残宽檐釜，明显是在马家浜文化影响下产生的。马家浜文化的圩墩遗址与南京北阴阳营遗址相比较，器物的差别是主要的，但也有部分近似的器物，例如扁平穿孔石锄、有孔石斧、扁足釜形鼎、敛口矮圈足豆、单耳罐和带流圈足罐等，这说明两者之间有着密切的关系。另外，曾在江苏北部淮安青莲岗遗址发现有个别的宽檐釜，当是在马家浜文化影响下的产物。至于马家浜文化的去向，在草鞋山遗址第七层发现六座墓葬，头向、葬式与叠压在其下的第八、九层马家浜文化墓葬相似，而陶器的陶质和大部分器形，又具有崧泽文化的特点，因此，有人建议把这层作为马家浜文化向崧泽文化过渡的例证。通过普遍发现崧泽文化、马家浜文化的上下层叠压关系，以及从整体上分析这两种文化遗存的内涵，可以确定从马家浜文化演变发展成为崧泽文化。

（三）良渚文化

良渚文化是我国长江下游太湖流域一支重要的古文明，是铜石并用时代文化。因发现于浙江余杭良渚镇而得名，距今约四五千年，在 1936 年被发现，经半个多世纪的考古调查和发掘，初步查明遗址分布于太湖地区。在杭州市余杭区良渚、安溪、瓶窑三个镇地域内，分布着以莫角山遗址为核

吴越文化

心的五十余处良渚文化遗址，有村落、墓地、祭坛等各种遗存，内涵丰富，范围广阔，遗址密集。良渚文化包括浙江余杭反山、瑶山，江苏吴县、张陵山、草鞋山，武进寺墩，常熟罗墩和上海青浦县福泉山，安徽阜宁等长江下游的太湖流域这一时期的文化。良渚文化和红山文化是新石器时期玉文化的两大中心。良渚文化大体可分为早、晚两期。早期以钱山漾、张陵山等遗址为代表。晚期以良渚、雀幕桥等遗址为代表。

良渚文化时期玉器非常发达，种类有珠、管、璧、璜、琮、蝉等。其中玉琮个体大，高达18—23厘米，上面雕刻圆目兽面纹，工艺精湛，是中国古代玉器中的珍品，被誉为"玉琮王"。形状为内圆外方，与古代的天地相通思想相吻合。玉器上刻有似神似兽的神人形象和神人兽合一的形象，它们可能是当时人们的崇拜对象。玉器上的纹饰除神人兽面图像外，其他出现最多的图案是鸟。良渚文化玉器创造性的器型，为后代玉器的造型奠定了基础。

良渚文化的陶器以黑陶为特色，制作精美，有的甚至涂漆。良渚文化时期最先进的陶器制作方式是轮制，黑陶豆盘的形状有圆形和椭圆形，以夹细砂的灰黑陶和泥质灰胎黑皮陶为主。一般器壁较薄，器表以素面磨光的为多，少数有精细的刻画花纹和镂孔。圈足器、三足器较为盛行。代表性的器形有鱼鳍形或断面呈丁字形足的鼎、竹节形把的豆、贯耳壶、大圈足浅腹盘、宽把带流杯等。琮、璧一类玉器数量之多和工艺之精，为同时代其他文化所未见。石器磨制精致，新出现三角形犁形器、斜柄刀、耘田器、半月形刀、镰和阶形有段锛等器形。被发现的陶纹，透露了当时社会文明进步的信息。

良渚文化居民以农业生产为主，主要作物是水稻。据在钱山漾发现的稻谷鉴定，有粳稻和籼稻两种。在钱山漾、水田畈等遗址中还发现有花生、芝麻、蚕豆、甜瓜等植物种子，有人认为是当时的农作物，也有人对其出土层位和鉴定结果有所怀疑。农业工具种类较多，制作大都较精细。其中三角形犁形器，器体扁薄，背面较平，正面稍隆起，常穿有1—3孔，有人认为是安装在木犁床上的石犁铧。斜柄刀的器身略呈三角形，顶端有一个斜向的柄，制作较粗糙，往往仅在刃部磨光，有人认为是安装木柄后用来在土地上划出沟槽的，称为

"破土器"。这两种新型工具，在良渚文化时期使用较多，对其定名和确切用途尚待深入研究。

手工纺织业也有迅速的发展。钱山漾遗址发现有国内早期的丝麻织物。残绢片经鉴定是家蚕丝织成，采用平纹织法，每平方厘米有经纬线各47根，丝带为30根单纱分3股编织而成的圆形带子。从现有的考古资料来看，蚕的饲养可能以太湖地区为最早。但也有人对丝织品的时代持怀疑态度。麻布片经鉴定为苎麻纺织品，也是采用平纹织法，每平方厘米经纬线一般各有24根，有的细麻布经线31根、纬线20根。这是迄今中国最早的苎麻织物。竹器的编织比较发达，制品集中发现在钱山漾遗址，共二百多件。竹篾多数经刮光，容器类的下半部使用扁篾，接近口沿部分则用较细密的竹丝。编织方法多样，有呈一经一纬的人字形，也有二经二纬和多经多纬的人字形，还有菱形花格、密纬疏经的十字形等，特别是产生了梅花眼、辫子口这一类比较复杂的编织法。制品种类有捕鱼用的"倒梢"，有坐卧或建筑上用的竹席，以及篓、篮、谷箩、簸箕、箅等，较广泛地用于生产和生活方面。此外，良渚文化还有桨、槽、盆、杵锤等木器。木桨的使用，说明生活在河道纵横地区的原始居民，已有了舟楫交通工具。

良渚文化居民过着较稳固的定居生活。在钱山漾遗址发现的3座，其中一座东西长约2.5米，南北宽约1.9米，木桩按东西向排列，正中有一根长木，似起"檩脊"的作用，其上盖有几层竹席。另一座只在东边保存下一排密集而整齐的木桩，上面盖有大幅的芦席和竹席。在吴县澄湖还发现一批土井，井底遗有多件陶器和石斧。昆山太史淀的水井还有木构井圈，系用4—5块长约2米的弧形木板凿孔连接而成。

从草鞋山、张陵山等处的地层叠压关系和器物对比分析，良渚文化是由崧泽文化演变而来的。崧泽文化的墓葬，以头向南的仰身直肢葬为主，这与良渚文化的基本一致。崧泽文化的石锛，背面逐渐出现脊线，正处于良渚文化阶形有段石锛的前一阶段。两者的穿孔石斧也相似。崧泽文化的扁方侧足鼎、细高把豆、高领扁腹壶等，与良渚文化的鱼鳍形足和扁方形足的鼎、黑陶细高把豆、高领贯耳壶等有着继承关系。另外，距今五千多年的安徽含山凌家滩文化，大量的玉器体现了"玉器文明"时代，人们把玉器饰

吴越文化

11

品功能转向具有社会功能，突出表现出玉礼器的作用和地位，一些玉器的形制和墓葬中大量陪葬玉器的方式同良渚文化也有着明显的前后继承关系。关于良渚文化的发展去向，马桥中层的青铜文化遗存提供了线索。马桥中层叠压在马桥下层即良渚文化晚期遗存之上，发现的石镰、有段石锛、三角形犁形器、斜柄刀，与良渚文化接近，而后两种石器的数量比良渚文化时期又有所增加。马桥中层的黑衣陶与良渚文化的黑衣陶存在承袭关系，两者的鼎、簋等器形也有密切的关系。至于马桥中层含有较多数量的印纹陶，目前尚无材料说明与良渚文化存在联系，其来源有待进一步研究。良渚文化与大汶口文化之间存在着相互影响的关系。有段石锛和贯耳壶，是良渚文化的基本特征之一，在大汶口文化后期阶段的遗存中有少量发现，是受良渚文化影响的产物。大汶口出土的玉笄，与良渚文化的玉锥形饰可能有联系。在上海县马桥、金山县亭林等地的良渚文化遗址中，出土了数片涡纹彩陶片，可能是受到了大汶口文化的影响。马桥、雀幕桥等良渚文化遗址中出土的陶，也当与大汶口文化、山东龙山文化有关。良渚文化和山东龙山文化陶器都普遍采用轮制，黑陶占有显著的地位，盛行磨光素面陶，三足器、圈足器都很多，等等，表现出两者具有一定的共性。

（四）马桥文化

马桥文化因为这类遗存最早发现于上海马桥遗址中层而命名。从年代上来讲，马桥文化紧接着良渚文化，但文化面貌上截然不同。马桥文化继承了少量良渚文化的文化因素，而且整类良渚文化因素在马桥文化中不占主导地位。研究成果表明，马桥文化来源于浙西南山地的原始文化，同时它还包含了山东地区的岳石文化、中原地区的二里头文化因素。对照中原地区的王朝序列，马桥文化的年代大致与中原的夏和商相当。

马桥文化的遗存在杭嘉湖地区都有分布，由于一些客观上的原因，对浙江境内的马桥文化研究不够深入。平湖地区以往曾有一些马桥文化的遗物出土，但缺乏原生的地层堆积。在后来发掘图泽遗址的过程中，除了发现了崧泽文化

中国南方地域文化

的堆积和良渚文化的墓地之外，重要的是发现并确认了马桥文化的堆积。图泽遗址马桥文化遗存的发现，是马桥文化考古发掘研究的一个重要收获，同时也为我们进一步研究平湖地区史前历史提供了不可多得的资料。

马桥文化有一个奇特的返祖现象：即在其他地区良渚文化晚期出现的许多耗工费时的稀世珍品，包括玉器，带细刻图案的陶器、象牙器，在马桥古文化遗址中均未发现，遗存只是些粗陋的陶器杂件。同时，作为马桥文化原始文字的形器结构和表意方式，比上距千年的良渚文字更为简单。这种现象，考古界认为除社会发展因素外，很大程度是受生态环境的影响。新石器晚期气候变暖，海平面上升，致使发生一次大规模的海浸。沿海先民不得不离开故土，远走他乡。这一地区众多聚落荒废，人大批死亡，造成马桥文化突然衰落，与良渚文化风格传统渊源相中断。

三、吴越文化的民俗文化

（一）传说故事

1. 梁祝传说

梁祝传说在中国家喻户晓，在世界范围内也已广泛流传。梁祝传说可以说

是东方的"罗密欧与朱丽叶"。然而，同样体现了人类对爱情的忠贞精神的"梁祝"，不但比"罗朱"早了上千年，故事内容也曲折生动得多。

　　故事表现一对青年男女在封建制度下未能结合含恨而终的婚姻悲剧。梁祝传说最早的记载见于初唐梁载言的《十道四蕃志》。第一次记下"义妇祝英台与梁山伯同冢"的事。晚唐张读的《宣室志》记载了这个故事的全貌，名为《义妇冢》。明代冯梦龙

的短篇平话集《古今小说·李秀卿义结黄贞女》中也有梁祝故事，写到梁祝死后化蝶。

　　据专家考证，梁祝传说起源于一千六百多年前的浙江省宁波鄞州。越州有一女子祝英台，喜欢吟读诗书，一心想出外求学，但是当时的女子不能在外抛头露面，于是就和丫头银心乔装成男子，前往杭州读书。二人在半途遇见了也要前往杭州念书的芜州书生梁山伯及书童士久，梁山伯和祝英台二人一见如故，遂义结金兰，一同前往杭州。

　　在杭州三年间，梁山伯和祝英台形影不离，白天一同读书、晚上同床共枕，祝英台内心暗暗地爱慕梁山伯，但梁山伯个性憨直，始终不知道祝英台是女儿身，更不知道她的心意。有一次清明节放假、二人去西湖游玩的时候，祝英台借景物屡次向梁山伯暗示，可是梁山伯根本不明白，甚至取笑祝英台把自己比喻成女子，最后祝英台只得直接向梁山伯表示，梁山伯这才恍然大悟。可是这件事全被在一旁偷看的马文才得知，马文才也知道祝英台原来是个女的了。

　　后来家人写信催祝英台回家，临走前，祝英台留一封信告诉梁山伯"二八、

中国南方地域文化

三七、四六定"，意思是要梁山伯十天后去祝府提亲。但是梁山伯却以为是三个十天加在一起，所以一个月后才去提亲。等到梁山伯欢欢喜喜赶到祝家时，才知道马文才已经抢先一步提亲，并且下了聘礼，梁山伯只得心碎地离开，祝英台沿路相送、难舍难分。

梁山伯回家后，相思病重，写信向祝英台表示对病情的绝望，同时希望祝英台能前来探望。祝英台则回信告诉梁山伯，今生无缘，只希望二人死后可以一起安葬在南山。后来梁山伯病逝，祝英台假意应允马家婚事，但是要求迎亲队伍必须从南山经过，并且让她下轿祭拜梁山伯。当祝英台下轿拜墓时，一时之间风雨大作、阴风惨惨，梁山伯的坟墓竟然裂开，祝英台见状，奋不顾身地跳了进去，坟墓马上又合起来，不久，便从坟墓里飞出一对形影相随的蝴蝶……

梁祝传说富有江南地方特色，清风杨柳，缠绵悱恻。这种柔美的艺术形式，反映了江南百姓的审美心理特点，也显示出梁祝传说产生的地域环境特色，奇丽的情节结构体现了人类对于爱情的忠贞。梁祝传说在流传过程中被鼓词、故事、歌谣、传奇、木鱼书、戏剧、曲艺、音乐等艺术形式接受，从而使梁祝传说在民间广为流传，成为中国最具辐射力的口头和非物质文化艺术，并形成了庞大独特的梁祝文化。久而久之，梁祝传说已衍化为宁波鄞州当地的民俗文化、婚俗文化等。梁祝传说已被联合国教科文组织申报世界非物质文化遗产。

2. 白蛇传说

峨眉山是座仙山。山上古木参天、云烟缭绕，很多生灵在山上修炼，取天地灵气，收日月精华。东山峰上，有条白蛇在修炼；西山峰上，有只癞蛤蟆在修炼。这天，白蛇把仙丹吐上了天，癞蛤蟆也把仙丹吐上了天，于是，两颗仙丹碰在了一起，白蛇的根基比癞蛤蟆深，一下子把癞蛤蟆的仙丹给吸去了，从此他们两个成了冤家对头。白蛇一下变成了人形，癞蛤蟆没了仙丹，不能在这里修炼了，就偷偷逃到了西天佛国。一天，佛祖说："念你在这安分守己，如今派你到东土去，镇江金山寺正缺个当家的和尚，赐你一个法号，就叫法海吧！"法海领了三样法宝，便去金山寺做了当家和尚。其实，癞蛤蟆是假装老实，他骗走佛祖的三样宝贝，溜到人间去找白蛇娘

娘报私仇去了。

再说，白蛇拜黎山老母为师，跟师傅又修炼了数千年。一天，白娘子和小青赶到杭州城，找到了当年的恩人许仙，白娘子和许仙结成了一对恩爱夫妻。后来，白娘子和许仙迁居到镇江，开了个保和堂药店，两人恩恩爱爱，日子过得甜甜蜜蜜。当时，镇江正闹瘟疫，很多人都得了急症。白娘子驾云飞到百草山，很快采满了一篓子草药。保和堂药店门口，摆起大缸，装满了汤药，治好了很多人的疾病，救了不少人的性命。这件事却触犯了金山寺的长老法海和尚。本来百姓有病，总会跑到金山寺找法海和尚画个符、念个咒，弄点什么"灵丹妙药"，少不得要给香钱的；不想如今有了病，都往保和堂跑了，香钱收不到了。再仔细一打听，原来这件事情是冤家对头白娘子作出来的，他更恨了。他下了决心，闭着眼睛，捻着那挂佛珠，想出一条毒计。端午节到了，家家户户门上插菖蒲艾草，人人喝点雄黄酒，辟辟邪气和蛇虫百脚。小青根基差，白娘子怕她被雄黄酒伤害，叫她躲进了深山。中午，许仙死缠硬拉，一定要白娘子陪他吃雄黄酒。原来那日法海在金山寺一口咬定白娘子是蛇妖，告诉许仙要她端午节喝雄黄酒，她要是喝了，就会现出蛇形来。许仙一直疑惑不已，所以端午节他想试试。白娘子只好依仗着自己的根基好，勉勉强强喝了半杯。雄黄酒酒性药性一并发作，白娘子心里着实难过，她躺在了床上。过了一会儿，许仙也想上床休息，他把半边帐子一掀，看见一条白蛇挂在帐沿下面，许仙吓得"咚"地一倒，昏死过去。午时一过，白娘子雄黄酒性过了，一看许仙死了，晓得是被自己现了原形吓的。于是，她克服了重重困难，从昆仑山取来了能够起死回生的灵芝草，救活了许仙。许仙刚刚病好，法海又花言巧语把他骗上金山寺，使夫妻分离。白娘子前去索夫，水漫金山后，与许仙断桥相遇，和好团圆。法海再度前去破坏，将白娘子镇于雷峰塔下。

白蛇传说最初起源于民间发现巨蟒的传闻，并受到唐传奇《白蛇记》的一定影响，还吸收了一些金山原有的僧龙斗法传说。《西湖三塔记》中进一步反映了白蛇故事的梗概，故事被加上了人妖不可共居的色彩。明末冯梦龙所编《警世通言》中收有《白娘子永镇雷峰塔》的通俗小说倾向也是如此。清代初年的《雷峰塔传奇》，减弱了白蛇的妖气，突出了她坚决追求爱情的勇敢性格。故事的主要矛盾，转变成白蛇与法海之间的矛盾，具有一定的反封建意义。《义妖传》和《白蛇宝卷》也表现了同一倾向，其中法海成为干预和破坏幸福婚姻的恶势力代表。白蛇传说进入戏曲以后，情节更为丰富，人物性格也更加丰满。白蛇传说从最初的雏型发展到基本定型，其中既有民间文学自身的流传变化，也接受了说唱、小说、宝卷、戏曲等俗文学的影响。白蛇传说作为我国四大民间传说之一，在全世界有着很大的知名度和影响力。

3. 卧薪尝胆

吴王阖闾打败楚国，成了南方霸主。吴国跟附近的越国素来不和。公元前496 年，越国国王勾践即位。吴王趁越国刚刚遭到丧事，就发兵攻打越国。吴越两国发生一场大战。吴王阖闾满以为可以打赢，没想到打了个败仗，自己又中箭受了重伤，再加上上了年纪，回到吴国，就咽了气。吴王阖闾死后，儿子夫差即位。阖闾临死前对夫差说："不要忘记报越国的仇。"夫差记住这个嘱咐，叫人经常提醒他。他经过宫门，手下的人就扯开了嗓子喊："夫差！你忘了越王杀你父亲的仇吗？"夫差流着眼泪说："不，不敢忘。"他叫伍子胥和另一个大臣伯嚭操练兵马，准备攻打越国。

过了两年，吴王夫差亲自率领大军攻打越国。越国有两个很能干的大夫，一个叫文种，一个叫范蠡。范蠡对勾践说："吴国练兵快三年了，这回决心报仇，来势凶猛。咱们不如守住城，不要跟他们作战。"勾践不同意，也发大军去跟吴国人拼个死活。两国的军队在太湖一带打上了。越军果然大败，越王勾践带着五千残兵败将逃到会稽，被吴军围困起来。勾践毫无办法，他跟范蠡说："懊悔没有听你的话，弄到这步田地。现在该怎么办？"范蠡说："咱们赶快去求和吧。"勾践派文种到吴王营里去求和。文种在夫差面前把勾践愿意投降的意思说了一遍。吴王夫差想同意，可是伍子胥坚决反对。文种回去后，打听到吴国的伯嚭是个贪财好色的小人，就把一批美女和珍宝，私下送给伯嚭，请伯嚭在夫差面前讲好话。经过伯嚭在夫差面前一番劝说，吴王夫差不顾伍子胥的反对，答应了越国的求和，但是要勾践亲自到吴国去。文种回去向勾践报告，勾践把国家大事托付给文种，自己带着夫人和范蠡到吴国去。勾践到了吴国，夫差让他们夫妇俩住在阖闾大坟旁边的一间石屋里，叫勾践给他喂马，范蠡跟着做奴仆的工作。

夫差每次坐车出去,勾践都给他牵马。

为奴三年后,夫差生病。范蠡抓住良机,让勾践为夫差尝粪而寻找病源,此举彻底感化了夫差,从而释放了勾践。勾践回到越国后,立志报仇雪耻。他唯恐眼前的安逸消磨了志气,在吃饭的地方挂上一个苦胆,每逢吃饭的时候,就先尝一尝苦味,还自问:"你忘了会稽的耻辱吗?"他还把席子撤去,用柴草当做褥子,表示不忘国耻,不忘艰苦。经过十年的积聚,越国终于由弱国变成强国,最后打败了吴国,吴王羞愧自杀。

4. 西施传说

西施,名夷光,春秋时期人,约于公元前 506 年出生于诸暨苎萝山麓苎萝村,天生丽质。公元前 494 年,越国被吴国战败,越王勾践释归回越后,卧薪尝胆,奋发图强。约在公元前 490 年,国难当头之际,西施忍辱负重,以身许国,与郑旦一起由越王勾践献给吴王夫差,成为吴王最宠爱的妃子。西施把吴王迷惑得无心国事,为勾践的东山再起起了掩护作用。范蠡辅佐越王十年卧薪尝胆,于公元前 473 年,越王终将吴国打败。

"西施传说"源于民间口头流传,后又记载于历代经典,两者相辅相成,经典采择了民间传说,民间传说又从经典中汲取了营养。《墨子》《庄子》《孟子》《韩非子》《淮南子》等都有关于西施的记载,汉袁康的《越绝书》和赵晔的《吴越春秋》,则有了详尽的介绍。至元代开始有剧作家编写杂剧演出,如关汉卿《姑苏台范蠡进西施》、赵明远《陶朱公范蠡归湖》等,但传说的真正大盛时期是在明代。著名昆曲家梁辰鱼根据西施传说编写的昆曲传奇剧《浣纱记》可谓是当时的代表作。至此,西施的形象已基本定型。与前人不同的是,该剧首先将西施、范蠡的爱情故事与爱国主义有机地结合了起来,成为后代大量以西施为题材作品的范本。"西施传说"也成为历代骚人墨客题咏的最佳题材之一。李白的"西施越溪女,出自苎萝山。秀色掩今古,荷花羞玉颜"、苏轼的"欲把西湖比西子,淡妆浓抹总相宜"等诗句,脍炙人口,可谓妇孺皆知。

"西施传说"以"美"和"情"为中心,西施的美貌及甘愿奉献是传说的文化精神内核,它根植于民间,流传于民间,因此更具有民间传说的原生性特点。民间在传说的过程中,将许多美好的希望、祝福和信仰糅合在传说中,使

中国南方地域文化

西施的形象越来越丰富，越来越美丽。同时，纵向传承和横向流传，使得传说的流传范围更为广泛。在某种意义上说，西施传说就是吴越文化的一个缩影。西施传说主要有以下几方面内容：一是人物传说，这一类是"西施传说"的主要内容。它以西施一生的大量传说为枝干，在此基础上生发出一系列的人物传说，如范蠡、东施、郑旦、勾践、夫差、伍子胥等人的传说。有《沉鱼之美》《西施三吟》《玩月池》《西施对诗》以及《朱元璋题诗》等，这类传说大多是围绕西施的生活与命运展开；既有国恨家仇，亦有男情女爱，乃至渔樵耕读等等，内容最为广泛。二是地名传说。其中最脍炙人口的是《白鱼潭》，从这则传说里演化出了成语"沉鱼之美"，这一类传说还有《金鸡山》《浣纱石》《四眼井的故事》等。流传在外地的有德清的《西施画桥》、嘉兴的《学绣塔》《语儿亭》，以及苏州的《两笑半》《一箭径》等。三是物产传说。诸暨的不少特产都和西施传说有关，如《香榧眼》《麦草扇》以及《苎麻的传说》等。嘉兴流传着的《西施与槜李》和在山东流传的《西施舌》，也是这一类传说。四是风俗传说。这类传说以各地风俗习惯为载体，如《西施送蚕花》使当地的老百姓将西施作为蚕花娘娘来崇拜纪念。最有代表性的则是《三江口水灯》，它讲述了西施入吴时，船过三江口适逢晚上，当地村民点燃禾草投入江中，为这位"为国甘献身"的美人照明，后来为纪念西施年年放水灯。至今，农历七月半诸暨三江暨一带仍然有放水灯的活动。

"西施传说"虽然分类众多，但有一点是共同的，那就是所有的西施传说都从不同角度歌颂了西施的美丽、善良和献身精神，表达了百姓对这种精神的崇敬。"西施传说"褒扬真善美，崇尚英雄主义和献身精神，表达了人民积极向上的精神追求。2006年，"西施传说"列入首批国家非物质文化遗产名录，它必将对古越优秀文化传统的继承和弘扬产生积极的影响。

（二） 风俗文化

《隋志》记载古老的吴越民族曾"水行山处，断发文身，以楫为马，往若飘风，去则难从"。"江南之俗，火耕水耨，鱼稻富饶，不忧饥馁，信鬼神，喜淫祀"。就是说吴越民族是一个喜祭祀的民族，他们在一

年四季的许多祭祀活动中形成了自己独特的民风民俗。吴越是最先驯服野生稻的民族，故他们对稻米有一种依恋和崇拜，在众多的祭祀活动中，稻米地位极高：从大年初一用甜汤圆祭祀天地始，正月十五用元宵，二月百花节用生米，三月清明用团子，五月端五用粽子……一直到年三十用米饭祭祀年为止，四时八节大小祭祀中的供品均少不了谷、米或用米做的食品。婚丧嫁娶是人生大事，喜祭祀的吴越民族必大祭祀。在这类重大的活动中稻米是作为重要供品上祭台的。就以婚事为例，新郎新娘在拜天地时，正中要放上一只五谷盘，盘的中间放的就是稻谷，四周散放麦、豆等。以产水稻为主的吴越之地，从春耕播种到插秧施肥，再到秋收冬藏，每一道工序都有一次或简或繁的祭祀仪式，其中以插秧为最：插秧开始被称为开秧门，从开秧门这一天起，除了祭祀地母和祖宗，家中、田头不准讲淫秽的话，夫妻不能同房谓"秧门开，床门关"。在插秧时忌将秧插入捆秧的黄稻草中谓"儿欺娘，遭雷打"，等等。

在举行上面这些祭祀活动时，吴越民族并不讲究烦琐的礼节，都是以礼到、心到为止。并没有像中原民族那样按部就班，一丝不苟，那祭祀的供品中除了稻米以外，其余也是有什么放什么，谓"随花凑"。这种祭祀方法体现出吴越民族那种散漫和随意的性格。

从对水稻的依恋和崇拜延伸开来的还有：对鸟的崇拜，这里有鸟从天上衔来稻种的传说，有对鸟的爱护，特别是对燕子，家家以有燕子前来筑窝为荣，有许多燕子与人的传说。对蛙的崇拜，蛙类中以青蛙和蟾蜍为最，民间有人蛙结亲的传说，有以保护蛙类为目的的儿歌、民谣。水稻的种植以土为本，所以吴越民族在祭祀土地公、婆以外，还有田公、田婆的祭祀。各村各地的土地公、婆都是当地人自封的，都是生前有益于公众的人物，他们的庙也都设在村头或路边。至于田公、田婆是不设庙的，对土地公、婆和田公、田婆的祭祀并不按时论节，也不太讲究供品，只以香烛为主。对水神的崇拜，水稻以水为主，江南又多水患，所以吴越民族从断发文身防水开始，有对水的一系列祭祀和禁忌，一个"哇哇"落地的婴儿，从到河边去打水花始到人死后，要亲属为他去向神买水入殓为止，一辈子不知有多少与水神相关的活动。吴越人说"宁可无饭，不可没水"。有人说吴越人性格纤细而敏感，是以心灵和情感生活的民族，这一点在风俗民情中体现得最为明显。如以上的对鸟也好，对蛙也罢，对土地公、婆和田公、田婆也是，对水神也一样，每次祭礼都是以心到情到为止，吴越人对神也是那么随意、洒脱。

1. 断发文身

所谓断发，是剪短前额的头发，于脑后束髻；文身则是在身上用针或石块等刻画花纹，涂以色料。对于中原人士来说，"断发文身"可说是吴越人最突出的标志。《左传》记载吴国的始祖，亦即周文王的伯父泰伯，迁徙到吴地后，即断发文身以示从俗。越国人亦有类似记载，《墨子》便说越王勾践是断发文身的。越国使者诸发出使梁国时，更因越人断发之俗与中原礼仪不合，而和梁臣韩子辩争。吴越地区出土的文物中，有不少文身束髻的人像，正是这种吴越风俗的反映。文身"越以之为求荣也"，"文身断发，以避蛟龙之害"等，《汉书·地理志》《淮南子·傣族训》等最为典型。根据文化功能说，研究者展开了种种合理的解释，有人认为断发文身是为了装饰的美饰说，有人认为是表达尊贵的尊荣说，有人认为是为了拔除不祥的巫术说，有人认为是保护生命不被动物侵害的避害说等等，还有人认为断发文身习俗是一种古老的成人礼习俗及其标志的遗存。所谓成人礼，是一种关于接纳部落成员，并以某种特殊形式来完成仪式的习俗，其本质是在于通过仪式证明某人已经成年，具有了部落成员拥有的一切权力，尤其是婚姻性关系的权力。成人礼作为一种具有显著民族特点的风俗习惯，曾毫不例外地在世界各民族的社会历史的发展过程中存在过，只是因为地理环境、气候条件的不同，以及民族、部落间的历史文化现实的差异，产生了不同的成人礼仪式。

2. 七巧节

也称乞巧，这是一个以女性为主的节日。吴越民族女性的心灵手巧之艺在这一天可谓是登峰造极。有姑娘小媳妇的家门前挂满了手工制作的鞋子、荷包、手绢、袜子等等，上面做工精细、栩栩如生的花朵蜂蝶，真是让人惊叹。特别是那些送给坑姑娘（一位神名）的鞋，小到只能放进一个手指。这些手工制品也充分体现了吴越民族女性的那种精细、聪

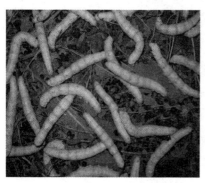

慧的性格。

3. 蚕花节

这是在养第一批春蚕前，姑娘小媳妇们到街上走一走，买一点生活和劳动用品，因为进了蚕房后，她们将与蚕宝宝们一起度过整整一个季节。与她们相应出街的还有那些年轻小伙子和男人们。在这个节日里，男男女女拥拥挤挤、嘻嘻哈哈地在街上行走，人越多的地方越有人去，所谓"挨蚕花"，说是这么一挨，可以使蚕业兴旺，不生虫害。蚕花节如一个集市，各地不等，有三天、五天，也有七天的。这样的风俗节，充分体现了吴越人那种喜欢人与人之间轻松愉快相处的性格。

4. 丧葬习俗

吴越的丧葬习俗与中原华夏、长江中游的楚等比较，在葬制和葬法上具有鲜明的地方特色，其中尤以土墩墓葬和悬棺葬最具代表性。土墩墓葬是吴越地区最具代表性的一种葬法，其历史可以追溯到良渚文化时期。土墩墓可分为两种形式，一种为一墩一葬，即一墩只埋一人，这种数量不多，其墓主应是贵族。另一种是属平民的一墩多葬墓，占总数的80%左右。这种土墩墓不论大小，均不用木质葬具。悬棺葬是悬棺于悬崖峭壁上或岩壁洞穴的一种葬俗，这种葬法在越地最为盛行。这种悬棺的方式可分为三个类型：在岩壁上凿孔，楔入木桩，架棺其上；利用天然岩穴，将棺木半置穴内半露于外，有的全置穴内；利用两个岩壁间的缝隙之处，放置棺木，在露天之下。

四、吴越文化的语言戏曲文化

（一）语言文化

1. 吴语

吴语形成的历史可以追溯到春秋战国时代。那时江南一带民间通行百越语，在古汉语的不断冲击、覆盖下逐渐形成古吴语，六朝民歌及笔记小说里可以见到其踪迹。吴越地区在春秋时诸侯国的主体民族为百越人（属侗台语族）。吴为越并，语言并无变化。越后又为楚国所灭，吴地被列为三楚之一的东楚内。这表明是楚人给吴越地区带来了华夏语基础。楚语正式进入吴越是公元前 333 年由楚灭越开始，楚人几十年的统治形成当地发展汉语的条件，楚语在吴语的形成中起过重要作用。吴语的形成除结合古越语底层外，汉语方面可能由楚与中原话两源融合而成吴楚之音。元末明初的《南村辍耕录》是一部较早以民间射字游戏记录吴语音系的文献。从明朝冯梦龙辑编的《山歌》可以看出，当时的吴语词汇、语法已经基本奠定了今天的轮廓。

2. 吴歌

吴歌，是文学史上对吴地民歌民谣的总称，是吴文化的重要组成部分。吴歌是吴语方言地区广大民众的口头文学创作，发源于江苏省东南部，苏州地区是吴歌产生发展的中心地区。吴歌口口相传，代代相袭，具有浓厚的地方特色，以表现男女爱情为主。吴歌历史源远流长。传说殷商末年，周太王之子泰伯从黄土高原来到江南水乡，建了句吴国并"以歌为教"，从那时算起，吴歌已有三千多年的历史。

民间歌曲包括"歌"和"谣"两部分，"歌"一般来说就是唱山歌，也包括一些俗曲，"谣"就是通常说的"顺口溜"。吴歌和历代文人编著的诗、词、歌、赋不同，是下层人民创造的俗文化，是民间的口头文学创作，主要依靠在民间口口相传，代代承袭，是带有浓厚民族特色和地方色彩的民间韵文形

式。吴歌里又有"命啸""吴声""游曲""半折""六变""八解"六类音乐，其中后三类是汉代以来有的。此外还有"神弦曲"，这是当地的民间祭祀乐歌。"吴声"中有一种依据旧曲而创新的编曲手法，称之为"变"。

江南水乡吴文化地区孕育的吴歌，有其鲜明的特色，自古以来，通常是用委婉清丽、温柔敦厚、含蓄缠绵、隐喻曲折来概括它的特点。区别于北方民歌的热烈奔放、率直坦荡、豪情粗犷、高亢雄壮。吴歌具有浓厚的水文化特点，和耸立的高山、宽阔的草原不同，它如涓涓流水一般，清新亮丽，一波三折，柔韧而含情脉脉，和吴侬软语有相同的格调，有其独特的民间艺术魅力。

中国传统民间文化是世界文化宝库中的一部分，吴歌如今也逐渐引起西方学者的重视。2006 年 5 月 20 日，吴歌经国务院批准列入第一批国家级非物质文化遗产名录，申报城市为江苏省苏州市。2007 年 6 月 5 日，经国家文化部确定，江苏省苏州市的陆瑞英和杨文英为该文化遗产项目代表性传承人，并被列入第一批国家级非物质文化遗产项目 226 名代表性传承人名单。

3. 唐诗之路

自古城绍兴出发，由镜湖向南经曹娥江，沿江而行，入浙江名溪到剡溪，溯江而上，经新昌沃江、天姥，最后至天台山石梁飞瀑，全长约 190 公里，所及面积达 2 万多平方公里。千余年来，众多文人墨客被这条路上千岩竞秀、万壑争流、村野牧歌、清流舟筏的景色所陶醉，一路载酒扬帆，击节高歌，留下了大量脍炙人口的名篇佳作，世人便将其命名为"唐诗之路"。

据史书记载，唐代有 12 位诗人到过剡中，游历过这条风景线。"初唐四杰"的卢照邻、骆宾王；"饮中八仙"的贺知章、崔宗之；"中唐三俊"的元稹、李绅、李德裕；"晚唐三罗"的罗隐、罗邺、罗虬以及孟浩然、崔颢、王维、贾岛、杜牧等，无不在这条路上留下足迹和诗章，从而在这条路上形成了任何地方都不可替代的文化积淀。诗仙李白畅游了这条古道后，被沿途的旖旎风光所陶醉，高歌"此行不为鲈鱼脍，自爱名山入剡中"，"我欲因之梦吴越，一夜飞渡镜湖月"等神采飞扬的诗句。在李白游天台数年之后，诗人孟浩然又沿曹娥江、剡溪再登天台山，写下了《舟中晓望天台》。杜甫 20 岁时就入台越两地，游居忘归达四年之久，高吟"剡溪蕴秀异，欲罢不能忘"。足见当年诗人对这道被后人称之为"唐诗之路"风景线的眷恋之情。

这条古道何以赢得唐代诗人的青睐？原来浙东会稽、四明、天台三大名山在此盘结，其间百溪清流环绕，奔腾有声，汇为剡溪。剡溪清澈见底，两岸风光如画，宛如世外桃源。天台山自古便是名山仙境，沿途有许多美妙动听的神话传说。唐代诗人偏爱漫游剡中，主要是追慕魏晋遗风与汉前文化乃至史前传说。出新昌县城东行 12 公里，即为幽静秀丽的沃洲湖。818 公顷的辽阔水面，能蓄水 1.86 亿立方米，四周青山掩映，绿洲点缀。沃洲湖以沃洲山得名，曾有竺道潜、支遁等 18 位高僧，王羲之、孙绰等 18 位名士雅集于此，沃洲成为浙东的佛学中心，并留下支遁岭、养马坡等胜迹。沃洲东南有山，山峰下有一洞，门悬飞瀑，曰水帘洞。洞外飞瀑自 30 多米的高处落下，随风飘洒，如珠帘垂挂。朱熹诗赞："一片水帘遮洞口，何人卷得上帘钩。"与沃洲山遥遥相对的是天姥山。志载："脉自括苍至关岭入界，层峰叠嶂、千态万状。"李白一首《梦游天姥吟留别》，使天姥山蜚声天下，他所描述的天姥烟雨、海日、清猿、天鸡、熊咆、龙吟、云裙、霞衣的梦幻景色，至今仍吸引着中外游人。除大佛寺、穿岩十九峰、沃洲湖三个省级风景名胜区外，新昌还有小将林场天然森林公园、沙溪镇三井龙潭、儒皆镇万马渡奇观等等，或幽或险或奇，令人赞叹。

近年来，这条"唐诗之路"已引起海内外学者专家的关注，他们纷纷前往考察。"唐诗之路"已成为一道迷人的人文与自然景观相结合的风景线。

（二）戏曲文化

1. 昆曲

昆曲形成的历史可谓源远流长，它起源于元朝末年的昆山地区，至今已有六百多年的历史。它与起源于浙江的海盐腔、余姚腔和起源于江西的弋阳腔，被称为明代四大声腔，同属南戏系统。是我国古老的戏曲声腔、剧种，原名"昆山腔"或简称"昆腔"，清朝以来被称为"昆曲"，现又被称为"昆剧"。昆曲的伴奏乐器，以曲笛为主，辅以笙、箫、

唢呐、三弦、琵琶等。宋、元以来，中国戏曲有南、北之分，南曲在不同地方唱法也不一样。元末，顾坚等人把流行于昆山一带的南曲原有腔调加以整理和改进，称之为"昆山腔"，为昆曲之雏形。明朝嘉靖年间，杰出的戏曲音乐家魏良辅对昆山腔的声律和唱法进行了改革创新，吸取了海盐腔、弋阳腔等南曲的长处，发挥昆山腔自身流丽悠远的特点，又吸收了北曲结构严谨的特点，运用北曲的演唱方法，以笛、箫、笙、琵琶的伴奏乐器，造就了一种细腻优雅、集南北曲优点于一体的"水磨调"，通称昆曲。之后，昆山人梁辰鱼，继承魏良辅的成就，对昆腔作进一步的研究和改革。隆庆末年，他编写了第一部昆腔传奇《浣纱记》。这部传奇的上演，扩大了昆腔的影响力，昆腔遂与余姚腔、海盐腔、弋阳腔并称为明代四大声腔。到万历末年，由于昆班的广泛演出活动，昆曲经扬州传入北京、湖南，跃居各腔之首，成为传奇剧本的标准唱腔。明末清初，昆曲又流传到四川、贵州和广东等地，发展成为全国性剧种。昆曲的演唱本来是以苏州的吴语语音为载体的，但在传入各地之后，便与各地的方言和民间音乐相结合，衍变出众多的流派，构成了丰富多彩的昆曲腔系，成为了具有全民族代表性的戏曲。至清朝乾隆年间，昆曲的发展进入了全盛时期，从此昆曲开始独霸梨园，绵延至今六七百年，成为中国乃至世界现存最古老的具有悠久传统的戏曲形态。

昆剧行腔优美，以缠绵婉转、柔漫悠远见长。在演唱技巧上注重声音的控制，节奏速度的顿挫疾徐和咬字吐音的讲究，场面伴奏乐曲齐全。昆曲的表演，也有它独特的体系和风格，它最大的特点是抒情性强、动作细腻，歌唱与舞蹈的身段结合得巧妙而和谐。昆剧的念白也很有特点，由于昆剧是从吴中发展起来的，所以它的语音带有吴侬软语的特点。其中，丑角还有一种基于吴方言的地方白，这种吴中一带的市井语言，生活气息浓厚，而且往往用的是快板式的韵白，极有特色。另外，昆剧的演唱对于字声、行腔、节奏等有极其严格的规范，形成了完整的演唱理论。

昆曲是我国传统戏曲中最古老的剧种之一，也是我国传统文化艺术，特别是戏曲艺术中的珍品，被称为百花园中的一朵"兰花"。明朝中叶至清代中叶成为戏曲中影响最大的声腔剧种，很多剧种都是在昆剧的基础上发展起来的，有"中国戏曲之母"的雅称。昆剧是中国戏曲史上具有最完整表演体系的剧种，它的基础深厚、遗产丰富，是我国民族文化艺术高度发展的成果，在我国文学史、戏曲史、音乐史、舞蹈史上占有重要的地位。

2. 越剧

越剧发源于浙东绍兴地区的嵊州，正是古之所谓越地。越剧的前身是越地的一种说唱形式——落地唱书，经过半个世纪的孕育，在 1906 年，说唱形式终于以草台班的形式开始了在越地的演出。越剧虽然生于浙东地区，但是真正的发展，由简单的草台班逐渐变得完善却是在上海。越剧在上海发展、成长，而上海文化本身就是江南文化的一部分。这些文化特质被一代一代传递、积累、保留下来，形成独特的文化生态环境。越剧产生并活跃在这样一个典型的江南文化环境中，受"气聚山川之秀，景开图画之奇"的自然环境的熏陶；与北方文化尤其是中原文化的传统、气质不同，形成其独特的风韵。一百多年来，在一代代越剧艺人及越剧表演艺术家的不懈努力下，越剧从中国戏剧百花苑中脱颖而出，成为全国第二大剧种，在国内享有很高的声誉。

越剧的审美特性是优美抒情。优美的表现形式为细致、圆润、轻盈、柔和、舒展。越剧基本风格是在女子越剧时期确立的。它表现的内容，主要是女性的生活和命运，尤其是青年人的感情。它强调艺术形象的美不仅是外部形态，而是外在美和内心美的结合。它的唱腔委婉抒情，表演重视真情实感而非严格按照程式规范。它的服饰色彩、用料、式样柔和、轻盈……显然越剧在中国戏曲中，把优美、柔美发展到充分、鲜明的程度，与其他剧种形成明显的对比，这也是越剧赢得观众的原因。越剧的局限是壮美、阳刚之美不足。越剧以其婉约细致、清悠典雅的风格备受人们喜爱，是中国四大名剧之一。越剧表演极具江南地方特色。越剧善于写情，她的故事哀怨婉转，人物细腻雅致，情致曲折动人，是生于江南，开遍世界的艺术奇葩。

五、吴越文化的师爷文化

师爷又称幕友、幕宾、幕客等，是人们对于作幕之人的一种俗称。清代官署中的幕僚，由于绍兴籍人比较多，所以就有绍兴师爷的说法。绍兴师爷是封

建官署中对绍兴籍幕僚之专称，始于两汉以前，盛于明、清，没落于辛亥革命前后，是地域性、专业性极强之人才群体。古代将帅出征，以"帐蓬"（幕）为办公、生活的场所，这种"官衙"也叫幕府。在幕府里协助主帅工作的人员，就是所谓的幕僚。以后相沿成习，幕府成了各级军政官署的代称。而所谓幕僚者，乃是统称，根据不同的工作性质，所起的作用，又可细分为"幕僚""幕宾""幕友"。仆从们称主政官员为"老爷"，称幕僚为"师爷"，是一种比较尊敬的称呼。"师爷"之名，起于明，盛于清。师爷大都是幕主的心腹。

绍兴多师爷自有其特定的历史、地理环境与经济、文化原因。第一，绍兴历史上一直是文化之邦，人文荟萃，读书人多而能做官的毕竟有限，读书无成者，做师爷是一条出路。史书记载：顺治元年至宣统三年（1644—1911年）绍兴学子中进士者636人，举人者竟达2361人。如此众多的士人，不可能都做官，就以做师爷为进身之途，因为当时"仕途杂进"，师爷在作战上有功或在行政管理上有功，都可由主政官"拜表荐引"，由"佐"变"官"。第二，绍兴人处世精明，治事审慎，工于心计，善于言辞，有作为智囊之能力。正因为有此能力，受到了主政官员的器重。第三，绍兴地少人多，人口密度与土地面积严重失调，士人又自命清高，不愿为农工商贾，不得不外出壮游，寻找发展机会。第四，经济利益方面的考虑。师爷的地位特殊，待遇丰厚。师爷所交往的多为社会上层人士，在这种圈子里，自己也觉得有头有面，如徐文长就说过，师爷"处于不显不隐之间"。至于年薪收入，如果做一个塾师，年薪数十金，而做师爷则"数倍或十数倍焉"。

清朝统治者从发展生产、安定社会大局出发，改"排汉"为"融汉"。地方

中国南方地域文化

实力派如曾国藩、李鸿章、左宗棠、张之洞等为扩充势力，招兵买马，网罗人才，绍兴师爷也乘此用人之际，凭借自己的聪明才智纷纷进入各级政府衙门、投入封疆大吏幕下，师爷行业（幕业）为之大振。故此，清代绍兴师爷数量之多为前所未有。直到辛亥革命前后，一因政府实行"新政"精简衙门，行政官吏削减；二因诉讼案件由传统审理改为由专业司法人员审理；三因各地兴办新学，有学生一百多万人的新知识群体出现，师爷行业（幕业）才渐趋衰落。

吴越文化

六、吴越文化的建筑文化

（一）园林文化

苏州城历史悠久，私家园林始建于公元前 6 世纪，至明代建园之风尤盛，清末时城内外有园林一百七十多处，为苏州赢得了"园林之城"的称号。现存

名园十余处，闻名遐迩的有沧浪亭、狮子林、拙政园、留园、网狮园、怡园等。苏州园林占地面积小，采用变幻无穷、不拘一格的艺术手法，以中国山水花鸟的情趣，寓唐诗宋词的意境，在有限的空间内点缀假山、树木，安排亭台楼阁、池塘小桥，使苏州园林以景取胜，景因园异，给人以小中见大的艺术效果。拙政园享有

"江南名园精华"的盛誉。宋、元、明、清历代园林各具自然的、历史的、文化的、艺术的特色。苏州园林是文化意蕴深厚的"文人写意山水园"。古代的造园者都有很高的文化修养，能诗善画，造园时多以画为本，以诗为题，通过凿池堆山、栽花种树，创造出具有诗情画意的景观，被称为是"无声的诗，立体的画"。在园林中游赏，犹如在品诗，又如在赏画。为了表达园主的情趣、理想、追求，园林建筑与景观又有匾额、楹联之类的诗文题刻，这些充满着书卷气的诗文题刻与园内的建筑、山水、花木自然和谐地糅合在一起，使园林的一山一水、一草一木均能产生出深远的意境，徜徉其中，可得到心灵的陶冶和美的享受。

苏州古典园林历史绵延两千余年，在世界造园史上有其独特的历史地位和价值，它以写意山水的高超艺术手法，蕴涵浓厚的传统思想文化内涵，展示东方文明的造园艺术典范，实为中华民族的艺术瑰宝。1997 年 12 月，江苏苏州古典园林被列入《世界遗产名录》。

中
国
南
方
地
域
文
化

（二）古镇文化

1. 西塘

西塘是一座已有千年历史文化的古镇，位于浙江省嘉兴市嘉善县。早在春秋战国时期就是吴、越两国的相交之地，故有"吴根越角"和"越角人家"之称。相传春秋时期吴国伍子胥兴水利，通盐运，开凿伍子塘，引胥山以北之水直抵境内，故西塘亦称胥塘。因西塘地势平坦，一马平川，又别称平川、斜塘。在唐开元年间就已建有大量村落，人们沿河建屋、依水而居；南宋时村落渐成规模，形成了市集；元代开始依水而市渐渐形成集镇，商业开始繁盛起来；明清时期已经发展成为江南手工业和商业重镇。"春秋的水，唐宋的镇，明清的建筑，现代的人"，是对西塘最恰当不过的形容。西塘与其他水乡古镇最大的不同在于，古镇中临河的街道都有廊棚，总长近千米，就像颐和园的长廊一样。

古镇西塘，占地面积1平方公里，古镇区9条河道纵横交织，将古镇分为8个区块，在其中有27座古桥将市镇连通。古镇在春夏秋冬、晴阴雨雪的长久年代里，始终呈现着一幅"人家在水中，水上架小桥，桥上行人走，小舟行桥下，桥头立商铺，水中有倒影"的不断变幻的水乡风情画。西塘坐落在水网之中，这里的居民惜土如金，无论是商号或是民居、馆舍，在建造时对面积都寸寸计较。房屋之间的空距压缩到最小范围，由此形成了120多条长长的、深而窄的弄堂，长的超过百米，窄的不到1米，形成了多处"一线天"。与此同时，街道弄堂的名称均形象地体现出古镇商贸的繁荣和弄堂的特色，如米行埭、灯烛街、油车弄、柴炭弄、石皮弄等数十个称号与当年的商贸、建筑等都有直接的联系。

到了西塘，临河而建的沿街廊棚最为引人注目，这里的街道临河而建，商铺的生意就在河边做成。往昔，水乡农家的出行以河为道，以舟代步，许多交易只能在船上岸边进行，为此，一种连接河道与店铺又可遮阳避雨的特殊建筑——廊棚便应运而生，并代代传承，相沿成习。实用的廊棚是水乡特有的建筑，西塘至今保存着1300多米长的廊棚，已变成当代人赏古、探幽的休闲胜地。

吴越文化

由于当初西塘的通行以水路为主，外来骚扰较少，故能使西塘较完美地将古镇保留至今。西塘是一座千年古镇，历史悠久，人文资源丰富，自然风景优美，是古代吴越文化的发祥地之一，是中国首批历史文化名镇。

2. 乌镇

乌镇古名乌墩、乌戍。乌镇是河流冲积平原，沼多淤积土，故地脉隆起高于四旷，色深而肥沃，遂有乌墩之名。春秋时期，乌镇是吴越边境，吴国在此驻兵以防备越国，"乌戍"就由此而来。秦时，乌镇属会稽郡，以车溪为界，西为乌墩，东为青墩，乌镇分而治之的局面由此开始。唐时，乌镇隶属苏州府。唐咸通十三年（872 年）的《索靖明王庙碑》首次出现"乌镇"的称呼，此前无据，这一时期的另一块碑《光福教寺碑》中则有"乌青镇"的称呼。乌镇称"镇"的历史可能从此开始。元丰初年（1078 年），已有分乌墩镇、青墩镇的记载，后为避光宗讳，改称乌镇、青镇。1950 年 5 月，乌、青两镇合并，称乌镇，属桐乡县，隶嘉兴，直到今天。

在乌镇的布局中，由于历史上曾地跨两省（浙江、江苏）、三府（嘉兴、湖州、苏州）、七县（乌程、归安、崇德、桐乡、秀水、吴江、震泽），加之吴越文化的积累、沉淀，观念上明显受中国传统儒文化和运河商业文化的影响。儒家文化对营建中流行的风水学说等往往是排斥的，故而很少见常因风水而设的斜门左道，为避免气冲而立的屏墙、照壁，或当路放置的"泰山石敢当"等符镇，而是多轴线明确、卑尊有序的各式住宅。另有访庐阁茶馆、高公生糟坊、宏源泰染坊等商业建筑，有着浓郁的商业氛围。这也与其他江南水乡古镇有很大的不同。

乌镇与众不同的是沿河的民居有一部分延伸至河面，下面用木桩或石柱打在河床中，上架横梁，搁上木板，人称"水阁"，这是乌镇所特有的风貌。水阁是真正的"枕河"，三面有窗，凭窗可观市河风光。水阁是乌镇的独创，是乌镇的魅力所在。碧水蜿蜒，小桥流影，橹声中看水阁画卷般在眼前徐徐展开，看水乡人在水阁中起居住行，听古镇人乡音叫唤此起彼伏。桥是江南水乡古镇不可或缺的因素，据说乌镇历史上桥梁最多时有一百二十多座，真正是"百步一桥"，现存三十多座。

中国南方地域文化

具典型江南水乡特征的乌镇，完整地保存着原有晚清和民国时期水乡古镇的风貌和格局。以河成街，街桥相连，依河筑屋，水镇一体，组织起水阁、桥梁、石板巷、茅盾故居等独具江南韵味的建筑因素，体现了中国古典民居"以和为美"的人文思想，以其自然环境和人文环境和谐相处的整体美，呈现江南水乡古镇的空间魅力。

（三）藏书文化

天一阁属全国重点文物保护单位，坐落在浙江省宁波市月湖之西的天一街。天一阁是中国现存年代最早的私家藏书楼，也是亚洲现有最古老的图书馆和世界最早的三大家族图书馆之一。天一阁之名，取义于汉郑玄《易经注》中"天一生水"之说，因为火是藏书楼最大的祸患，而"天一生水"，可以以水克火，所以取名"天一阁"。始建于明嘉靖四十年（1561 年），由当时退隐的兵部右侍郎范钦主持建造。范钦平生喜欢收集古代典籍，后又得到鄞县李氏万卷楼的残存藏书，存书达到了七万多卷，其中以地方志和登科录最为珍稀。乾隆三十七年（1772 年），下诏开始修撰《四库全书》，范钦的八世孙范懋柱进献所藏之书638 种，于是乾隆皇帝敕命测绘天一阁的房屋、书橱的款式，兴造了著名的"南北七阁"，用来收藏所撰修的七套《四库全书》，天一阁也从此名闻全国。明清以来，文人学者都为能登此楼阅览而自豪。

天一阁面积约 2.6 万平方米，分藏书文化区、园林休闲区、陈列展览区。以宝书楼为中心的藏书文化区有东明草堂、范氏故居、尊经阁、明州碑林、千晋斋和新建藏书库。以东园为中心的园林休闲区有明池、假山、长廊、碑林、百鹅亭、凝晖堂等景点。以近代民居建筑秦氏支祠为中心的陈列展览区，包括芙蓉洲、闻氏宗祠和新建的书画馆。书画馆在秦祠西侧，粉墙黛瓦、黑柱褐梁，有宅六栋，曰："云在楼，博雅堂，昼锦堂，画帘堂，状元厅，南轩。"与金碧辉煌的秦祠相映照。

范钦的私人藏书历经十三世，保存四百余年，虽然也有过几次大的失窃，但事后范氏族人又会想方设法不惜重金赎回。历代藏书家很

多，其藏书能保存百年以上的并不多见，而范氏藏书却保存至今，这与范钦对藏书的管理制度密不可分。天一阁藏书制度规定："烟酒切忌登楼""代不分书，书不出阁"还规定藏书柜门钥匙由子孙多房掌管，非各房齐集不得开锁，外姓人不得入阁，不得私自领亲友入阁，不得无故入阁，不得借书与外房他姓，违反者将受到严厉的处罚，还制定了防火、防水、防虫、防鼠、防盗等各项措施。正因为如此，天一阁的藏书才得以保存到今日。"外姓人不得入阁"一条，使得天一阁的藏书不为外人所知，直到（清康熙十二年1673年），明末清初思想家黄宗羲才有幸成为外姓人登阁第一人。允许黄宗羲登阁的是范钦曾子孙（四世孙）范光燮。自此以后，天一阁才进入相对开放的时代，但仍只有一些真正的大学者才会被允许登天一阁参观。

岭南文化

岭南文化是悠久灿烂的中华文化的有机组成部分，是祖国文化百花园中的一枝奇葩。岭南先民遗址的出土材料证明，岭南文化为原生性文化。基于独特的地理环境和历史条件，岭南文化以农业文化和海洋文化为源头，在其发展过程中不断吸取和融会中原文化和海外文化，逐渐形成自身独有的特点。岭南文化经过长期蓄积，终于释放出巨大的能量，在全国产生重大影响。

一、岭南文化溯源

（一）岭南的得名

在辽阔广袤的神州大地，沿着江西、湖南与广东、广西四省的边境，有一系列由东北走向西南的山脉，蜿蜒曲折，人们称之为"五岭"。

"五岭"之名，最早见于西汉司马迁《史记·张耳陈余列传》："秦为乱政虐刑以残贼天下，数十年矣。北有长城之役，南有五岭之戍，外内骚动，百姓疲敝。"然而《史记》没有说明何为"五岭"。唐朝司马贞《史记索隐》注释是："裴氏（即裴渊）《广州记》云，大庾、始安、临贺、桂阳、揭阳，斯五岭。"可是晋朝邓德明《南康记》认为五岭是大庾、骑田、都庞、萌渚、越城。后人考证：始安岭即越城岭，临贺岭即萌者岭，桂阳岭即骑田岭，而揭阳岭则各家说法不一，至今没有定论。

"五岭"在中国南部，亦称"南岭"。"南岭"以南，称为"岭南"，此名始于司马迁《史记·货殖列传》："夫天下物所鲜所多，人民谣俗，山东食海盐，山西食盐卤，岭南、沙北，固往往出盐，大体如此矣。"这是说："各地物产有少有多，民间习俗也因而不同，太行山之东吃海盐，太行山之西吃池盐，岭南、漠北，有许多地方产盐，情况大致是这样。"

在行政区域划分上，唐太宗贞观元年（627 年），分全国为十道，在五岭以南地区设置"岭南道"，"岭南"从此成为官方正式确定的地名，因而被长期广泛使用。

（二）岭南的范围

岭南的范围，简单地解释，凡属五岭以南，即为岭南地区。其实不然，它因时代变迁而有所变化。总的来说，从东汉后期开始，其范围逐渐缩小。

秦始皇三十三年（公元前 214 年）进军岭南，设立南海、桂林、象郡三郡，其范围包括今广东大部分和广西东部。后来赵佗据此建立南越国，积极向外发展，占有骆越人居住的红河三角洲，辖区较前扩大。汉武帝元鼎五年（公元前 112 年）出兵废除南越国，乘胜扩大疆土，在岭南设立南海、郁林、苍梧、合浦、儋耳、珠崖、交址、九真、日南九郡。其中儋耳、珠崖两郡在海南岛，交址郡、九真郡、日南郡都在今越南境内。到了东汉后期（2 世纪中叶），朝政腐败，国势衰微，无力保护边远地区，日南郡境逐渐为林邑国所占领。其后九真郡境也逐渐缩小，至南朝陈后主祯明三年（589 年）被废。

唐高宗调露元年（679 年），改交州都督府为安南都护府，府治在宋平（今越南河内）。此后人们一直称交州为"安南"，不以"岭南"视之，因为交州距离"五岭"甚远，其间还有高山大河阻隔。唐末五代期间，各地藩镇纷纷割据自立，后晋高祖天福三年（938 年），安南节度使杨廷艺部将吴权据交州独立，从此脱离中国版图，这就更不属于岭南范围了。

宋徽宗大观四年（1110 年），广南西路的辖区包括化州、高州、雷州、钦州、白州、郁林州、廉州、琼州、昌化军、万安军、崖州。其中琼州、昌化军、万安军、崖州位于海南岛，宋朝已有"海南"之名。海南岛在大海之中，少数民族较多，语言、风俗和大陆不同，一向被视为独特的地区，不以"岭南"称之。此后广东与广西之间的省界也屡有变动，但广西大部分地区不属于岭南之内。

现在，人们为了方便起见，通常把"岭南"作为广东的代名词。广西东部本应属于岭南地区，只因面积较小，很多有关岭南的书籍往往略而不言。

（三）岭南的自然环境

岭南是个奇异的地区，背依逶迤的五岭，面临浩瀚的南海，地形复杂，气候独特，自然景色、居民生活习俗均与外界不同，所以唐朝韩愈诗中对岭南就有"事事皆殊异"的观感。

五岭并不险峻，海拔一般为 1000 米左右，从全国范围来看，算不上是高山，然而它东起大庾岭，

岭南文化

37

西讫越城岭，曲折延绵，长达 1400 公里。尽管有好些低谷山口，但毕竟形成一道天然屏障，对冬季从西伯利亚袭来的寒流有一定的阻挡作用，因此岭南冬季少见霜雪。但是在古代，这道天然屏障也阻碍了南北地区之间的文化交流。

岭南地区大部分在广东省内。广东遍布山地、丘陵，素有"七山一水二分田"之称。在广东东北部有九连山脉、罗浮山脉、莲花山脉；西北部有瑶山、大罗山；西南部有云开大山、云雾山、天露山等。丛山之间，有狭长的谷地和一系列盆地，因而河流纵横，珠江水系流经全省。珠江原指由广州经虎门入海的水道，现为西江、北江、东江的总称，分别流经广东的西、北、东部，西江是珠江水系的主流。广东东部还有韩江，西南部有漠阳江、鉴江、九州岛江等，直接流入南海。这些高山大河，孳生万物，为岭南先民提供了丰富的食物资源。先民采食大量蚌、蛛等介壳类动物并猎取野兽，留下很多贝丘遗址，其中往往含有石器、骨器和陶器，使后人得以获知岭南新石器时代的文化情况。

全省水上交通方便，西江上通广西、湖南、贵州、云南，北江上通湖南、江西，东江上通江西，韩江上通福建，本省沿海港口从海道可通往全国及世界各港口，这就有利于经济、文化交流。大小河流的沿岸形成冲积平原，土地肥沃，农业发达。珠江、韩江带来大量泥沙淤积而成的珠江三角洲、韩江三角洲，是人们乐道的鱼米之乡。

广东位处低纬度地带，冬短夏长，阳光充足，四季实际上不大明显，夏日很少酷暑，冬天没有严寒。隆冬时节，寒潮通过骑田岭、大庾岭间的缺口入侵，会出现霜冻，但为时甚短，寒潮一停，很快就大地回暖，因此适宜栽培粮食作物和经济作物。由于面临南海，夏秋两季常有台风暴雨。台风较多，洪水为患；台风较少，出现干旱。冬季全省都比较少雨。旱涝频繁，是岭南气候的特点。

值得指出的是，北回归线横贯广东中部，太阳垂直照射，水分蒸发大，因而全世界在回归线附近的地区，几乎都是沙漠或干旱草原。如北回归线附近有西南亚阿拉伯大沙漠、北非撒哈拉沙漠，南回归线附近有澳洲维多利亚大沙漠、南非卡拉哈里沙漠等，故有"回归沙漠带"之称。可是广东蒙受海洋季风之赐，雨水较多，不但没有变成沙漠或干旱草原，而且农、林、牧、渔业都很兴旺。

中国南方地域文化

尤其是在北回归线附近的鼎湖山、西樵山、罗浮山等，森林茂密、瀑布高悬，不少珍稀动植物在此繁殖。而且从东晋开始，人们陆续在此建筑寺观、书院，成为佛教、道教胜地和硕学鸿儒传业授徒之所。

广东大陆海岸线长达 3368.1 公里，海岸曲折，港湾众多，居全国各省（区）之首。在北部湾与雷州湾之间的雷州半岛，是继辽东、山东半岛之后的全国第三大半岛。全省沿海共有面积 500 平方米以上的岛屿 759 个，岛屿海岸线长 1649.5 公里（大陆和岛屿海岸线均不包括香港、澳门和东沙群岛地区），这就为广东的海洋渔业、运输业和对外交往提供了优越的地理条件。

得天独厚的岭南大地，孕育出别具一格的岭南文化。

（四） 岭南文化的形成过程

原型时期。可以上溯至峒中岩人、马坝人、柳江人时期，而下限到春秋战国时代。这个时期的岭南地区文化处于原始时期，众多不同的部族共同生活在这片土地上。故史书称之为"百越"或"百粤"。在这个历史时期还未形成具有地域文化内涵的岭南文化。

孕育时期。从秦的建立到南北朝时期，是岭南文化的孕育时期。在中原文化的不断输入以及周边地域文化和海洋文化的刺激、影响下，岭南地区在融入大中华文化的同时，也孕育着富有地方色彩的地域文化。

形成和成熟时期。唐代到鸦片战争爆发以前，是岭南文化的形成和发展时期。今天我们看到的岭南方言群的地域分布格局，大体上在唐朝到五代时期已基本形成。而随着宋、元、明以至清代前期，岭南文化在中国政治、经济重心南移的影响下，得到进一步发展，更趋成熟。

近代转变时期。由于岭南文化具备外向文化的特点，而近代西方文化伴随着殖民势力，又首先从这里与东方文化发生碰撞，所以岭南文化是中国文化率先发生近代转变的地方。岭南文化在近代的转变，在中国近代史上产生重大的影响。而澳门、香港地区在西学东渐后，形成了富有特色的新岭南文化类型，使岭南文化的色彩更为缤纷。

（五）岭南的土著氏族

岭南的土著居民是越族。越族的得名，多数学者用文化特征来解释，认为该族首先使用"钺"这种工具和武器。"钺"是扁平穿孔石斧，可作砍杀用，以后演变成青铜铸造的铜钺，成为越族的象征物。也有人认为：春秋末期，有一个部落联盟的首领勾践以会稽（今浙江绍兴市）为中心，建立越国政权，所以此族被称为越族。越族不是自称，而是中原华夏族对它的称呼。

越族一般被认为是大禹的后代，因为大禹后代少康的庶子的封地在岭南九郡。岭南的越族，一说为"百越"，一说为"南越"。其实，"百越"是越族的总称，百越的百是多数、约数，而不是确数。南越是百越的一个分支。越族在新石器时期以有肩石斧、有段石锛与几何印纹陶器为共同的文化特征，这说明越族之间联系密切。岭南土著居民主要是南越，但也有西越、骆越、闽越居住，以及扬越、夷越、滇越等前来活动，可能是这个原因，使得岭南土著居民又被称为百越。

从秦末开始，百越族有一部分逐渐与汉族融合，另有一部分则与现在的壮、侗、黎、水、傣、畲、瑶、布依、仫佬、高山等族有密切的渊源关系。到了宋朝以后，中国文献上不再出现关于"百越"的记载。

二、岭南文化的区域组合

广府文化：广府文化是岭南文化的主体，它以广州为中心。早在南北朝时，梁、陈两朝均设广州都督府，其后隋、唐设广州总管府，明、清设广州府，因此俗称广州为广府。秦始皇进军岭南，任嚣率领由"尝逋亡人（曾经逃亡的罪犯）、赘婿（贫穷入赘于女家的男子）、贾人（商人）"组成的军队，首先进驻番禺（今广州），随后由中原和各地前来的移民络绎而至。他们同当地越族人士共处，语言上互相融合，从而产生粤语，也称广府话、广东话、省城话、白话。从秦末汉初开始，两千多年来，广州一直是对外贸易的重要港口。不少中原人士前来贸易致富，加上早期移民中就有不少贾人（商人），因此居民商业意识浓厚。为了追求利润，他们勇于冒险，富有开拓精神，容易接受新事物、新思潮，不少人在沿海各大港口经商，以及前往南北美洲、澳洲、东南亚、日本等地侨居谋生，他们不忘故土，成为中外文化交流的使者。广府人士重视教育，捐资办学、公款（地方上的学田和家族祭祖的田租收入）助学很普遍。唐、宋以来，人才辈出，文艺创作、学术研究成绩斐然。用粤语演唱的粤剧、粤曲和说唱文学，广泛流行。手工业产品制作精美，素被称为"广货"，与"京货"相提并论，"京广杂货"脍炙人口，受到高度好评。其中"广绣"全国闻名，与苏绣、湘绣、蜀绣媲美；广州玉雕、牙雕、石雕、砖雕、木雕、角雕精美绝伦；"广彩"（彩图瓷器）具有独特的艺术风；"广式家具"选材名贵，雕工精致。城乡茶楼酒馆众多，讲究饮食制作，广州菜享誉海内外。

潮汕文化：以潮州市为中心。古代潮州府治在今潮安县，西汉初年是揭阳县地，历史悠久。汕头市则是新兴海港城市，潮、汕均位于韩江三角洲，接近福建，当地居民原属闽越。汉朝以来，闽南、中原和各地人士不断移入，逐渐形成近似闽南话的潮州话，也称汕头话、福佬（即福建佬之意）话，流行于韩江、东江流域部分地区和沿海有些地方，以及海外潮汕侨民聚居之处。潮汕风俗也和闽南相近，所以宋朝王象之《舆地纪胜》说："虽境土有闽、

广之异，而风俗无漳、潮之分。"可见潮汕与闽南在文化上同属一系。潮州早在唐朝就是对外通商口岸，所以潮汕人士善于经商，富有创业精神，在沿海及海外进行贸易，十分活跃，尤其是在泰国，前往侨居者甚众。潮汕地少人多，为了增产粮食，实行精耕细作，农业生产技术高超。潮汕文教事业发达，从唐朝以来就重视办学。用潮州话演唱的潮剧，多姿多彩；潮州音乐优美动听；潮州金木雕是高雅的建筑雕刻艺术；潮汕抽纱工艺精美；民间玩具品种繁多；各种装饰制作精美、色彩绚丽；枫溪瓷器驰誉海内外。潮汕人士很讲究饮"工夫茶"，茶具精致小巧，泡茶有一定程序。潮州菜与闽菜同源，兼收广州菜、江浙菜和西餐之长，风味独特。

客家文化：客家文化以梅县市为中心。关于客家的来源，很多人认为客家先民来自中原，由于逃避战乱，两晋时迁往湖北、湖南、江西、福建一带；唐末五代时迁至广东北部、东部；南宋时继续迁徙；明、清两朝迁往广东中部、西部以及广西、四川等地。但也有人认为客家不是一个独立的民族，有的说是苗族的一支；有的说是瓯越的后裔；有的则说是公元前聚居于山东等地的外族等。但是客家人不同意上述论点，自认是正统汉族。客家话接近中原汉语，主要流行于广东的东江、北江流域部分地区和粤中、粤西某些地区，以及广西、云南、贵州、四川、湖南、湖北、陕西、山西、河南、安徽、江西、福建、台湾、海南等省（区）的局部地区，也有海外客家侨民聚居之处。客家人在长期迁徙中，由于群体观念强烈，宗族思想浓厚，往往聚族而居，在很多地方出现客家村、客家乡，从而保持其客家文化的特征。农村中古老的客家民居，形同城堡，建筑风格独特，给人以很好的安全感。客家人刻苦耐劳，具有鲜明的开拓意识，不少人背井离乡，创业营生，甚至远走海外，谋求发展。对文化教育很重视，尊师重道，勤奋读书，因此过去梅县有"文化之乡"的美称。客家山歌内容丰富，作为交际工具，彼此唱和，抒情达意，成为生活中一大特色。兴梅汉剧（即外江戏）现改称广东汉剧，流行于东江、韩江流域。客家人很重视烹调技术，客家菜又名东江菜，浓郁可口，别具一格。

中国南方地域文化

三、岭南文化的特点

岭南文化能够独树一帜、举世闻名，并在中华文化的发展过程中产生积极作用，是因为它具有显著的特点。

（一）兼收并蓄

岭南文化对各种外来文化采取兼收并蓄的态度。"泰山不让土壤，故能成其大；河海不择细流，故能成其深。"这是岭南文化充满活力的原因。岭南早在远古时候就出现旧石器文化，因与中原等地交往不便，长期停留于新石器时代，直到商末周初才从外地输入青铜文化，这比中原地区要落后数百年至一千年。而且，岭南的青铜文化并不发达。可以说，岭南的土著文化尚未定型，所以对外来先进文化没有力量进行抗拒、排斥。当秦末汉初之际，中原等地的先进文化以排山倒海之势进入岭南，立即为岭南全盘接受。其实，岭南文化的发展过程，也就是对外来文化实行兼收并蓄的过程。再者，从秦汉开始，两千多年来，岭南一直对外进行经济、文化交流，从未"闭关锁国"，即使在明、清两朝实行"海禁"期间，岭南由于外交（接待外国使团）和财政（靠关税收入补贴地方军政经费开支）的需要，不得不照常维持对外交往。一个开放式的社会，为文化上的兼收并蓄提供了有利条件。

（二）勇于开拓

岭南文化富有开拓精神。岭南的居民，除了少数土著的百越族之外，大部分均属中原和各地移民。从秦朝末年开始，移民活动从未停止。正常年份，商贾的贸迁、军队的移防、官员的调动、士人的讲学，都促使外地人士前来岭南。而在天灾、战乱期间，更有大批移民前来。据宋朝王存等撰《元丰九域志》记载，北宋神宗年间，

国泰民安，岭南的广州、端州（州治在今肇庆市）、南恩州（州治在今阳江市）、梅州（州治在今梅县市）、惠州、雷州等地，外来移民比本地居民还要多，有的甚至多好几倍。一般来说，在农业社会，普通百姓安土重迁，保守成性，不轻易远走他乡。而作为移民前往新的地方谋生，必须具备进取精神，无论从事何种职业，均需刻苦耐劳，不畏困难，才能站稳脚跟，获得发展。岭南的外来移民超过本地居民，这就显示岭南社会具有勇于开拓的风气。从唐末开始，由于战乱、对外贸易和耕地不足，岭南先民冒险犯难，陆续前往东南亚、澳洲和南北美洲等地，重建家园，在参与当地建设方面成绩显著，并为中外文化交流作出很多的贡献。

（三）大胆革新

岭南文化很显著的优点是提倡改革、重视创新。由于岭南远离中央政权所在地，在古代交通和通讯联络不便的情况下，接受正统思想的束缚较少，同时长期与海外进行经济、文化交流，容易接触新事物，吸收新思潮。在古代，东晋葛洪在罗浮山创立道教理论；唐朝惠能创立佛教禅宗顿悟学说，提倡独立思考，反对迷信权威；张九龄建议改革官员任用制度；宋朝余靖反对利用"祥瑞"来搞上下欺骗，要求切实为老百姓做好事；明朝陈献章标榜以自然为宗，冲破程朱理学对思想界的束缚；海瑞提出整顿吏治。到了近代，洪秀全发动太平天国起义；康有为、梁启超实行戊戌变法；孙中山创立三民主义，领导辛亥革命。海外华侨、归侨在岭南大力创办各种近代企业，引进最新技术设备，同时兴建新式学校、医院，均显示岭南文化的革新精神。

（四）讲求实用

岭南文化很注意讲求实用。由于岭南一向是中国对外贸易的重要基地，商人长途跋涉，辗转贩运，备尝艰辛，目的是追求利润。岭南的经济以农业为主，农民终岁劳苦，胼手胝足，耕耘灌溉，希望能获得丰收。因此，在岭南社会，看重利益、注意实效成为普遍的观念，这有助于岭南社会的繁荣。本来，儒家早就提出"经世致用"的思想。在岭南，到了清朝中期，外敌不断入侵，国家多故，民生困苦，整个社会形势促使有识之士振臂高呼，凡事不宜流于空谈阔论，一定要讲求实用。名重一时的南海"九江先生"朱次琦提出："读书者何也？读书以明理，明理以处事。先以自治其身心，随而应天下国家之用。"其门人康有为对之甚表敬佩说："先生壁立万仞，而其学平实敦大，皆出躬行之徐。以末世俗污，特重气节，而主济人经世，不为无用之空谈高论。"在前贤先哲的影响下，近代岭南在各方面都涌现出一批具有真才实学、埋头苦干的有志之士，为中国的革命和建设作出了卓越贡献。

四、岭南文化的丰富内容

（一）"敢为天下先"的学术研究

古代岭南的学术研究，由于历史原因，落后于中原地区，但具有地方特色。到了近代，由于经济繁荣，加以对外文化交流和民族危机感的影响，岭南急起直追，与中原及各地并驾齐驱，并呈现出与中原文化相异的锐气和勇气，多次成为激活古老中原文化的触媒。

1. 托古改制的经学

在岭南经学研究历史中，充分体现出岭南文化"大胆革新"和"讲求实用"特点的，无疑是戊戌变法的核心人物——"南海先生"康有为。

清朝初期，满族统治者为了镇压汉族的反抗，大搞文字狱，滥杀无辜，士人备受摧残。到了乾隆、嘉庆年间（1736—1820年），学者为了明哲保身，继承古文经学的训诂方法，致力于古籍和史料的考证、整理以及语言的研究，岭南学者也是如此。其后爆发第一次鸦片战争，外患日深，国家多难，人们要求变法，于是主张改革的今文经学乘时而起。致力于今文经学、精研《春秋公羊传》的南海人康有为，曾去香港旅游，获悉西方近代文明，其后大量购阅有关西方文化的书籍，从而认为社会在变化，国家制度也应该随之改革。但是古文经学奉行"恪守祖训"，反对变法，为此，他于光绪十七年（1891年）在广州出版《新学伪经考》，提出：当初秦始皇焚书，只是烧毁民间藏书，"但欲愚民而自智，非欲自愚"。因此官府所藏，"未尝焚烧"后来发现的古文经传，乃是西汉末年刘歆伪造，"欲以宗室子佐莽篡汉"；由于古文经学助王莽建立新朝，应该称为"新学"；古文经传出自刘歆伪造，应该称为"伪经"。王莽提倡复古，康有为撰写此书，目的借口反对王莽，从而反对守旧，提倡革新，为变法维新制造理论根据。到了光绪二十二年（1896年），他出版《孔子改制考》，把孔子尊为"托古改制"的始祖，认为"六经"是孔子为了改革当时弊政，假托古代

中国南方地域文化

圣王言论而创作的文献。他在书中坦率表示："布衣改制，事大骇人，故不如与之先王，既不惊人，自可避祸。"尽管《新学伪经考》《孔子改制考》有些论点出于武断，自相矛盾，但用意是打破思想束缚，实行资产阶级改良主义，其作品于戊戌变法期间，在全国产生很大影响。另一方面，《新学伪经考》《孔子改制考》对于古书真伪的辨别，也下了一番功夫，提出了一些新的见解。尤其是《新学伪经考》，在考证古书方面颇受俞樾、崔适、钱玄同、顾颉刚等大家的称赞。

康有为还利用东汉何休《春秋公羊经传解诂》中的"三世说"，把封建社会称为"据乱世"，资本主义社会称为"升平世"，而把消灭家庭、阶级、国家，实行财产公有、人人平等的大同社会称为"太平世"，同时发挥《礼记·礼运》的大同思想，并掺杂欧洲空想社会主义、资产阶级民主意识、达尔文的进化论以及佛教的慈悲、基督教的博爱等观念，于光绪十七年（1891年）撰成《大同书》。康有为于1927年去世后，由其弟子钱定安在1935年全文出版，此书是近代中国空想社会主义的重要文献，主张在现代化生产的基础上，废除私有财产，建立人人平等、自由的大同社会。岭南的经学研究，至此在历史上作出显著的贡献。

2. 自成一派的理学

儒家经典原属先秦作品，经过汉朝经学大师加以注释、讲解，读者才易明白。这些经学大师为了炫耀自己博学，解说经文不厌其详，甚至冗赘难读。例如，西汉《书经》大师秦延君用十多万字来解释《书经》第一篇《尧典》中的"尧典"两字，又用三万字解释《尧典》第一句"曰若稽古"四字。读者不胜其苦，像这样的经学研究，于国于民毫无补益，势必走向没落。经过在唐末五代的剧烈动乱后，到了宋朝，儒家为了维护社会安定，加强国家统一，宣扬封建礼教，对于经书不再侧重训诂，而是探求其中微言大义，即物穷理，研究宇宙本原和认识真理的途径，了解世界的规律性和人类本性等问题。对此，后人称为理学或道学。理学重视纲常，提倡名节，当然受到封建统治者的提倡，岭南也是如此。

理学的创始者周敦颐（1017—1073年），湖南道州（今道县）人，世称镰溪先生，宋神宗熙宁四年（1071年）任广南

岭南文化

东路转运判官提点刑狱，理学在这时传入广东，后来广东很多书院命名为镰溪书院，以示纪念，书院成为宣扬理学的重要场所。南宋时，理学的集大成者朱熹在福建建阳讲学期间，曾来广东揭阳、潮州、韶州等地访友、旅游，对广东的理学发展有很大影响。

到了明朝，岭南的理学大有进展，其中最著名的学者要推新会陈献章（1428—1500 年）。英宗正统十二年（1447 年）中举人，时 19 岁，次年赴京考进士，中副榜，乃入国子监博览群书，代宗景泰二年（1451 年）再考进士，又复落第，景泰五年（1454 年）绝意科举，前往江西抚州崇仁县，拜理学家吴与弼为师学习程朱理学，历时半载，其后归乡授徒。他虽然师从吴与弼，但其理学思想后来独树一帜，开创"江门学派"，著有《陈献章集》。近人认为陈献章"上承宋儒理学的影响，下开明儒心学的先河，在中国哲学思想史的发展上，具有承先启后的地位和作用。"

陈献章采用佛教徒的静坐方式，摒除各种杂念，从而悟出"夫学贵自得""以自然为宗"的道理。陈献章的"学贵自得"，绝非随意所之，悠然自得；乃是提倡刻苦用功，不存侥幸心理，不搞投机取巧，才能实实在在取得真正的收获。他在《李文溪文集序》中说得很清楚："士从事于学，功深力到，华落实存，乃浩然自得。"功力不到，当然一无所得。

陈献章的"以自然为宗"，主张效法自然，遵守自然规律。简言之，陈献章提倡"以自然为宗"，就是要顺其自然，坚决摆脱名利的引诱，保持自我的主张和操守，这样才能够"水到渠成，莺飞鱼跃"。不论是"学贵自得"或"以自然为宗"，关键在于"自觉"，所以陈献章在与弟子湛若水的信中说："学无难易，在人自觉耳。"

由于陈献章的学术思想比较开放，因而不为当朝权贵所看重。《明史·儒林传》说："宗献章者曰江门之学，孤行独诣，其传不远。"这评语值得研究，在全国范围，陈献章的影响有限，但就岭南来说，陈献章的功绩不小，尤其是他培育了一批弟子，其中最突出的是湛若水，曾任南京礼、吏、兵部尚书，足迹所至，便建造书院奉祀其师陈献章。湛若水弟子甚多，世称甘泉先生，当时与

中国南方地域文化

王守仁（世称阳明先生）齐名。

湛若水很尊重其师陈献章，并热心宣传白沙学说，然而对其师强调"静坐"，则不以为然，他曾与人说："静坐，程门有此传授，伊川（即程颐）见人静坐，便叹其善学。然此不是常理。……有执事与人时，如何只要静坐？使此教大行，则天下皆静坐，如之何其可也？"这使人想起古代希腊哲学家亚里士多德的名言："吾爱吾师，吾更爱真理。"湛若水比亚里士多德进了一步，他宣扬老师的正确观点，而否定其不正确的观点，这很值得人们学习，也体现了岭南学人不拘一格的勇气和学风。

（二）人才辈出的岭南文坛

岭南的文学创作，虽然起步较迟，但是品种繁多，在继承中原及各地优良传统的基础上，顺应时代前进而不断创新，因而富有地区特色，也随着本地区经济的发展而日益繁荣。

岭南的古代作者，多是散文诗词并举，为便于叙述，只好侧重其某方面的特长。再者，在漫长的古代岁月中，大量的各地知名文士先后来到岭南，如韩愈、苏轼、苏辙、汤显祖、朱彝尊、王士祯等，为中原文化与岭南文化的交流留下了自己独特的文化印记。

岭南最早出现的具有全国性影响的文人是张九龄（678—740年），字子寿，唐玄宗时曾任中书侍郎、同中书门下平章事，号称贤相。他是岭南历史上最杰出的才子，当时号称"燕（燕国公张说）许（许国公苏颋）大手笔"之一的燕国公、宰相张说，就经常赞誉张九龄是"后出词人之冠也"。唐朝是中国诗作的鼎盛时期，而张九龄则是唐朝岭南最杰出的诗人。初唐诗作，尚有六朝遗风，格调绮丽颓靡，武后时，陈子昂挺身而出，以汉魏风骨，力矫齐梁陋习。接着张九龄也致力于开创唐代诗作新局面，在初唐诗坛颇负盛名。其诗风和雅清淡，留下"海上生明月，天涯共此时"的千古名句，在吟咏中秋月的诗作中，与后世苏轼的"人有悲欢离合，月有阴晴圆缺，此事古难全，千里共婵娟"并称于世。

张九龄之后，岭南文学虽也人才辈出，但始终偏居

岭南文化

49

一隅，鲜有重回文化中心的文豪级人物出现。直到清朝后期，岭南文化重领风气之先，在诗歌、散文、小说等领域涌现出大批风流人物，均为一时之翘楚。

清朝后期，康有为与梁启超横空出世，使得岭南文化重回中国文化的聚光灯下，两人联手推动的"维新变法"成为晚清政治的分水岭，与此同时，两人在文学上也颇有造诣。

康有为从事宣传变法维新运动，写了大量的政治论文，洋溢着丰富的爱国热情，内容充实，说理透彻，运笔纵横捭阖，构思汪洋悠肆，采用中外典故和排比句法，形成一种新的文风，言人所不敢言，使读者受到很大感染。其散文后人辑为《康南海文钞》。

与康有为相比，梁启超成就更为巨大，可以称得上一代宗师。梁启超于学术研究涉猎广泛，在哲学、文学、史学、经学、法学、伦理学、宗教学等领域，均有建树，其中以史学研究成绩最显著。梁启超在文学理论上引进了西方文化及文学新观念，首倡近代各种文体的革新。其在文学创作上亦有多方面成就，散文、诗歌、小说、戏曲及翻译文学方面均有作品行世，尤以散文影响最大。梁启超的文章风格，世称"新文体"。这种带有"策士文学"风格的"新文体"，成为五四以前最受欢迎、模仿者最多的文体，而且至今仍然值得学习和研究。

清朝后期，梁启超首倡"诗界革命"，响应者众，其中最为引人注目者当为嘉应州（今梅县）的诗人黄遵宪（1848—1905年）。黄遵宪是光绪二年（1876年）举人，曾任驻日本使馆参赞、驻美国旧金山总领事、驻英国使馆二等参赞、驻新加坡总领事共十多年。由于长期从事外交工作，因而接受西方思想影响，积极参加变法维新，撰《人境庐诗草》。其诗汪洋态肆，颇具特色，富有爱国主义色彩。在创作上，其《杂感》一诗提出："我手写我口，古岂能拘牵。即今流俗语，我若登简编。"主张用通俗语言写诗，要求将"古人未有之物，未辟之境，耳目所历，皆笔而书之"，成为晚清"诗界革命"的先驱。

晚清小说有"四大谴责小说"传世，其中《二十年目睹之怪现状》的作者吴沃尧（1866—1910年）即出身岭南。吴沃尧，南海人，字小允，号趼人，因家居佛山，故又称"我佛山人"。

《二十年目睹之怪现状》，120回，光绪二十九年开始发表于《新小说》杂志，至宣统元年（1909 年）完稿。小说以改良派人物"九死一生"的经历为主体，贯串了近两百个小故事和众多的人物，反映了光绪十年（1884 年）中法战争到光绪三十年（1904 年）前后这二十多年间，作者亲闻亲见的中国官场、商场、洋场及社会各个角落的种种怪现象。其重点则在官场，因为官场黑暗腐败造成祸国殃民，是最大的社会问题。所以此书出版后立即在全国产生很大影响。

光绪二十八年（1902 年）十月，梁启超在日本东京创办《新小说》月刊，鼓吹"小说界革命"，其《论小说与群治的关系》提出"欲新一国之民，不可不先新一国之小说"，高度强调小说的社会教育作用。岭南文坛奇人苏曼殊的《断鸿零雁记》在当时影响甚大。《断鸿零雁记》是中篇小说，1912 年刊于《太平洋报》，内容描述主人公三郎与雪梅的婚约，因三郎家道中落，雪梅继母毁约，强迫雪梅嫁与富户，三郎愤而出家为僧。其后三郎赴日本寻访生母，得遇姨表妹静子，两人相爱，但三郎认为自己是僧人，不宜结婚，于是潜逃回国。其后得知雪梅不愿做富户媳妇而绝食自杀，因此下定决心终身不娶。故事情节带有自传成分，其中亦流露浓厚的民族意识。类似言情小说，还著有《惨世界》一书，共 14 回，名为翻译，只是大部分取材于法国雨果的《悲惨世界》，并非全部照原文翻译，也不能说是创作，内容为攻击清政府，鼓吹武装革命和实行暗杀，成书于光绪二十九年，遭到清朝官员查禁。

（三）岭南三秀：各呈色彩的艺术流派

岭南的艺术接受中原各地及外来影响，结合本地的特点，经过长期改造、融合、创新，自成派系，独具一格，富有浓厚的地方色彩，因此在国内外享有较高的声誉。其中粤剧、广东音乐和岭南画派被称为"岭南三秀"。

1. 粤剧

粤剧是全国十大剧种之一，用广州方言演唱，流行于广东、广西的广州方言地区和香港、澳门，在美洲、欧洲、澳洲和东南亚采用广州方言的华侨中也有演出。"粤剧"一词在清朝光绪中期才出现，其起源约在明朝中期，早在嘉靖年间，江西弋阳腔传入广东，到了清朝初期，徽剧、湘剧和其他剧种也陆续传入广东。粤剧吸

收了弋阳腔、徽剧、湘剧、昆曲、秦腔、汉剧、祁剧、桂剧等剧种的唱腔，以后又加入南音、龙舟、木鱼、粤讴等广东民间曲调，于雍正前后汇合形成粤剧，具有自己的特色。唱词结构基本上是 7 字句和 10 字句，后来发展为长句和自由句格。唱腔有高亢激昂，为武生专用的大喉；有稳重厚实，为小生、文武生专用的平喉；有清圆委婉，为旦角专用的子喉。曲调有正线、反线、乙反线，既能慷慨昂扬，又能哀怨悲叹，富于表演力和感染力。伴奏乐器也不断增加，除运用二弦、三弦、高胡、月琴、琵琶、笛子、沙鼓、高边锣等民族乐器外，还运用扬琴、小提琴、大提琴、萨克斯号等西欧乐器，使伴奏功能大大提高，增强戏剧效果。在表演上，原先分为末、净、生、旦、丑、外、小、贴、夫、杂等 10 个行当，各有传统表演程序，后来演变为生、旦、文武生、武生、公脚、小武、六分、拉址等独特行当。文武生是粤剧表演的台柱，既能做文戏，也能做武戏，还能唱大喉，为其他剧种所少见。在服装、化妆和舞台布景方面也很讲究。传统剧目近 3000 个，较为流行的有"最古江湖十八本""新江湖十八本""江湖十八本""小江湖十八本""八大曲本"等。

2. 广东音乐

广东音乐是我国著名的乐种之一，不仅流行于广东各地，而且影响遍及全国和海外华侨聚居地。它本是丝竹音乐，起源没有确切记载，一般认为其前身主要是粤剧过场音乐和烘托表演动作的乐曲，所以过去有"过场音乐""过场谱子""小曲"等名称。按乐曲长短，分为"大调"和"小调"。初期以粗弦硬弓、发音响亮的"二弦"为主要乐器，辅以三弦、提琴（即大板胡，并非西洋提琴）、月琴、笛子，称为"五架头"。以后受"江南丝竹"影响，改用二胡（钢丝弦）为主要乐器，这就出现以二胡、扬琴、秦琴的"三件头"，和再加上洞箫、椰胡的"五件头"。再后，所用乐器发展至数十种之多，吹、弹、拉、打均有。其早期乐曲，音符较疏，节奏变化较少。后来其旋律有所发展，音色清脆明亮，曲调流畅优美，节奏明快清新，声韵悠扬动听。在曲调进行中，有多种装饰音型，称为"加花"，使旋律更加自然和谐，流畅丰富，具有鲜明的地方色彩和独特风格。它是一种标题性音乐，结构上以简驭繁。传统乐曲约 300 首，主要有表现风俗图景的《赛龙夺锦》《平湖秋月》《山乡春早》《雨打芭蕉》

等，有描绘生活情趣的《渔樵问答》《渔歌晚唱》《饿马摇铃》《鸟投林》等，有歌颂向往幸福的《孔雀开屏》《双飞蝴蝶》《春风得意》等，有反映欢乐情绪的《步步高》《娱乐升平》等，也有哀叹人生不幸的《昭君怨》《双声恨》等。它不断吸收国内外其他乐种的长处，从而能够广泛地表现各种题材。

3. 岭南画派

清朝后期，番禺的居巢、居廉兄弟二人在绘画上新意盎然，成就突出。清同治三年（1864年），居巢、居廉在广州河南建筑"十香园"，不久，居巢病故。次年，居廉在此设馆授徒，他重视写生，强调师法自然，培养了一批美术人才，最为著名的便是"两高一陈"，即高剑父、高奇峰和陈树人。三人都曾留学日本，学习过日本画，都是同盟会会员，思想进步，在艺术上他们主张"折衷东西方"，融和古今。在继承中国画传统技法的基础上，吸收日本、欧洲画法和摄影的优点，对中国历代各派画家进行去芜存精，兼容并蓄，强调师法自然，重视写生，注意画面整体的色调，色彩鲜丽，提倡绘新题材，认为新事物皆可入画，从而形成具有民族风格的现代新国画，被称为"岭南画派"。岭南画派是中国传统国画中的革命派。他们以极大的勇气与毅力，冲击弥漫画界蹈袭仿古恶习，努力反映现实生活，注重选择有时代气息与前人未曾表现的题材。给中国画注入生机，堪称中国画革新先行者。

岭南画派在近现代文化史上拥有几个"第一"。高剑父是辛亥革命以前，第一位出国学美术的画家。辛亥革命以后，他又是第一个在国外举办个人作品展览的画家。他在1912年筹组中国第一支新闻摄影报道专业队伍——中华写真队。高奇峰在1912年主编中国第一本绘画、摄影、文学综合性杂志《真相画报》。陈树人于1912年发表在《真相画报》上的《新画法》中第一次引用和应用新词"形式美"的概念。高剑父1908年在广州西关仓颉庙，第一次举办"折衷中西"的个人新国画展览；1915年第一次把当时最新武器——飞机、坦克作为中国画的描绘对象。以上这些"第一次"，意味着一种超前意识、一种超常胆识、一种开拓精神。为此岭南画派成为岭南文化的象征。

居巢与居廉两人系堂兄弟。居巢（1811—1865年），字梅生，号梅巢。居廉（1828—1904年），字士刚，号古泉，广东番禺隔山乡人。他

们强调作品以自然为师，亲自栽花叠石，饲养花鸟虫鱼，以供写生。两人均善于用粉和用水，以"撞粉"和"撞水"画法发展了没骨花鸟画。这种方法是在色彩未干之际，注入适量的粉和水，使之互相渗化交融，待干后，出现一种特殊效果。虽古已零星有之，但自觉地在熟宣纸和熟绢上发展成的特殊技法应该归功于二居。他们勇于创新技法的精神也成为日后岭南画派日益壮大的精神底色。

高剑父（1879—1951年）名卷，字爵庭，番禺人。父、祖世医，均能书画。他13岁跟居廉学画，17岁去澳门岭南学堂，跟法国画家麦拉学素描，28岁考入日本东京美术学院，学东、西洋画法。既有深厚的传统绘画基础，又从事过西洋绘画的研究，在艺术上得到不少新的启示。他是我国近代最早尝试融合中西和东洋画法的先驱。高剑父先生既擅长写意，也能画工笔。他大胆地融合中国传统绘画技法和西洋、日本画法，注重写生。他的绘画追求透视、明暗、光线、空间的表现，尤其重视水墨和色彩的渲染，创造出一种奔放雄劲而又令人耳目一新的艺术效果，具有南方特色，开创了岭南画派，在中国近代画坛上造成了深远的影响。高剑父曾获意大利万国博览会金牌奖、巴拿马万国博览会金牌奖、巴黎万国博览会最优秀奖。在比利时百年博览会上，其《江关萧瑟》《绝代名妹芳》得分最高。参加柏林中国美术展览的《松风水月》，由德国政府购藏。他的画善用色彩或水墨渲染，别具一格。

高奇峰（1886—1933年），是高剑父胞弟，少年时候跟高剑父学绘画。清光绪三十三年（1907年），又跟随高剑父东渡日本，向田中赖璋学绘画，并参加同盟会。1912年在上海主编《真相画报》，1918年回广州，在广东工业学校工作，并自设美术馆，招收学员，后在岭南大学任教，1933年因病去世，年仅44岁。高奇峰的绘画技艺、主张以及人生经历均受其兄高剑父影响，作品以翎毛、走兽、花卉最为擅长，在艺术上写生最为突出，善用色彩和水墨渲染，画风工整而刚劲、真实而诗意盎然。

陈树人（1884—1948年）名韶，番禺人。因筑室于广州东山和番禺隔山，自称"二山山樵"。他16岁时向居廉学绘画，并结识高剑父、高奇峰。他工诗

中国南方地域文化

善画，尤长花鸟、山水画。画风清新、恬淡、空灵，独树一帜。作品《岭南春色》，1931年在比利时万国博览会上获最优等奖，《红叶》于1942年由中国教育部购买赠给印度政府，《红了樱桃，绿了芭蕉》为法国国立博物馆购藏，《紫云》为柏林国家博物馆购藏，《绿竹》《桃花》分别为莫斯科、列宁格勒（彼得堡）的博物馆收藏。

近代以来形成的岭南画派，注重写生，吸收外来技法，强调表现时代精神，不受传统观念的束缚。"二高一陈"已树立起改革国画的旗帜。他们又培养了大批学生，黄少强、方人定、赵少昂、关山月、黎雄才以及杨善深等，都在不同程度上继承和发扬了岭南画派的传统。

（四）互不相通的方言土语

中国地广人多，各个地域的文化发展不平衡，加上远古时代有难以计数的种族、部落，这就产生了各种方言、土语。秦朝统一全国后，实行文字统一的政策，这为语言的统一创造了条件。但是，由于历史的原因，至今广东与中原等地在语言上仍有明显差异，以至外地人士初到广东，在语言上顿生茫然之感。广东原是百越族聚居之地，分支繁多，方言原本就不少。秦朝以后，由于逃避战乱、商业经营、仕宦讲学、军队驻防等原因，历代均有各省人士前来广东，这就产生本地方言与外地方言混合形成的语言，主要是粤语、潮州话、客家话三大类。至于小范围的方言则有数十种之多。即使是广东人，也不可能掌握广东的全部方言。

1. 粤语

过去称为广府话，因为从南朝开始设置广州都督府，简称广府。广东省治在广州，广东简称为粤，所以广府话又称为粤语。它是汉语七大方言（北方方言、吴方言、湘方言、粤方言、闽方言、赣方言、客方言）中语言现象复杂、保留古音特点和词语较多的一种方言。粤语在全省流行，以及广西部分地区、香港、澳门和东南亚、澳洲、美洲的广州籍华侨中使用。它是广东诸方言中最主要的一种。

早在秦始皇三十三年（公元前214年），任嚣、赵佗率

领大军进驻番禺（今广州市），当时番禺只是珠江漏斗湾内百越族的居民点，面对大海，还未建城，居民不多。任嚣来到后首次建城，取名"番禺"，从字面解释，"番"与"蕃""藩"相通，有"屏藩"之意；"禺"与"隅"相通，作"区域"解。"番禺"二字，意即"边远地区"或"保卫边远地区"。因为"番禺"远离京城，所以任嚣用这两字作为地名。任嚣的籍贯已不可考，赵佗是真定（今河北正定县）人。真定原属赵国，秦始皇十九年（前 228 年），秦军统帅王翦吞并赵国，赵佗可能在这时加入秦军。秦始皇二十四年（公元前 223 年），王翦率兵击灭楚国，攻占江南地区。其后任嚣、赵佗挥师进驻岭南，由此推知，秦军使用的语言，当是北方方言。而番禺土著居民百越族使用的语言，则近似今天的壮族方言。由此可知，粤语是在古代百越族语言的基础上，长期吸收中原和各地方言融合而成的。

据司马迁《史记》中《秦始皇本纪》和《南越列传》的记载，秦军进驻番禺没有经过战斗，因此不需动用很多兵员，随后的移民是"适治狱吏不直者，筑长城及南越地"，可以肯定其人数也不多。因此秦军不能用北方方言取代百越方言。要在岭南立足，秦军在很多方面必须和当地人士打成一片，岭南当时没有文字，作为语言的三要素（即语音、语汇、语法），百越语言不能不受北方方言中语法、语汇的影响；而在岭南的秦军，其语言中的语音也不能不受百越语音的影响。

岭南自秦军进驻后，两汉四百多年之间，一再派遣重兵前来平定叛乱；东晋南朝，中原战乱频仍，流民大批南迁；唐朝重修大庾岭山路；宋朝整治北江水道。一千多年来，中原及各地人士络绎定居广州，粤语逐渐定型。

粤语的特点是：它保留了部分古汉语，如"看"称为"睇"，"站立"称为"企"，还有一些古越语的残余和方言字，而且外来语也较多，如"小店"称为"士多""出租汽车"称为"的士"等。在语音方面，粤语的声母数目有 20 个，这和普通话差不多，但韵母和声调比较复杂，韵母有 53 个，比普通话多三分之一；声调有 8 个，即平、上、去、入四声中，各分阴、阳，有人认为是 9 个，即入声分高、中、低。在语汇方面，有些用词和普通话略有不同或完全不同，如"荸荠"称为"马蹄"、"冰箱"称为"雪柜"；有的复合词的词序颠倒过来，如"公猪"称为"猪公"、"整齐"称为"齐整"。在语法方面,粤语和普通话也有一些差异,如"你先吃"说成"你吃先"、"我比你大"说成"我大过你"。三者之中,主要差别在语音。

粤语历史悠久,流行的地区广阔,因而各县、市使用的粤语,均略有差异。最突出的是台山、新会、恩平、开平(俗称"四邑")使用的台山话(又称"四邑"话),与粤语有较大差异,很多广州人也听不懂台山话,但是语言工作者仍然把台山话列入粤语的范围之内。

2. 潮州话

潮州话又称汕头话、福佬话,一般称为潮汕方言,简称潮语,它主要流行于广东省东南部十多个县、市,以及香港、澳门和东南亚的潮汕籍华侨中。尤其是泰国华侨,很多人会讲潮语。

广东潮汕地区邻近福建南部,福建人不断移居广东,因此潮语受福建话影响,属于闽方言中的闽南系,其远祖和吴语有关。早在远古时候,现今潮汕地区的土著居民属闽越族,流行壮侗语或苗瑶语。春秋战国时期,吴、越两国先后破灭,其族人不断南迁闽、广;秦、汉时期,中原人士相继移入;唐、宋、元、明均有大量闽人前来定居。因而到了明朝,潮语才最后定型。

潮州话的特点是:它保留了古闽语的一些特点,实际上也是古吴越语、古汉语的特点,和广东西部的雷州话、海南岛的海南话有某些相近之处,但和粤语、客家话差别很大。在语音方面,潮州话声母有 18 个;韵母比较复杂,一说有 77 个,一说有 79 个,一说有 90 个。这大概是使用潮语的县市不同而出现的地域差异。声调有 8 个,即平、上、去、入四声各分阴、阳两类。有音而没有字的情况比较多,方言字也比较多;有些字音,单读时有其声调,称为"本调",若与其他字连起来读,其本调却要改变,这现象称为"连读变调"。同时,在潮州话中,"文白异读"比较突出,即一个字的读音称为"文读",谈话时这个字音称为"白读",两者并不相同。在语汇方面,潮州话使用的古词较多,如"眼睛"称为"目"、"游泳"称为"泅"。有很多本方言特有的词语,如"起床"称为"走起"、"自我表扬"称为"旌功"。有些单音词重叠后,可作形容词,如"猴猴"形容人瘦弱,"柴

柴"形容人的样子呆板。由于对外交往，也有不少外来语，除英语外，因到新加坡、马来西亚的人较多，所以吸收了一些马来语，如"手杖"称为"洞角"、"饼干"称为"罗的"等。在语法方面：潮州话也有其独特之处，词头、词尾有一些常用的前缀、后缀，以加强感情色彩，前缀有"老""阿"等，后缀有"图""仔""伙""鬼""头"等。名词、动词、形容词重叠使用，使词语表示不同的含义或增加生动性。如"仙仙"表示"不懂世事的样子"、"拼拼拍拍"表示"出力干事"、"野样野样"表示"难看"、"条条直直"表示"有条不紊"等。潮语流行的各县、市的语音，也有微细的差异。

3. 客家话

客家话又称梅县话、麻介话等等。在广东省内，客家话使用人数在粤语、潮州话之下，居第三位，但覆盖面积仅次于粤语。它在广东省主要流行于东部和北部的十多个县、市，以及西部和沿海县市部分居民中，其他省（区）和海外华侨中，也有人使用客家话。

客家话一说在宋朝，一说在明清时期定型。有人提出，客家从东晋由中原南迁时，曾在湖北、湖南、江西等地居留，故曾受当地语言影响，客家话比较接近江西的赣方言，也有人认为比较接近两湖方言。又因早期客家和畲族共同聚居，所以彼此间语言有很多共同之处。客家话的特点是：保留一些古语和中州音韵，如"黑"称为"乌"，"中午"称为"昼"。除了本方言特有的词语外，还借用其他方言和外来语。在语音方面，客家话有声母19个，一说是17个，韵母74个，声调6个，即阴平、阳平、上声、去声、阴入、阳入。在语汇方面，客家话的用语，单音词比较多，如"浇灌"称为"沃"、"木柴"称为"樵"。本方言特有的语汇较多，如称雄性动物为"牯"、称雌性动物为"嫲"、称儿子为"赖"、称麻雀为"瓦弄必"等。在语法方面，客家话和普通话有差异，和粤语、潮州话也不一样。客家人强调："宁卖祖宗田，不忘祖宗言。"但在实际上，客家人的住地比较分散，因而各地的客家话仍有不少差异。

（五）别具特色的建筑文化

岭南地处南海之北，五岭之南，丘陵起伏，河流纵横，属热带、亚热带丘陵地区，气候特点表现为潮湿、炎热、多台风。针对这种特殊的地理气候条件，岭南建筑在解决通风、隔热、遮阳等方面，通过传承历史，锐意创新，逐步形成了独特的岭南风格。岭南风格是一种既有现代主义特征，又有岭南地域特色的建筑风格，这种设计思想的具体表现在于：它是讲求功能要求的现代主义，它具有传统岭南建筑的特点，又注重亚热带地区的室内外建筑环境的特点和内外空间的交融。而西关大屋就是这种岭南风格的完美体现。

西关大屋的称谓，应该是群众在长时间的生活中逐渐口口相传而成的。时间估计从清末开始，其时，西关一带的民居从平面布局、立体构筑和室内的细部装饰设计，都有大略相同的模式和独特的地方风格，其中大户人家居住的，俗称"古老大屋"。据史载，清末，西关一带已成为广州市繁荣的商业经济中心，而且毗邻泮塘城郊，河汉纵横，荔岸荷塘，享自然风光环境之美，因而商贾富户、名伶、仕宦人家多喜欢在此经营住宅，所以古老大屋以西关为最多，并形成建筑群，渐次口口相称为"西关大屋"。

狭义的"西关大屋"应当指以清末古老大屋为代表的西关大屋，平面呈纵长方形，砖木结构，坡屋，层数有一层或两层，典型的平面为"三边过"也叫开间，正中为"正间"，两侧为"书偏"，一般面宽 20 米左右，进深 40 米左右。有的"书偏"以小巷与邻屋相隔，此巷称"青云巷"，有通风隔热、走火通路的作用。

更为精美的有"五边过"，即五开间，屋后还带有花园和楼台亭榭。有的还建有戏台，占地面积1000 平方米以上。西关过去比较著名的大屋有梁资政第、李探花第等，但今天已基本无存。现定为市文物保护单位的泰华楼，是李探花第的书轩，从中约略可想见旧日大屋的规模。

广义的"西关大屋"，应包括民初或稍后的仿古式大屋，有砖木结构，也有混合结构，坡屋顶或平屋

顶，层数多是二至三层。此外，亦应包括双开间的民屋以及一些揉合了西洋建筑韵味的民居。

西关大屋是近百年南方建筑的一个典型，适应亚热带温湿气候，在建筑布局、建筑工艺、装修工艺上都有浓郁的地方建筑特点。

首先，西关大屋平面布局多为矩形，揉合了广州及珠江三角洲一带"传统民居"三间两廊式的基础，又吸收了苏州等地的大宅厅堂、花园布局演变而成。以主屋（正间）为中轴线，两侧布置为对称的二偏间，平面成"三开间"，俗称三边过，有的再扩展为"五开间"（五边过），也有的只有一正一偏的。大屋以一个金字架屋顶为"一进"，房屋深度一般为"二至三进"，前面书厅房，后面是庭院，中间是主要厅堂。

其次，正门立面典型，是由青砖石脚、脚门趟栊、黑漆大门、正间缩藏出回字门口组成。建筑工艺精细，墙体一般用细绿青砖，白色花岗石脚和讲究的石门洞。特别是被工匠师称为"三件头"的脚门、趟栊、大门特具风格。脚门大约高1.7米，两折对开，门上部雕通花图案，造工不俗，即使关上门，主人仍可从门内看清来客。木趟栊是由5—6厘米直径圆木条横排组成的小栅，开和关都是水平移动，关上趟栊也不影响通风透凉。大门厚重，一般有5厘米，有的甚至为一整块木板做成，一般用杉木，富者则用东京木和坤甸。青砖石脚，漆黑的脚门，趟栊和大门，简朴戍重、和谐古稚，颇具岭南特色。

西关大屋的产生有社会的、自然的、传统的原因。

首先，清代广州的商业经济中心逐步从原来城南濠泮街一带向西关方向迁移，从清康熙二十四年（1685年）在广州设立海关始至清末，西关已成了全市非常繁荣的中外贸易中心。

其次西关毗邻泮塘，环境优美，故商贾多喜欢在此营建西关大屋，以利于其经商、居住、享乐，逐渐成为一种时尚。

再次，西关大屋以中轴为中心，左右对称及厅房布置层次分明的结构，适应了广州人传统的宗族、家族、长幼尊卑的观念。

西关大屋适应了当时社会发展的需要，把我国传统的合院式布局，作了一种适合当地人文环境、地理环境和气候的改革，创造出一种平面布局紧凑，空间间架设计巧妙，带楼层的密集式的城市居屋类型，其后极大地影响了民国以后广州大量建造的竹筒式民房和骑楼式的店铺。

竹筒式的民房又叫竹筒屋，因其以天井间隔房（犹如一节节竹筒，故称），尽管没有三边过或五边过的气势，但大多数保留了门口的"三大件"，平面布局与西关大屋基本类同，只是规模缩小，内部的间架简化。

另一方面，随着社会的发展，以及我国相当一部分知识青年出洋留学，西关大屋也在建筑的设计和架构上有了相应的发展。这种发展，是在那个时候的一种特定的环境下出现的，既是传统的，又体现了向西洋建筑的学习；既是西洋化的，又体现了一班出身传统中国宗族家庭的留洋青年对传统房屋形式的继承和眷恋。这样的西关大屋主要表现为：保留正门三大件及内部大致架构的基础上，增设颇具洋味的阳台，在房屋的装饰细部上也增设了洋味的石刻窗框、窗楣、洋式模线等，而且立面格局也有了较多的变化，特别是多向 2—3 层发展，不囿于中间正、两边偏的格局，有时会是两边正立面，中间一座走梯相连两边等形式。

更进一步，有的大屋发展得洋味十足，带有西式的庭院、小洋亭、罗马柱、螺旋式走梯、铁窗花等，但庭内仍设置中式的水池和湖石，从中仍透露出传统的气息。

西关大屋从其雏形发展成经典，又发展为揉合西洋风格的小洋房，之后发展成为具有现代特色的居屋，正体现了岭南文化在建筑文化上兼收并蓄、不拘一格的发展脉络。

（六）不重思想重实用的岭南园林文化

岭南园林作为中国传统造园艺术的三大流派之一，在中国造园史上有着非常重要的意义，特别是在现代园林的创新和发展上，更起着举足轻重的作用。岭南园林是指以广州为中心，包括广东、广西、海南、福建西南和台湾等地的园林。

从岭南文化的特征来看，具有反传统的特点，受中原儒家文化的影响较少，与传统的江南私家园林具有明显的差异。江南园林一般园林面积较大，追求人格化的自然山水，

岭南文化

建筑在园林中只是起陪衬、点缀作用。江南私家园林常常是民居与园林分开设置，在宅居建筑群旁设园，像苏州的网师园、留园等，或另寻地方开辟新园，园林和住宅各自独立设置。这种园林布局或多或少与当时文人的逸世思想有关，园林与住宅分开。象征着人世与逸世，而宅居则作为园林主人归隐逸世的去处。所以，岭南地区更多的是受自然气候的限制，而非儒家思想的束缚。岭南园林的布局原则更多的是注重于功能实用，反映出商人更多考虑实际。

由于岭南庭园占地一般较少，常将建筑物沿外围边线成群成组地布置，用"连房博厦"的方式围成内庭园林空间，使庭园空间与日常生活空间紧密结合起来。从地理气候来看，岭南地处沿海，受海洋性气候的影响，常年高温多雨。该方式可以减少外墙，降低热辐射影响，相互比肩，可利于抵御台风暴雨袭击，也可减少雨季时内部联系不便。用建筑围合出庭院，把生活空间和庭园空间紧密结合，园林成为建筑使用空间的中介过渡。

传统的岭南园林常用的布局手法是在建筑庭院中凿池置石，周边间以四时花木点缀，配植高大乔木留荫，亭、廊、桥、舫、景门、花窗等园林建筑则穿插布局，结构精巧、色彩艳丽，空间通透开敞。

东莞可园是岭南四大古典名园之一，于 1850 年由张敬修辞官归乡兴建，取名可园。可园面积甚小，庭院部分仅 2200 平方米，但布局巧妙合理，小巧玲珑。园中建筑、山池、花木等景物十分丰富。全园共计有一楼、六阁、五亭、六台、五池、三桥、十九厅和十五房。庭院有三组建筑群，每组建筑用檐廊、前轩、过厅、走道等相接，形成"连房广厦"的内庭园林空间。三组建筑各有一条轴线，虽然地形呈三角形，入口东西向，但建筑皆南北向，且曲廊随曲合方，因此建筑群体非常和谐。"连房博厦"这种建筑包围庭院的岭南式庭院布局对现代的筑设计产生了重要的影响。广州白天鹅宾馆中庭的"故乡水"，海南华侨宾馆庭院中的"海南第一峰"，西樵山大酒店内庭的"飞龙入潭"，莲花山庄北阁内庭壁山水池等庭院园林都是岭南园林"连房博厦"式布局手法的现代演变。

岭南的园林建筑在文化本质上体现的还是内向型的东方文化，这种特征已经渗透到岭南古典园林的布局与空间组织当中，形成岭南园林庭院空间向心和内聚的空间特征，从而形成空间围合的空间物质形态。岭南四大古典园林中顺德的清晖园便是一个典型的例子，"清晖"二字意取"谁言寸草心，报得三春晖"，以示筑园报母之意。它的特征是：主要的建筑物、回廊、亭榭等均沿园的周边布置，所有建筑均背朝外而面向内，并由此围合成一个较大较集中的庭园空间。这种布局的好处是在极为有限的范围内可布置较多的建筑，且不致造成局促拥塞的局面。此外，还采用了园中园的形式，除外围布置主要的高、大的建筑物来围成大院外，还在大院中部用较矮、小的建筑再围合成一个内向的小院，从而增加了布局的层次，亦丰富了大院的空间，使人进入院门后不可一览无余，体现了内向的民族特征。

在建筑风格上，岭南文化中开放性和兼容性的文化特征得到明显体现。岭南园林中的建筑有比较鲜明的特色：一是体型轻盈、通透、朴实，体量较小；二是装修精美、华丽，大量运用木雕、砖雕、陶瓷、灰塑等民间工艺，门窗格扇、花罩漏窗等都精雕细刻、再镶上套色玻璃做成纹样图案；三是布局形式和局部构件受西方建筑文化的影响，如中式传统建筑中采用罗马式的拱形门窗和巴洛克的柱头，用条石砌筑规整形式水池，厅堂外设铸铁花架等。由于岭南地区处于沿海边沿，早在春秋战国时期就有在沿海进行贸易的，后来逐渐演变成与邻国的海上贸易。岭南园林思想随时间迁移逐渐受外来文化（包括国内文化和国外文化）的影响，在建筑形式上表现为既有民间特色的大量民间工艺，又反映出西方罗马式和巴洛克式的建筑形式。如潮阳西园、清晖园和余荫山房。余荫山房庭院布局受西方古典园林思想的影响，呈规则式的轴线布局。

岭南地域呈封闭势态的地理环境，使岭南文化一开始便具有原始的野性和质朴。随着秦统一，汉文化的融入，带来了占统治地位的文化模式。临海发达的海外贸易，又使岭南文化吸收了海外不同国家地区的文化，更由于商业经济的萌芽发展，使岭南文化表现出异于中原文化的某些特点：亲民济世、灵活、朴素、实用。岭南文化中的这四个特征也贯穿于整个岭南园林建筑文化的始终。

荆楚文化

　　荆楚文化是中华民族文化的重要组成部分，他源远流长，博大精深，内涵丰富，历史悠久，具有鲜明的地域特色和巨大的经济文化开发价值。

　　在祖国漫长的历史长河里，荆楚文化是中华民族古代文化的一个重要组成部分，是西周至春秋在江汉流域兴起的一种地域文化。

　　荆楚文化是在荆楚大地诞生和发展起来的，它既吸收了周边文化之长，又保留了自己独特的文化形态和文化特征。

一、略谈荆楚

荆地为九州之一。《尚书·禹贡》："荆及衡阳惟荆州。"这是说荆山和衡阳之间是荆州。

楚国地当荆州，因此也称荆楚。其地以今湖北全境和湖南北部为中心，包括周边一些地区。楚国先祖是古帝颛顼高阳氏。高阳是黄帝的孙子，昌意的儿子。颛顼第五代后人吴回担任古帝高辛氏的火正，也称祝融。

吴回的部落分布在朝歌之南，地当今天河南新郑一带。吴回之子陆终生有六个儿子，幼子叫季连，芈姓，是楚国的先祖。楚族出自黄帝和颛顼，楚族的直系祖先则是季连。

楚人的先祖从帝喾起一直担任火正要职。后来，商汤崛起，发兵灭了夏朝，国人分崩离析，开始四处流落。于是，季连部离开故地新郑一带向南迁徙，辗转来到丹水、淅水一带，并沿着随枣走廊直抵长江北岸。

南迁的季连部渐渐与原荆楚地区的先民相互融合，形成一支号称"荆楚"的民族。这一民族为后来的大一统中国和伟大的中华民族作出了巨大的贡献。

周文王时，季连的后人鬻熊投靠周文王，参加了灭商之战，受到周王室的重视，被周文王尊为老师，类似于姜子牙。

鬻熊是楚国的最早缔造者。楚人感念其功德，把他与祝融一样作为祖先祭祀。

鬻熊的曾孙熊绎，在周成王时被封为楚子，居丹阳。"楚子"即"楚地的子爵"，当时已实行"公、侯、伯、子、男"的班爵制度了。"丹阳"位于丹水和淅水交汇之处，地当今湖北省丹江口水库，因处丹水之北，故称丹阳。古时山之南为阳，而水之北也为阳。

熊绎及其后代在江汉流域开发山林，艰苦创业，寻求内部稳定和对外发展。

东周平王三十一年（公元前 740 年），楚子熊通自立为楚武王，宣告了一个南方大国的崛起。

楚武王之子楚文王建都于郢，兼并了江汉一带的小国，国势更加强大了。

楚文王之子楚成王即位时，楚地方圆千里，威震诸侯，周天子特地向楚王"赐胙"，要求楚国镇抚南方，勿侵中国。

二、荆楚先民文化

在季连南迁之前，荆楚地区原居民曾为创造本地文明作出过重大的贡献。早在二三十万年前，荆楚大地就留下了先民的足迹。

1992年底，在江陵荆州镇郢北村发现了距今约五万年左右的旧石器时代文化遗址，出土了数以万计的砍砸器、刮削器等石器。

继旧石器时代之后，江汉地区又先后发现了千余处新石器时代文化遗址，反映了氏族制社会先民创造的原始文化。

大溪文化距今约六千年左右，因最早发现于四川巫山大溪而得名，相当于新石器时代前期。其分布范围西起巫山，东至湖北监利，北至汉水东北岸，南至洞庭湖北岸，属母系氏族公社阶段。

大溪文化遗址出土了大量陶器，有红陶、黑陶、灰陶、白陶等。其中公安王家岗遗址出土的瓮，壁厚而坚实，容量大，既可盛食物，又可盛水。器壁纹饰上颇具特色：表面先施一层红色陶衣，然后以黑彩绘上古朴生动的水波纹、人字纹、指印纹、平行线纹、戳印纹、刻印纹等纹样。

距今五千年左右，江汉地区先民与黄河流域、长江下游等地先民相继建立了父系氏族公社，相当于新石器时代后期。

楚地这一时期文化因最早在京山屈家岭发现而被称为屈家岭文化，是承袭大溪文化而来的。其分布范围东至黄冈以西，西至三峡，北至河南南部，南至洞庭湖北岸，中心地区在汉水中游的京山、钟祥、天门等地和涢水流域一带。

早期屈家岭文化以黑陶为主，松滋桂花树出土了细颈壶、瓶形壶、小口罐、瓦棱纹罐等，其中瓦棱纹罐为灰色，纹路清晰，容量较大，美观实用。钟祥六合出土的高圈足豆为黑色，圈足从上至下有整齐的小孔，美观大方。

晚期屈家岭文化陶器以灰色为主，主要器形有直颈鼓腹壶、双腹碗、瓮、盆等，各具特色。钟祥六合出土的罐有大、中、小之分，陶瓮腹大口小，陶盆口大腹深，陶鼎带盖密封。

这时，楚地先民已经开始采用快轮制陶法了。

天门邓家湾出土的蛋壳彩陶杯薄如蛋壳，轻巧美观，代表了制陶的最高水平。

江汉地区出土的陶纺轮形体轻巧，彩绘鲜艳，图案以旋涡纹、编织纹、太

中国南方地域文化

极图纹为主。纺轮大小不一，说明这时手工纺织的纱和布已有粗细之分了。

从公元前 4600 年至公元前 4000 年前，江汉地区在屈家岭文化的基础上发展成为具有龙山文化特征的新石器时代文化序列，被称为湖北龙山文化。因为在天门石家河出土的器物最多，所以又被称为石家河文化。其分布范围东至鄂东，西至鄂西，北至豫南，南至洞庭湖，与大溪文化、屈家岭文化的分布范围大致相当。

石家河文化以灰白陶和黄白陶为主，器形复杂，许多大型器为前所未见。如天门邓家湾出土的大型方格纹缸，可以盛粮食或水。还出土了大陶瓮，是埋葬婴儿和成人尸骨的瓮罐。瓮罐埋葬法与平原地区多湖泊沼泽有关。

天门邓家湾还出土了丰富多彩的陶塑人物和动物。人物造型生动，神态各异。动物有象、羊、鸡、鸟、狗、龟、兔等十多种，造型有人狗相戏、鸟栖狗背等，生趣盎然，反映了先民熟练的雕塑技巧，展示了人与自然的和谐统一。其中有长鼻子的大象、竖起双耳的兔子、卷曲双角的羊、勾着嘴的鹰，各具特点，生动传神。所有这些陶塑是我国原始艺术的结晶，说明荆楚大地先民的审美能力已经很高了。

石家河文化最引人注目的是在瓮棺中发现的稀世珍品——玉雕。

精美的玉雕选用黄褐色、灰白色和青灰色等软玉作玉料，除雕刻成管、坠、璧、珠、璜、环等装饰品外，还有人头和各种动物形状的玉器。人头戴帽，耳下垂环。动物有飞鸟、跃鱼、鸣蝉等，造型简洁逼真。玉虎头双目圆睁，两耳直竖，机敏威严。玉蝉双目外凸，双尾分叉，灵巧高雅。玉鹰展翅飞翔，威武凶猛。这些玉雕大多有小孔，可以佩带，既是装饰器物，也是礼器。楚地多玉，有悠久的玉雕历史，后来闻名天下的和氏璧即出自荆楚大地。

上述出土石器除大溪文化有一些打制石器外，其他文化遗址均以磨制石器为主，既有大型的木柄石锄、石斧、石铲，还有精巧的刀、凿等小型工具。

松滋桂花树、公安王家岗、京山屈家岭等遗址出土了大量的含有稻谷的陶片和谷灰渣，说明当时荆楚大地的原始农业是以种植水稻为主的。各处遗址还出土了猪牙、牛角、兽角、鱼骨、网坠、箭簇等，说明原始畜牧业已经发展起来。

大溪文化、屈家岭文化和石家河文化说明荆楚大地自古以来就有先民在此辛勤开发，并创造了原始文明，为后来璀璨的荆楚文化奠定了基础。

荆楚文化

三、荆楚物质文化

物质文化包括农业、手工业等。

（一）农业

楚人从周初到春秋初年，居荆山一带，农业生产仍处于刀耕火种阶段，以种粟为主。

中国南方地域文化

楚武王以后，楚国向南、向东开拓，逐渐占据江汉流域，向当地居民学会火耕水耨，掌握了植稻的生产技术。先民烧荒是很普遍的，无论种粟植稻，都要先烧草作为肥料，这就是"火耕"。"水耨"指将杂草沤于水中，可作肥料，保证水稻生长。江汉平原农业先进，屈家岭、石家河文化遗址中均有稻壳出土。楚人占据江汉平原后，向土著学习，农业生产以水稻为主，耕作水平也提高了。

生产工具是农业生产发展的重要标志，铜镰的出现说明农作物产量大为提高了。

春秋时期楚国青铜器冶炼业已很发达，除了制造礼器、兵器和生活用具外，也制造出了不同用途的农业生产工具。铜镰便是其中之一。楚人的生产工具尚有锛、镰、斧、削、锥等。

春秋晚期，楚国不仅能锻造熟铁，而且还能冶铸生铁。在冶铸铁器方面，楚人居于领先地位。楚地出土的铁器有铁削、铁剑、凹口锄、铁鼎等。

楚人铁器的使用虽然处于初期阶段，出土的铁器数量也不多，但铁器作为一种新的生产力，对开垦土地、兴修水利，导致新的生产关系的诞生起了重大的推动作用。随着铁农具的使用，牛耕这一新的耕作方式也出现了。

楚国地处水乡，水利资源丰富，随着青铜、铁农具的出现，水利灌溉事业也逐步发展起来。楚武王以后，在江汉、江淮间，挖沟开渠，为楚国水利事业和水路交通奠定了基础。

楚庄王时期，孙叔敖主持兴建了期思陂和芍陂，其灌区在期思、零娄周围，即今河南固始一带。这是我国古代最早的大型水利灌溉工程。这项工程历代不断维修利用，成为淮南田赋之本。

楚人还普遍凿井灌田，开始使用桔槔等先进灌溉工具。

春秋时期，楚国的水利事业是很发达的，既能引水作池，也就是陂塘，蓄灌并用；又能凿井灌田，就地取水。因此，楚国农业生产突飞猛进，粮食产量大幅提高。

楚庄王三年 （公元前611年），庸及群蛮百濮反叛，在此紧急关头，楚庄王打开国家储备的粮库，保证军队食用，使平叛得以成功。楚平王七年 （公元前522年），伍子胥蒙冤出奔，楚平王悬赏捉拿，按"楚国之法，得伍子胥者赏粟五万石，爵执"（《史记·伍子胥列传》）。伍子胥及至吴后，助吴王阖闾攻楚，公元前506年吴人入郢，"烧高府之粟，破九龙之钟"（《淮南子·傣族训》。其他如《新书·耳痹》《博物志》等亦有类似记载）。这些记载，都说明楚国粮食充足，有储藏粮食的"廪""高府"，动辄赏粮五万石，这在春秋时代各国中是十分罕见的。

同时，在江淮一带，楚国的种桑养蚕业也得到普遍发展。

楚地还出现了种植蔬菜果木的园圃，农副业和经济作物也有很大的发展。

战国时期，楚国农业又有很大的发展，铁农具开始普遍使用。从1951年到1979年，我国共出土楚国铁器58批168件。除8件属春秋晚期外，其余均属战国时期产品。出土地区遍及楚国各地，尤以湖北、湖南居多。出土的铁器除兵器、容器、手工业生产工具外，主要为铁制农具。铁制农具品种较多，有锄、耒、耜、镰等。

在江淮地区，楚国水利事业也取得了重大的成就。春申君黄歇在其封地内兴修水利，继承了孙叔敖筑陂的方法，将无锡湖整治为陂，令陂渎连贯，注入太湖，灌溉良田。这对江淮地区、长江下游和太湖地区的经济开发是极为有利的。原来在淮水流域修筑的芍陂继续加以修筑和利用，可灌溉良田数万顷，对江淮地区经济的发展发挥了重大的作用。

楚国后期为了避秦，向东迁都到寿春，就是凭着芍陂带来的充足粮食与秦军对抗的。

随着铁农具的使用，不断开发周边地区，楚国的耕地面积进一步扩大，使楚人得以无饥馑之患。

楚国兵多将广，马匹数以万计，需要的粮食供应数量极其巨大。由于库存粮食充盈，可支十年，稻、稷、麦、豆、麻，五谷丰收，堆积如山，因此不愁吃用。

由于粮食丰收，楚人喝的酒品种繁多，香气四溢。有的还将粮食加工成各色各样的点心，香甜可口。

楚人勤劳智慧，因而生产的粮食产量多，质量好。

（二）手工业

在农业发展的基础上，楚国的手工业也取得了很大的进步，主要体现在青铜铸造业、冶铁业、丝织业、漆器制造业等方面。

1. 青铜铸造业

楚国青铜业在兼收并蓄的基础上，其青铜器冶炼、铸造、造型、纹饰等方面均有重大创新，形成了自己独特的风格。

湖北大冶铜绿山是楚国的产铜要地。该铜矿为地下开采，采取了竖井、斜井、平巷和盲井相结合的方式。为了确保安全，矿井设置了矿井支架，下面铺有木制水槽，预防土方塌崩堵塞矿井，也能避免积水造成的危害。

楚人采铜工具有竹制、木制、石制等多种生产工具，还有铜斧。

矿石取出后，楚人就地筑炉冶炼。炉为竖式，包括炉基、炉缸和炉身三部分。

在铜绿山炼出红铜后，再运到郢都等地铸造成不同类型的青铜器。

春秋时期楚国生产的青铜器数量极多，出土多处，遍及湖北、河南、湖南等地。

如"透雕变形龙纹俎"，1978 年于河南淅川下寺 2 号楚墓出土，此器高 24 厘米，长 35.5 厘米，宽 21 厘米。俎面长方形，中间略窄微凹，四足作扁平的凹槽形。

在铸造工艺上，楚人使用了分铸铸镶法、焊接法和失蜡法。

中国南方地域文化

所谓铸镶，因铸件纹饰复杂，需先将其置于铜器铸型内，然后合模浇入铜液铸成。

所谓分铸焊接，即把器身和附件分别铸成，然后用铜和锡作焊剂将其焊接起来。

所谓失蜡，即先做成蜡模，再在蜡模的外表涂以土炭混合浆，硬化后形成铸型，然后加热熔去蜡模，再灌铜汁铸成青铜器。

楚国掌握的这些铸造工艺是很先进的，从世界范围来看也是一流的。

春秋时期楚国出土的青铜器主要有礼器、乐器、生活用具、兵器和生产工具等。礼器最多的是鼎。楚国的鼎形态特殊，考古界学者称之为楚式鼎。礼器和生活用器有簋、敦、壶、盏、缶等。乐器主要是编钟，淅川下寺楚墓出土的编钟多达 52 件。青铜兵器数量多，制作精细，有戈、剑、矛、戟、钺、匕首、镞等。

楚国铜器纹饰大致和中原各国相同，但更加细致，具有独特之处。纹饰主要有龙凤纹、蟠螭纹、蟠虺纹、窃曲纹、饕餮纹、云雷纹、鸟纹、圆涡纹等。

战国时期，楚国青铜铸造业继续向前发展。除铜绿山外，湖南长沙铜官山、麻阳九曲湾等地也是重要的产铜和开采基地。楚国铜矿多，为青铜铸造业提供了丰富的原料。

郢都是重要的青铜器铸造基地，规模大，人手多，是楚国传统的青铜器铸造场所。

战国时期楚国青铜器以湖北随州曾侯乙墓出土的铜器为代表。

曾国早在春秋时就已成为楚的属国，在政治、经济、文化各方面都直接受到楚国的影响。其青铜器代表了楚国的青铜铸造的水平。

曾侯乙墓出土文物极多，其中各种青铜器重量达 10 吨左右，有各种礼器、容器、杂器，铸成这些青铜器需要十二吨铜、锡、铅等金属原料。

在众多青铜器中，最引人注目的是编钟。

此器按大小和音高为序编成 8 组悬于 3 层钟架上：最上层 3 组 19 件为钮钟，形体较小，方形钮，有篆体铭文标注音名；中下两层 5 组共 45 件为甬钟，长柄，钟体遍饰浮雕式蟠虺纹，细密精致，共

64 枚；外加楚惠王赠送的镈钟 1 枚，位于下层甬钟中间，形体硕大，钮呈双龙蛇形，龙体卷曲，回首后顾，蛇位于龙首之上，盘绕相对，跃然欲动。器表以蟠虺装饰。

其中最大的一件甬钟，通高 1.534 米，重 203.6 公斤，是世界上最大的乐器。铸造如此巨大的器物，必须有大熔炉、高温炉和极强的鼓风设备。在铸造技艺上，使用了分范合铸和复印花纹等一系列综合技术。

此外如镏金人擎铜灯，1986 年于荆门包山 2 号墓出土。此器高 19.2 厘米，铜人高 6.9 厘米，灯盘口径 8.8 厘米。由灯盘、灯柱和铜人三部分组成。灯盘较浅，平沿内斜，斜弧壁，盘外有两周凸棱，盘中有高 1 厘米的锥状钉，用来插蜡烛或缠绕灯芯，灯盘下为上粗下细的圆形灯柱，灯柱上端有浮雕蟋蜗纹组成的花瓣状柱座，中间接口为子母口，拆卸方便。

铜人遍体镏金，造型美观。头挽右髻，发髹黑漆，宽额圆脸，浓眉大眼，直鼻小嘴，耳微外移。身着楚服，长袍及地，下摆饰错金勾连云纹。左手抚胸，右手执灯。此器工艺精湛，为战国青铜器之杰作。

曾侯乙墓出土的青铜器反映了战国时期楚国青铜器铸造业在浑铸、分铸、大焊、小焊、失蜡法或漏铅法、镶嵌、错金银等各项技术方面的先进水平，代表了铁器普遍应用之前先秦金属工艺的最高峰。

战国时期，随着战争的激烈程度，兵器也有重要的发展。在湖北、湖南、安徽、河南等地楚墓中出土了大量的青铜戈、剑、矛、镞等兵器。

湖南长沙扫把塘楚墓出土了一件全弩，木臂后端安装铜弩机，弩长 51.8 厘米，是我国目前所见到的最早的全弩。

楚国青铜兵器不但品种多，而且质量好，既坚硬又锋利，闪闪发光，已能使用防锈工艺了。

越国铸剑技术已经传到楚国来，青铜剑不只是奴隶主贵族的佩带之物，也是士兵作战的实用武器。

各地出土了一些战国时期的铜镜，其中以楚镜为最多。

楚式铜镜有圆镜、方镜两种，镜背纹饰多种多样，最突出的是"山"字形，人称"山字镜"。"山"字有三个的，五个的，也有六个的。楚式铜镜的大量出土，说明楚人注重生活实用，并对美有了追求。

中国南方地域文化

2. 冶铁业

1994年底，湖北省老河口市区南郊春秋晚期遗址出土了42件铁器，有锄、镰、凿、锛、铲等。在一个春秋遗址能出土数十件铁器，让人们对楚国冶铁业有了新的认识。

炼铁技术是在炼铜技术的基础上发展起来的。楚国掌握了先进的冶铜技术，用于炼铜的竖炉，已达到当时最高的冶炼水平。

楚国有着丰富的铁矿资源，其最大的矿冶基地——湖北大冶铜绿山不仅蕴藏着丰富的铜矿，也蕴藏有丰富的铁矿。

楚人将青铜冶炼技术和设施用于冶铁，设法提高炉温，很快便掌握了先进的冶铁技术。

铁作为金属元素，具有较高的熔点，纯铁全部熔化时的温度高达1537℃。如果铁中碳的含量达到4.3%时，纯铁的全部熔化也需要1100℃左右。而青铜的熔点只有800℃，纯铜的熔点也不过1083℃。

从已出土的大量楚国铁器来看，楚国的冶铁产量在当时是最高的。通过对楚国铁器的检验分析来看，楚国的冶铁技术在当时的世界也是最高的。

楚人最早炼出的铁是熟铁，即"块状铁"，是在低温的固体状态下，用木炭还原法炼成的。这种铁比较软，需要经过锻打后才能制成工具。

中国北方地区出土的春秋时期的铁制品大多是这种铁。但楚国不仅有春秋时期的熟铁锻造制品，还有生铁铸造制品。江苏省六合县曾经出土铁条和铁丸，铁条由块炼铁锻成，而铁丸则是生铁制成。这表明楚人在炼出熟铁的同时，成功地炼出了生铁。

生铁较熟铁强度大，硬度高，用途更为广泛，但需要在高温下冶炼而成。

生铁冶炼技术的发明是楚人对人类文明作出的重大贡献，西方直到14世纪才炼出生铁，已比楚国晚了一千八百多年。

但生铁含碳高，容易断裂，因此要将它广泛地用于生产与生活，还必须经过柔化处理，也就是使它在长时间的高温加热处理中脱碳，增加其强度和韧性，变成可锻铸铁。经过柔化的铸铁不仅增加了硬度和韧性，而且还延长了铁器的使用寿命。

楚地在战国时期已经有了可锻铸铁，湖北大冶铜绿山出土的六角锄及斧头就是可锻铸铁制成的。

铸铁柔化处理技术的发明是楚国在世界冶金史上的重大成就。西方直到 17 世纪以后才使用可锻铸铁，比楚国晚了两千年。

楚人在掌握了冶铁技术不久，立即探索出最初的炼钢工艺。湖南长沙楚墓出土的一柄春秋晚期的钢剑，是目前所见我国最早的一件钢制品，距今已有两千五百年左右。经检验确定，这是一柄用中碳钢制成的剑，经过了高温退火处理。

钢是铁与碳的合金，含碳量不得高于 1.7%。出土的这把钢剑含碳量为 0.5%，其纯度不言而喻。由此可见，楚人在炼钢方面已达到很高的水平了。

钢剑的出土，表明楚人很早就已将块炼铁发展为块炼渗碳钢，也就是将块状铁放在炭火中加热渗碳，使其含碳量介于熟铁和生铁之间。

这种原始的炼钢工艺为炼钢技术的大飞跃打下了基础。

战国时期，楚人发明了鼓风竖炉，故能造出纯度较高的生铁，提高了铁器的质量和产量。冶铁技术提高后，各类铁制工具产量大增，犁铧用于开垦荒地，铁锸用于农田水利，铁范代替陶范用于制造生铁铸件，大大推动了农业生产的发展。

铁的使用在人类社会的发展史上具有划时代的意义，大大地提高了劳动效率，减轻了人们的劳动强度，推动了社会的进步。

考古资料证明，铁器在楚国使用广泛。出土的铁器有剑、刮刀、铁条、锄、锛、鼎、带钩、锸、锄、镰刀、斧头、匕首、戈、镞、锉、环等。

3. 丝织业

春秋时期，楚国的丝织业有了很大的发展，对种桑、养蚕、缫丝极为重视。战国时期，楚国丝织业成就突出，成为楚国物质文化的一大特色。

楚国丝织品的主要种类有纱、縠、罗、绢、纨、缟、绨、组、缣、绮、绵、绦等，品种十分齐全，几乎包括了先秦丝织品的全部品种。纱是经纬稀疏、又轻又薄的丝织品。江陵马山 1 号墓出土的一件纱巾，经纬密度为每平方厘米 25×16 根。縠即绉纱，是用一种拈丝作经，两种不同拈向的拈丝作纬而织成的，又轻又薄，呈绉缩现象。罗即纱罗，是一种绞经网孔状织物。绢是用生丝织成的平纹织物，质地又细又薄。除白绢外，还有其他各种颜色的绢。绢可作画写字，也用作衣里、衾里、衣面、衾面和绣地。江陵马山 1 号墓出土的衣衾和绣品用绢数量最大，有 55 件之多。纨即细绢，是一种细腻洁白的丝织物。缟也是绢的一种，细密素白。绨是一种厚实而光滑的丝织物，可做鞋面和长袍。组是用丝编织而成的带状织物，用作带饰或衣衾的领子和边。缣是双丝细绢。绮是有花纹的丝织品，古称"文缯"。锦是以彩色的经纬丝用平纹地组织提花织成的丝织品，以彩色大花纹为其特色。锦按经线的不同颜色可分为二色锦和三色锦，花纹多种多样，因而有"美锦"之称。绦是用丝编织的窄带，故有丝绦之称。

楚国丝织物的结构和织作方法，已经达到了纺织技术的极高水平。

楚国丝织品质地又轻又薄。长沙左家塘 44 号楚墓出土的一块浅棕色络纱手帕，纺织技艺精湛，其轻薄程度相当于现代的真丝乔其纱。

楚国丝织品经纬密度大，如江陵马山 1 号墓出土的枕套，其绢面经纬密度为每平方厘米 164×66 根，可与现代的降落伞媲美。

楚锦最能反映楚国丝织技术的水平之高，在古代只有具有高级身份的人才能穿锦衣、戴锦帽、盖锦衾。锦是一种经线提花织物，其提花技术相当复杂。织造时要按设计图案，用提花技术控制经线的沉浮，花纹越大技术越复杂。楚墓出土了大量的彩锦，其中以江陵马山 1 号墓出土的锦数量最多，不同花纹的锦有十余种，可见楚国当时已经有了先进的提花织机和熟练的织造技术。

楚国丝织品的色彩有红、棕、黄、紫、蓝、绿、褐、黑等色，可见其色谱已经相当完整。其中以红、棕二色为主，这与楚人崇火尚赤的风俗是一致的。仅江陵马山 1 号墓出土的丝织品就有朱红、深红、橘红、红棕、深棕、棕、金黄、绿黄、土黄、灰黄、钴蓝、紫红、灰白、深褐、黑等数十种色彩。

楚国丝织品的染色工艺分石染和草染两种。石染以矿物为染料，染色方法主要是涂染，常见的有孔雀石、朱砂、胡粉等，可分别染出绿色、红色和白色。这些都是楚地土产的原料。草染以植物颜料为染料，染色方法主要是揉染和浸染，草染的颜色主要有红、蓝、黄、紫、黑等。

楚国丝织品上的纹饰可分为编织和刺绣两种。

编织纹饰以丝织工艺中的提花技术为基础，由于受到施纹技术的限制，主要以几何纹为主，人物和动物题材极少。

提花丝织品的几何纹样主要有大菱形纹、小菱形纹、十字菱形纹、塔形纹等。其中菱形纹变化极多，奇诡有如迷宫。几何纹饰立体感很强，线条规整匀称，色彩层次清楚，有一种平衡的形式美。

丝织提花纹样中有少量的人物纹和动物纹。有的描写田猎活动的场面，有的描写长袖飘拂的歌舞人物，有的描写长尾曳地的峨冠凤鸟和姿态不同的龙，都显得意趣盎然。

在丝织业发达的基础上，刺绣品也取得了突出的成就。刺绣是用多种彩色丝线在丝织品上锁绣纹饰的一种工艺。楚国丝织品的绣线颜色有深红、橘红、棕、红棕、深棕、浅黄、金黄、土黄、黄绿、绿黄、钴蓝等十余种。刺绣图案丰富多彩，以动物、植物为主，而动物中又以龙、凤为主，反映了楚地崇拜龙凤的民风。在龙、凤主题之外，有的纹样还有虎。动物纹样伴以花草、枝蔓，展现了自然界的勃勃生机与和谐之美。凤鸟的形象绝不重复，有正面也有侧面，或昂首鸣叫，或展翅飞翔，显出凤的非凡与神异。

楚墓也出土了麻织品，证明楚人麻织业也很发达。《尚书·禹贡》："荆州厥贡丝枲。"枲就是麻，说明楚人种麻织麻的历史已经很悠久了。

考古发现的楚国丝织品已有几十处，湖南、河南、湖北等地都有。江陵马山1号楚墓出土各类衣物35件，其中有刺绣的衣物达21件。其品种之多，工艺之精为前所未有，因而被称为"丝绸宝库"。

4. 漆器制造业

漆器是社会生产力发展和物质生活水平提高的标志。

楚国漆器制作工艺精，质量好，闻名天下，成为荆楚物质文化的一大特色，反映了楚国社会经济的发展和楚人的生活水平。

漆是落叶乔木——漆树的树脂，即"生漆"，与空气接触后呈褐色，可制涂料。

漆器是中国古代劳动人民的重要发明，制作工艺相当复杂，首先要制作胎体。胎体多为木质，偶尔也用陶、瓷、铜或其他材料，也有用固体漆直接刻制而不用胎体的。胎体完成后，漆匠运用多种技法对其表面进行装饰，抛光后可与瓷器媲美。漆层在潮湿的条件下自然阴干，固化后非常坚硬，富有光泽，有耐腐蚀、耐磨擦、耐酸、耐碱、耐热、隔水等特性。

目前所见春秋时期出土的楚国漆器有6件，包括漆瑟、耳杯、卮、豆，以及用黑漆镶嵌的铜鼎等。其中"对凤纹漆耳杯"把凤鸟作为耳杯的装饰纹样，比较少见。此杯底部饰有两只凤鸟，首和尾均上扬，身体弯曲，作跨步状。图案华丽，线条流畅，柔美之中洋溢着力量，堪称漆器中的珍品。

楚国漆器纹饰富丽多彩，造型生动别致，是人类物质文化史上一枝奇葩。漆器种类繁多，包括食用器具，如耳杯、盒、卮、樽、豆、盘、碗、壶、勺、俎、案等；日常生活器具，如枕、扇、梳、篦、杖、几、箱、桶、床、虎子等；乐器，如鼓、瑟、琴、笙、笛、箫、篪等；舞具如盾等；娱乐器具，如六博盘、棋盘等；工艺品，如鹿、木雕座屏、卧鹿、立鸟等；丧葬器，如镇墓兽、虎座立凤、木桶、笭床、棺等；兵器，如弓、盾、甲、箭杆、剑盒、剑鞘、戈鞘、矛鞘等。

"虎座凤鸟漆木架鼓"长156厘米，高150厘米，2000年于湖北江陵天星观2号墓出土。"虎座凤鸟漆木架鼓"属于悬鼓，以两卧虎为鼓座，两凤鸟为鼓架，将鼓挂于两凤之间，悬空敲击演奏。此种以虎为座、凤鸟为架的悬鼓是楚国特有的乐器，只有楚国王室及高级贵族才能享有。凤鸟昂首屹立，仰天长啸，似在为鼓声助威。作为百兽之王的猛虎伏卧于凤鸟脚下，突出了凤鸣九天的威严。这种悬鼓广泛用于祭祀、宴飨和战争，造型别致，设计巧妙，表现出楚人绝妙的想象力和高超的艺术造诣。此器属国家一级文物，为湖北荆州博物馆镇馆之宝。

楚国漆器在中国古代文化史上占有重要的地位，像中国陶瓷、中国丝绸一样，是我们伟大民族引以为豪的瑰宝。

荆楚文化

四、荆楚精神文化

（一） 自然科学

春秋时期，在社会生产发展的基础上，楚国的自然科学取得了很大的进步。

楚人在天文历法方面积累了相当丰富的知识，进一步扩大了对星象范围的观察，历法也有重大的发展。

楚国既使用周正历法，也使用夏正历法。1975年，湖北云梦睡虎地出土大批秦简。其中载有秦、楚月份对照表。秦楚均以夏正十月为岁首，说明秦、楚是同用周正历法的。

对照表如下：

秦年：十月 十一月 十二月 正月 二月 三月 四月 五月 六月 七月 八月 九月

楚年：冬夕 屈夕 援夕 刑夷 夏㞚 纺月 七月 八月 九月 十月 爨月 献马

秦、楚两国虽然同以夏正十月为岁首，但楚国仍然袭用周正历法的特殊月名，这在春秋战国各国中是独一无二的。

楚国官方颁行夏正十月为岁首的历法，民间则采用对照表中下一行的历法，这也是楚国所特有的。

楚国也以干支纪日，与中原各国是统一的。这说明夏夷文化日渐交融，在观象授时、发展农业生产上是一致的。

楚人的天文知识极其渊博，成就特别突出。

为了对日、月和五大行星的运行及其位置作系统的观测，古人将其附近的恒星分为二十八区，称之为二十八宿。二十八宿体系的建立是中国和其他世界文明古国天文学的重大成就。

二十八宿分别是角、亢、氐、房、心、尾、箕、斗、牵牛、婺女、虚、危、营室、东壁、奎、娄、胃、昴、毕、觜、参、东井、舆鬼、柳、七星、张、翼、轸。

中国南方地域文化

古代把二十八宿平均分为东西南北四组，分别用青龙、白虎、朱雀、玄武来表示，称为"四象"。

1978 年，湖北随州曾侯乙墓出土了一件漆箱，箱盖上绘有二十八宿名称和青龙、白虎图案，可见楚国早在战国初期就创立了二十八宿体系。由此可知，二十八宿与四象的划分是紧密相联的，早在战国初期就广泛流传于楚国了。

在漆箱上所绘的二十八宿中央，写有一个巨大的"斗"字，可见楚人已经开始重视对北斗星的观测了。

楚人发现斗柄东指，天下皆春；斗柄南指，天下皆夏；斗柄西指，天下皆秋；斗柄北指，天下皆冬。这是楚人在天文学领域的重大发现，对农业生产有很大的帮助。

随着社会经济的发展，楚人在数学方面也取得了突出的成就。

楚庄王十六年（公元前 598 年），令尹孙叔敖负责建造沂城。事先，工匠运用周密的数学计算方法，对土方、用工、用料等数目进行了精确的计算，使工程得以顺利完成。

楚康王十二年（公元前 548 年），楚国对境内不同类型的土地、山林、水泽、田亩等作了精密的测量和计算，然后根据不同收入确定军赋数目。这项工程是以渊博的数学知识为前提的。

随着数学知识的丰富，度量衡也在楚国出现了。长沙、江陵等地楚墓曾出土算筹、天平和砝码，说明楚人已经使用度量衡了。

湖北江陵出土的《算数书》代表了楚人的数学水平。这是一部数学问题集，内容包括《分乘》《增减》《相乘》《合分》等，是早于《九章算术》的一部数学著作。

楚国医药学的发展是很早的，楚墓中出土的辛夷、花椒、杜衡、佩兰等中草药在《楚辞》中也有记载。

楚地气候温暖潮湿，楚人佩带装有佩兰、香草等药物的香囊，用装有辛夷、茅香等药物的枕头，在室内用熏炉焚烧花椒等含有挥发油的香料，借以消毒、杀菌和抗病。

荆楚文化

79

（二）哲学

中国传统哲学的重要根基在老子和庄子，而老子和庄子都是楚国人。

老子姓李名耳，字聃，又叫老聃，是我国春秋末期的伟大思想家，距今已有两千多年之久了。

老子自幼喜欢读书，善于思考。

老子长大成人后，慈眉善目。因他博学多才，担任了周王朝的守藏室史官，也就是中央藏书机构的负责人。

在守藏室里，老子有机会阅读了大量的王室藏书，因而学问大增，知识更加渊博。

到了晚年，老子可谓学富五车，满腹经纶。他不但通晓上下古今之变，而且精通天地之道和宇宙之理，逐渐形成了自己的一套思想体系。

周敬王二十一年（公元前 499 年）二月，老子辞官归隐，从周王朝的都城洛阳回到家乡曲仁里，开始著书立说。

老子雄心勃勃，要创立一家之言，向人们揭示宇宙的真理。

每天，老子都坐在大木案旁边的木椅子上，聚精会神地从事一项神圣的事业。他要撰写一部上至天、下至地、中及人、包罗宇宙万事万物的大书。

大木案上摆着帛、刀、竹简、木札和松烟墨。那时候还没有纸，只有帛、竹简和木札。那时候也没有墨，墨是用黑漆或松烟代替的。一般人写字是用笔蘸些漆写在木札上，写错了就用刀子刮去重写。老子写书时，是用笔蘸着松烟和水调成的墨，将字写在他从洛阳带回来的帛上。

老子整天聚精会神地写呀写呀，十分投入，把天下的一切事物全忘了。他要把宇宙间的真理和人世间的规律从玄而又玄中挖掘出来，揭示给人们，给人们指出一条康庄大道。

光阴似箭，日月如梭，时间一天天地过去。老子的满头白发闪着银光，双目更加炯炯有神了。

八年过去了，老子经过紧张、艰苦的工作，大书终于写完了。

春秋末期，战争频繁。周敬王四十二年（公元前 478 年），老子呕心沥血写好的书稿被一场无情的战火烧成了灰烬。

老子见书稿被焚，伤心至极，一下子哭倒在地。从此，他卧床数月，奄奄一息。

转年夏季，老子才在亲人的照料下渐渐恢复了健康。

周王朝日益衰败，诸侯互相攻伐，中原即将大乱。老子怀着惆怅的心情，依依不舍地离开故乡。他骑上一头青牛，要西出函谷关，寻找一片静土，安下心来继续研究学问。

老子路过函谷关时，受到了守关长官尹喜的盛情款待。尹喜久闻老子大名，尊敬老子的为人，佩服老子的学问。一天，尹喜恳求老子说："先生上通天文，下晓地理，中知人事，一向爱民如子，此去不知何日东归，何不挥笔留文，为下官指点迷津呢？"

老子见尹喜两眉如箭，一脸正气，知道他不是沽名钓誉之徒，便提笔为他写下了五千字的文章。

老子写给尹喜的文章，就是现在我们看到的《老子》一书。这其实是老子被焚书稿的提纲，主要是谈道的。老子说，他谈的道玄而又玄，宇宙的一切由之而出。

老子认为道是宇宙万物的本原，顺之者昌，逆之者亡。这反映了人们对大自然与社会规律不可抗拒的初步认识。

《老子》一书又称《道德经》，书中含有丰富的辩证法思想。《道德经》的国外版本有一千多种，是译本最多的中文书籍。

老子哲学与古希腊哲学一起构成了人类哲学的两个源头，老子被尊为"中国哲学之父"。

老子死后，其思想被庄子传承下来，与儒家思想、佛家思想一起构成了中国传统思想文化的内核。

道教出现后，老子被尊为"太上老君"。

老子主张"无为"，"为"是"做"的意思。无为不是指什么也不做，是指不要无事生非，不要没事找事，要按照客观规律做事，也就是要顺乎自然，不要违反客观规律。

老子认为天地万物是从"无"开始的。为了说明这

个问题，他举出好多例子。例如，他说一件陶器就是从无开始的，陶工用土将空间也就是无分割出一部分，从而形成了陶器。陶器因为中间是空的，也就是无，所以才能盛东西，才称其为陶器。同理，人们用四壁和天棚将空间也就是无分割出一部分，从而形成房子，房子中间是空的，也就是无，这样才能住人，从而称其为房子。因此，陶器和房子都是从无开始的，从无产生的。推而广之，天地万物都是从无开始的。

老子还说，陶器是土做成的，对于中空的无来说，土就是有；房子是四壁和天棚合成的，对于中空的无来说，四壁和天棚也是有。因此，老子认为有是天地万物的母亲，它产生了万物。

这样，老子最后认为，是"无"和"有"共同创造了天地万物。

老子劝人要大公无私，他说天地之所以能够长久存在，是因为它不为自己而生存，所以能够长久生存。圣人退居后面，不与人争，反而领先了；圣人为国为民，将生命置之度外，反而存活下来。这是由于圣人无私。圣人无私，所以上天成全了他。这样看来，无私对他反而有利了。

老子善用比喻，他说："容器中的水已经灌满了，不如停下来，不要再灌了，免得溢出来。兵器已经锻击得锋利之后，是不可能长久保持的。金玉堆满堂上，没有人能守得住。富贵之后骄傲起来，会给自己带来灾祸。功业完成后要及时抽身自退，这是合乎天道的。"

老子反对铺张浪费，他说："五色使人眼花缭乱，五音使人耳朵听不清优美的声音，五味使人吃伤了，跑马打猎使人狂躁不安，珍贵的货物使人去偷去抢。因此，圣人治国只求吃得饱，而不求声色之娱。"

老子关心百姓，也歌颂关心百姓的圣人。他说："困辱是不幸的，天下受到困辱时，圣人会心惊；天下的困辱解除时，圣人会惊喜。人有大患的原因，是由于人有生命。如果没有生命，还有什么祸患呢？因此，重视天下，愿意为之献出生命的，才可以把天下托付给他；热爱天下，愿意为之献出生命的，才可把天下托付给他。"他还说："圣人不为自己积聚什么东西，他拿出自己的东西帮助别人，自己反而更富有了；圣人把自己的东西拿出来分给别人，自己的东西反而更多了。自然的规律有利于万物而不加害万物，圣人的准则是为别人做事而不争名夺利。"

老子还说："踮起脚跟的人站不住，跨步前进的人走不成，单靠自己眼睛看的人看不清，自以为是的人是非不分，自我夸耀的人不能成功，自尊自大的人不能做君主。从道的角度上来说，这些好比是剩饭和赘瘤，人们会厌恶，所以有道的人不会这样做。"

老子的哲学思想十分丰富，对我国古代思想文化的发展作出了重要贡献，影响深远。

庄子是著名的哲学家和文学家，是道家学派的代表人物，是老子哲学思想的继承者和发展者。

庄子是一个愤世嫉俗的人，曾做过漆园小吏，生活穷困，却不肯接受楚威王的重金聘请，在道德上是一位廉洁、正直的人。

庄子学说涵盖当时社会生活的方方面面，后世将他与老子并称为"老庄"。

庄子思想包含着朴素辩证法因素，主要思想是"天道"和"无为"。他认为一切事物都在变化，"道"是先天地而生的，"道"是无界限差别的。他主张"无为"，放弃一切妄为。

庄子还认为一切事物都是相对的，幻想一种"天地与我并生，万物与我为一"的精神境界。

荆楚文化

（三）文学

春秋战国时期，楚国文学成就辉煌，尤以散文与诗歌为其代表。楚国散文以《庄子》为代表，楚国诗歌以屈原《离骚》为代表。这两部能与天地共寿，能与日月齐辉的辉煌巨著给中国文学史增添了新的篇章，为中华民族留下了宝贵的精神财富。

庄子是一位博学的哲学家，思想丰富多彩，文学造诣更是出神入化。

《庄子》一书文辞生动，其中寓言占十之八九，瑰伟奇诡，变幻莫测，说理透彻，细致入微，妙趣横生，千变万化，层出不穷，耐人寻味。寓言既为喻理，所以它与譬喻手法是紧密相联的。《庄子》一书，处处设譬，与寓言相映成趣，构成全书

一大特色，都贴切生动，意趣无穷。

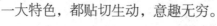
《庄子》在语言艺术上也有它的独特风格，大多用韵，使文章声调铿锵，音韵和谐，充满了诗歌味和节奏感。

《庄子》不仅是一部哲学著作，同时也是一部有鲜明特色的散文著作。思想奔放，文笔多变，具有浓厚的浪漫主义色彩，对后世文学影响极大。如才华横溢的苏东坡读了《庄子》之后，不禁叹道："从前，我心中每有所见时，口中总是说不出来。如今，我读了《庄子》，竟能够做到心口如一了。"鲁迅曾说：《庄子》"其文则汪洋辟阖，仪态万方，晚周诸子之作，莫能先也"。

在《庄子》中，有三个故事格外引人注意。庄子为人达观，对人类生死这件大事有他独特的见解，能够发人深省，千百年来一直为人所称道。

故事一：老子长寿，活了一百多岁。老子死时，邻人都来吊唁。老人哭他像哭儿子，年轻人哭他像哭父母。邻人想到老子活着的时候与世无争，大慈大悲，又想到他的大德大恩，一个个都悲不自胜。这时，老子的好友秦佚也来吊唁。他走到老子灵旁，不跪也不拜，只是拱手致意，哭了三声就停下了。当秦佚转身要走时，邻人拦住了他，质问道："你不是老子的好友吗？"秦佚回答说："是啊。"邻人问道："既然是老子的好友，为什么如此薄情少礼，说得过去吗？"秦佚回答说："有什么不妥吗？"邻人听了，由悲转怒，大声责问道："你这样薄情少礼，像话吗？"秦佚笑了笑，回答说："我的好友老子说过：'生亦不喜，死亦不悲。'这话你们可曾听说过？当初老子降生时，由无至有，顺时而来，合乎自然之理，不足为喜；今日老子去世，由有归无，顺时而去，也合乎自然之理，有何可悲呢？生而喜者，是不当喜而喜；死而悲者，是不当悲而悲。死是不值得悲哀的，古人认为人死是解除倒悬之苦。油虽然烧尽了，但火种却会传下去，是不会有穷尽的时候的。"邻人听了这段高论，顿开茅塞，连连点头称是。

故事二：周赧王三十五年（公元前280年），庄子病倒了。他的病情一天比一天重，茶水不进，整天昏迷不醒。弟子蔺且对庄子的儿子说："先生这次病势不轻，医药全不见效，这可如何是好呢？"这时，庄子只有这么一个亲人了。儿子见父亲病重，早已哭过好几次了。他见蔺且已经束手无策，便和蔺且开始

中国南方地域文化

暗暗为父亲准备后事了。他们买来了木料，雇了木匠，在院子里为庄子做棺椁。院子里叮当叮当的声音吵醒了庄子。他挣扎着起身，走到窗前，看见木匠正在做棺椁。蔺且见庄子醒了，高兴地说："先生，你好些了吗？"庄子问道："这院子里是在做什么？"蔺且回答说："先生一病不起，我们得有个准备。"庄子严肃地说："蔺且，我死后不要厚葬，也不要棺椁，将我抬到荒无人烟的地方，随便一扔就行了。"蔺且吃了一惊，摇头说："这怎么行啊！我们再穷，也要为先生举行隆重的葬礼，以尽弟子的义务啊！"庄子耐心地解释说："蔺且，你想啊，我在大地上一躺，岂不是以天地为棺椁，以日月为双璧，以星辰为宝珠，以万物为陪葬了吗？要说厚葬，没有比这更厚的了！"蔺且说："将先生往大地上一放，我们害怕乌鸦和老鹰吃你的肉啊！"庄子说："扔在地上，乌鸦和老鹰是会吃我的肉。但埋在地下，蝼蛄和蚂蚁就不吃我的肉了吗？把我的肉从乌鸦和老鹰那里夺过来给蝼蛄和蚂蚁吃，这不太偏心了吗？"

故事三：一天，庄子正在河边采葛，见一个老汉愁容满面地走上前来，欲言又止。庄子见老汉有心事，便主动关心地问道："老丈，有话尽管说，不必客气。"老汉说："先生，救救我的儿子吧。"庄子问道："你的儿子怎么了？"老汉说："我儿子开春以来一直病卧不起，医药无效，群医束手无策。听说先生学问通天，无所不知，因此特请先生到我家辛苦一趟，救救我的儿子。"庄子说："可以试试，但我并不懂医术。救人要紧，咱们快走吧。"庄子随老汉到了他家，见他儿子骨瘦如柴，奄奄一息，双目无神。老汉的儿子见庄子来到他家，想挣扎着坐起身来，但试了两次都没有成功。庄子上前止住他说："好好躺着吧，你哪里不舒服？"老汉的儿子说："我怕……"庄子问道："你怕什么？"老汉的儿子说："我怕再也见不到爹娘了。"庄子一听全明白了，原来这孩子有心病，必须先治好他的心病，人才能有救。于是，庄子对老汉的儿子说："孩子，你会好起来的，不要胡思乱想。其实，死和生都是自然安排好了的，就像黑夜和白天交替一样，是再自然不过的事。有许多事是不随人的意志转移的，人们无法干预。上天用生来使我们劳苦，用死来使我们安息。我们既然喜欢生，也就应该喜欢死。人们既然认为生是美好的，也应该认为死也一样是美好的，这样才算公平。因此，孩子，你要以正确的心态对待生和死，既然不怕生，就不应该怕死。孩

荆楚文化

子，你听明白了吗？"老汉的儿子听了庄子关于生死的一席话，恍然大悟，卸掉了心理负担。不久，老汉的儿子竟不治而愈。

这是多么精辟的见解啊！无怪乎人们公认庄子是中华民族的国宝。

楚国的诗歌源远流长，大诗人屈原在楚国诗歌的基础上创造出一种新的骚体诗歌，人们称其为"楚辞"。《离骚》是屈原的代表作品，全诗两千四百多字，是我国古典文学中最长的抒情诗。

那时，楚国君昏臣奸，政治腐败，屈原尖锐地抨击了权贵的腐朽没落和苟且偷安，表现了对国运的关心，如《离骚》中说："何桀纣之猖披兮，夫唯捷径以窘步。惟夫党人之偷乐兮，路幽昧以险隘。岂余身之惮殃兮，恐皇舆之败绩！"这是说：夏桀和商纣王多么狂妄邪恶，贪图捷径落得走投无路。结党营私的人偷安享乐，他们的前途是黑暗而险恶的。难道我屈原害怕招灾惹祸吗，我是担心祖国覆灭啊！

屈原不辞辛苦地为国家追求探索，寻找出路，表达了对祖国和人民的无限忠贞，洋溢着诗人为崇高理想而奋斗的奉献精神，如《离骚》中说："朝发轫于苍梧兮，夕余至乎县圃。欲少留此灵琐兮，日忽忽其将暮。吾令羲和弭节兮，望崦嵫而勿迫。路漫漫其修远兮，吾将上下而求索。"这是说：早晨从苍梧出发，傍晚到了昆仑山。我本想在灵琐稍事逗留，但夕阳西下马上就要落山了。我命令羲和停鞭啊，莫叫太阳迫近崦嵫山。前面的道路又长又远，我要上上下下为国家追求探索。

屈原不畏邪恶，刚正不阿，如《离骚》中说："民生各有所乐兮，余独好修以为常。虽体解吾犹未变兮，岂余心之可惩？"这是说：人生各有各的乐趣，我终生独爱真善美。即使被肢解了我也不会改变，难道我的信念是可以挫败的吗？

《离骚》在艺术上风格独特，采用了夸张手法与比兴手法，是积极现实主义与浪漫主义高度结合的杰作。

《离骚》开创了楚辞创作的新途径，奠定了楚辞的历史地位，因此后人称楚辞为"骚"，与我国第一部诗歌总集《诗经》并重，对后代文学影响深远。

鲁迅曾说《离骚》"较之于《诗》，则其言甚长，其思甚幻，其文甚丽，

中国南方地域文化

其旨甚明，凭心而言，不遵矩度。故后儒之服膺诗教者，或訾而绌之，然其影响于后来之文章，乃甚或在三百篇以上"。鲁迅认为在中国文学史上，《离骚》对后世的影响在《诗经》之上。

（四）音乐

楚人的先祖祝融身为火正，同时还是一个音乐家。他经常在高山上奏起感人肺腑、悠扬动听的乐曲，使百姓精神振奋，情绪高昂地从事农业生产，对生活充满热爱。

古时礼乐并称，礼非乐不行，乐非礼不举。国之大事，在祀与戎，祭祀时必有乐舞。

音乐是教育不可或缺的组成部分，为礼、乐、书、数、射、御六艺之一。音乐并非单纯的娱乐，而有着多方面的重要意义。

楚人豪迈开放，常常用音乐娱神娱己，不受任何束缚。

中国古代根据制作乐器的材料之不同，将乐器分为八类，即金、石、土、革、丝、木、匏、竹，统称八音。楚国的音乐文化十分发达，已形成完整的八音体系，可谓八音俱全。

"金"指用青铜铸造的乐器，主要是钟，其次有钲、铙、钹等；"石"指石质乐器，主要为编磬；"丝"指弦乐器，如琴、筝、瑟等；"竹"指竹类乐器，如排箫、篪等；"土"指土质乐器，如埙等；"木"指木类乐器，如枳等；"匏"指葫芦类乐器，如笙等；"革"指皮革类乐器，如鼓等等。

八音之中，楚人最钟爱钟。中原各国以鼎为重器，以之作为王权的象征，但楚国的重器却是钟。周敬王十四年（公元前 506 年），伍子胥率吴师攻入楚国郢都，曾击碎九龙之钟，因为钟象征楚国的王权。

楚人酷爱音乐，音乐在楚国享有崇高的地位。楚国设有掌管音乐之官，称为乐尹，与令尹只有一字之别。楚国司乐之官的地位在春秋诸国中是最高的，乐尹钟仪曾出任郧县的行政长官，即郧公，其权力可与诸侯相比，后来娶楚昭王之妹为妻。

楚人创造了独具特色的楚文化，其中音乐文化堪称中华民族文化中的一颗璀璨的明珠。楚人举国上下，从楚王到百姓无不酷爱音乐。楚国既有阳春白雪，又有下里巴人。

楚王爱好音乐出于天性，一是为了满足生活需要，二是为了移风易俗，维护统治秩序。音乐能动人心魄，移性立志，使善人发奋，使恶人向善，有利于国家的安定团结。

楚人在音乐领域取得了光辉的成就，曾侯乙编钟上有铭文两千八百多字，记录了曾、楚和华夏各国音乐的律名、阶名、变化音名的相互对应关系，涉及音阶、调式、律名、阶名、变化音名、旋宫法、固定名标音体系、音域术语等诸多方面，反映了楚国音乐的高度发展水平。

伯牙摔琴的故事就发生在楚国：钟子期是琴圣伯牙的知音，钟子期死后，伯牙终身不复弹琴，成为传世佳话。武汉龟山的琴台就是后人为追念这两位先人而修建的。

"阳春白雪"和"下里巴人"的故事也发生在楚国，说明楚国是音乐之邦，在音乐发展中允许雅俗并存，楚人具有开阔的胸襟和夷夏一体的开放精神。

楚国盛行巫舞，巫舞是一种宗教舞蹈，在楚国一直长盛不衰，而巫舞的灵魂就是音乐。屈原创作的《九歌》生动地反映了巫舞的各个方面。

楚国宫廷乐舞场面大，阵容不凡，十分豪华，是在来自民间的舞蹈基础上加工升华而成的，具有很高的艺术价值。

五、荆楚社会制度文化

（一）官制

商末周初，楚国在江汉流域建立起来，标志着楚国社会制度已经从氏族制进入早期奴隶制了。

早期奴隶制的特点是血缘关系与等级关系结合在一起，楚国的国君既是一国之主，又是楚族一族之长。

从鬻熊开始，楚国国君的继承制度确立了，一般是父死子继，也伴以兄终弟及。

楚国国君牢牢掌握了最高统治权，集政权、族权于一身，已不再是民主推举出来的氏族首领或军事首领了。

楚国国君下设百官，但在春秋早期只有莫敖这一官称，相当于出将入相的大司马。

楚武王四十二年（公元前699年），莫敖屈瑕带兵讨伐罗国，因轻敌致败，畏罪自杀。此后，莫敖的地位开始下降了。

楚武王五十一年（公元前690年），楚王设置令尹一官。令尹是楚国最高级的官称，手掌军政大权，相当于相国。吴起便曾官至令尹。

令尹的副手为左尹和右尹。

令尹之下是司马，战时统兵打仗，平时掌管军赋和装备。

左徒地位相当重要，与中原各国司徒相当，入则与楚王商议国事，发布号令；出则接待外宾，应对诸侯。楚人有尚左的习惯，故称司徒为左徒。屈原在楚怀王时曾担任左徒。

司败是掌管刑罚狱讼的官，相当于中原各国的司寇。

师和太师是负责教育王子的官，无实权。

屈原曾担任过的三闾大夫，是楚国特有的职官名称，掌管王族昭、景、屈三姓子弟的教育。

楚国的史官称左史，精通《三坟》《五典》《八索》

荆楚文化

89

《九丘》。

专司占卜吉凶的官称卜尹，也称卜师，是大夫一级的官。

此外，掌管宫廷乐律的官员称乐尹，为楚王掌管养马之事的官员称宫厩尹，管理后宫的官称司宫，由阉人担任。

楚国是我国古代最早设县的国家，县的长官称县公，后来也有称县尹或县大夫的。

县公下设县司马，掌管一县的武装，有如后世的县尉。

楚国县的行政长官由中央任免，县的军事力量和财政收入由中央统一控制，县的军队由中央统一调动。

楚王的大臣或为楚王出力，或为楚王出谋划策，建立起以王为首，王、贵族、官僚三位一体的奴隶主贵族专政的政治体制，对内统治，对外扩张。这对楚国的强大起了重要作用。

（二）封邑制、郡县制、封君制

历代楚王不断率兵出征，开疆扩土。对已征服的国家，楚国仿照周制，实行封邑制进行统治。

西周初期，熊渠曾分封三个儿子于长江之滨。后来，历代楚王常常封给贵族一些土地。这些贵族是世袭的，在自己的食邑内有充分的统治权力，既可以收取田税，又可以奴役人民。王在贵族的食邑内无权直接干预，只能按贵族的等级征收一些贡赋。

这些封邑大大削弱了楚王的权利，显然不利于中央集权。

楚武王开始在征服的土地上设县，这是楚国历史上一件大事。县对楚国的崛起与强盛曾起过巨大的作用。

首先，设县加强了君主专制，削弱了世袭贵族的势力。县的长官一般仍由贵族担任，但已不封土地。楚王直接掌握县，在各县建立军队，作为国家军队的一部分。陈、蔡、许、叶、申、息之师就是以县为单位建立的楚国地方部队，其中尤以申、息之师最具战斗力。他们南征北战，为楚王的霸业立下了汗马功劳。

楚康王时，在全国范围内清查土地，摊派军赋，保证了军队的供应，使其立于不败之地。当时，如果没有国家直接控制的县，清查工作是无法进行的。

后来，楚国迅速崛起，饮马黄河，北征中原，靠的就是各县源源不断提供的物力和人力支援。

楚国首创设县制，是政治制度的一次重大改革，标志楚国奴隶制的重大发展。不幸的是，楚国后来又推行了封君制。封君制从封邑制演化而来，也是世袭的，只是名号不同了，如楚国末年的春申君。

楚国的封君制始于春秋中后期，至楚惠王（公元前 488—公元前 432 年)时，封君制已经很盛行了。封君越来越多，权势越来越大，成为楚国肌体上的一个个毒瘤。与县制相反，楚国末年推行的封君制对楚国政治和军事造成了极大的破坏，是严重的政治失误。

封君的封地大都设在楚国的腹地或战略要地，控制了楚国的经济和军事命脉，严重地削弱了楚国的征战能力，国家再也没有能力动员和组织军队去抵御强秦的进攻了。

封君在封地内拥有绝对的政治、经济和军事特权，俨然一个独立王国，严重地削弱了国家的统一性。封君左右楚国政局，干预王室，甚至夺取政权。

后来，吴起的改革就是针对这些封君的，结果反被封君所杀，可见封君的势力是根深蒂固的。楚国末年，封君的权力日益膨胀，楚国已经名存实亡，成了封君的天下。

(三) 公子政治

任人唯亲的用人制度导致政治上的保守和落后，是荆楚社会的致命弱点。

春秋时期，晋国为了加强中央集权和推行改革，大刀阔斧地消灭公族，尽灭群公子，而楚国却开始了公子政治。

楚国在建国之初，曾任用若敖氏之族执政，如斗伯比、子文等。后来，若敖氏之族骄纵跋扈，发动叛乱，被楚庄王灭族。

从楚庄王起，楚国开始任用王室公子担任令尹、司马、县公等要职。如楚共王在位时期任用的三个令尹：子重、子辛是楚庄王之弟、楚共王之叔，子囊是楚庄王之子、楚共王之弟。

从楚庄王开始到春秋末年，在楚国十七位令尹中，有十二个是王室公子。楚国的令尹相当于其他国家的相国，一人之下，万人之上，手中握有实权，足以左右国家的命运。

另外，司马一职主要也由公子担任。如楚庄王的司马子反即公子侧，楚共王的右司马即公子申，楚康王的司马即公子奇。

楚国王室公子还被派往重要的县去做县公，如陈、蔡两国灭亡后，楚灵王任命宠弟公子弃疾为陈蔡公。

楚王任用自己最亲信的王子或宠弟协助执政，渐渐形成了以王室公子为主的政府统治集团。

战国时期，楚王任用昭、屈、景三大族执政，昭、屈、景是楚国王族的分支。这样，公子执政就成了楚国政权机构的主要形式。

顷襄王即位后，任命他的弟弟子兰担任令尹，子兰就是陷害屈原的元凶。

楚国执政集团由楚国王族组成，作为政府集团的主干，他们采取了打击他姓世族的政策，对楚国政治产生了强烈的影响。

楚国公子政治强有力地支持了王权，抑制了他姓世族的势力，促进了王族的发展，使楚国政权始终控制在楚王室手中。但物极必反，最后，公子政治葬送了楚国。

公子执政是一种落后的任人唯亲的制度。公子执政压制他姓世族，甚至将其灭族，致使被打击的贤臣大批逃往敌国，为敌国出谋划策，给楚国以致命的打击。

周简王元年（公元前585年），晋国靠外逃楚臣析公大败楚军，使楚国失去臣服楚国的华夏诸国。

周简王十一年（公元前575年），晋国靠外逃楚臣雍子大败楚军，使楚国失去了臣服楚国的东方诸国。

周敬王十四年（公元前506年），从楚国外逃的伍子胥为报杀父杀兄之仇，亲率吴军攻入郢都，对楚平王掘墓鞭尸。楚昭王先奔郧城，又奔随国，楚国几乎灭亡。

这些都是楚国任人唯亲，打击异己的政策所导致的严惩恶果。

楚国王室贵族执政，贪污腐化，盘剥百姓，致使盗贼公行，国内大乱。

而与此同时，其他各国的政治改革都先后成功了。如秦孝公任用商鞅变法，使秦国迅速崛起，无敌于天下。

楚国任人唯亲的贵族政治在形成初期，曾对加强王权、开疆拓土起了促进作用。但随着时代的发展，贵族政治成为楚国发展的严重桎梏。

楚国贵族因循保守，不思进取，为了既得利益，顽固地推行其贵族政治，使在七雄中原本最为强大的楚国江河日下，再也不能力挽狂澜，最终还是亡国了，但这次不是亡于外逃的楚臣之手，而是亡于靠改革强大起来的秦国。

荆楚文化

六、荆楚民俗文化

（一）尊巫卜、重祭祀

随着经济、文化的发展和社会的进步，原始宗教渐渐演变为"人为的宗教"。人类的宗教观念萌生于旧石器时代晚期，源于蒙昧时代的狭隘愚昧的观念。

那时，生产力低下，人类的思维能力处在低级阶段，对自然现象不能正确理解，于是自然界被神化了。

那时，日、月、云等自然现象及动、植物等自然物开始受到人类的崇拜，从而产生了拜物教，即最原始的宗教观认为万物是有灵的，是它们在掌握着人类的命运。

进入新石器时代后，随着母权制的确立与发展，由生殖崇拜而产生对祖先的崇拜，敬鬼神之风也随之而起。

到了颛顼在位时，氏族制逐步瓦解，军事首领开始享有绝对的权威。这时，在信仰方面需要有统一的神祇了。由于生产力水平有了相当程度的提高，人类的社会分工也更加细致，于是专门从事宗教活动的男觋和女巫便从人类群体中分离出来，成了沟通神和人的特殊阶层。从此，原始社会时的自发宗教渐渐变成了人为的宗教。

楚国巫风盛行，充斥着统治者的心愿与意志。

宗教信仰是多元的，包括天神、地祇和人鬼。天神指日月星辰，地祇指山岳河海，人鬼指祖先。

楚人对天的崇拜是有具体对象的，如太乙、东君、云中君等是他们要祭祀的。

楚人祭祀的地祇是楚国境内的江河，指江、汉、睢、漳等。它们代表着楚国的社稷。

楚人对祖先是十分敬重的，丝毫不能大意。楚人奉祝融和鬻熊为先祖，对他们恭敬备至。有一年，楚人听说夔国君主不祭祀祝融和鬻熊，便告到楚成王

中国南方地域文化

那里。楚成王立即加以谴责，后来出兵攻灭其国。

此外，高辛氏、轩辕氏也是楚人信奉的对象。

楚人崇巫，认为巫神通广大，能通天地、交鬼神，是一些超越凡人、具有特殊秉赋的智者。楚巫不仅从事宗教活动，还拥有丰富的科学文化知识和参与政治的本领。在交结诸侯、参与国事中，也能发挥重大的作用。如楚昭王时的观射父既是一位大巫师，也是一位参与政事的大夫，地位极为显赫，被楚人奉为第一国宝。

楚人重占卜，占卜是巫的职责，有专为国家社稷占卜的卜尹。国君遇有大事，都要进行占卜。国君在确定继承人或选官用人时，也常常占卜。

祭祀是宗教活动的基本内容和形式，统治阶级及被统治的庶民有不同的祭祀对象和牲牲。楚王要祭祀天地、三辰及境内山川，卿、大夫、士和庶人祀其祖。等级不同，牲牲也要有区别。当时规定楚王祀以太牢，卿祀以特牛，大夫祀以少牢，士祀以特牲，庶人祀以鱼。楚国严格规定按照商、周以来的宗教制度和周礼的思想来规范祭祀活动，用以维护奴隶主贵族的统治。

楚国宗教作为一种意识形态和上层建筑，是和礼制紧密地结合在一起的。楚国直接承继"圣人以神道设教"的思想，强调宗教活动在于教化百姓，巩固奴隶主贵族的统治秩序。

楚王认为民众对神虔诚，对贵族统治也就会服服帖帖；用宗教约束宗亲贵戚、名臣大族，就能安定奴隶主贵族的统治；楚王亲自主持祭祀，身体力行，就能做到人人敬神。

当时，在中原各国敬天尊神思想逐渐削弱，理性精神开始抬头的情况下，楚人仍能敬神尊祖，不能不说是楚国政治生活和宗教活动的一大特色。这种神道设教思想不仅教化民众服从统治，而且又对以王为首的各级贵族提出了严格的要求，在一定程度上具有约束作用。从这点看，对国家的安定确实是有作用的。

楚人敬鬼尊神，沟通人和鬼神的大事必然有人为之，因此楚国巫卜之风长盛不衰。

由于楚巫不同于后世害人的滥巫，他们都是一些掌握科学和文化知识的人，还精通医术，所以对科学文化的发展曾起过积极的作用。

（二）衣、食、住

楚人的衣着不像现代人有上衣和下衣之分，而是身穿深衣。所谓深衣，类似现代的连衣裙。深衣本是先秦时的中原服式，也是楚人的主要着装。

古代文献中所说的绔是"胫衣"，即穿在两腿上的套筒，与现代的裤子差别不大，两裆不相连，但在腰背处开衩，类似现代儿童穿的开裆裤。因为绔有开衩，所以虽能防腿部受寒，却不能遮羞。因此，楚人在绔上要加穿裙子。绔是裤子的雏形，裙子的实用功能是遮羞，而不能御寒。

长袍是长及脚面并絮有丝棉的冬季服饰，与深衣的区别在于深衣是曲裾，长袍为直裾。直裾长袍是楚人在深衣基础上创新的一种新的民族服装。

楚冠有獬冠、高冠等。獬冠前高后低，模仿獬角形。楚文王喜欢戴獬冠，楚人竞相效仿。高冠高耸于头顶，被楚人称为切云冠。屈原常戴这种高冠，楚人遂以头戴高冠为荣。

楚人除戴冠外，还戴帻，帻是束发用的头饰。

服饰是衣裳的有机组成部分，有佩剑、佩玉、花佩及带钩。

佩剑是男性的主要服饰，与楚人尚武风俗有关。剑既可防身，又可杀敌。有的佩剑纯属装饰品，如玉剑之类。

有时，佩剑带有宗教意义，如女巫降神时要佩剑，目的在于驱邪。

青年男女喜欢用花草作佩饰，除起装饰作用外，还可以用花草的香气避邪，有时还可以用花草相赠，作为男女相悦的媒介。

楚国青年女子喜欢佩饰用花草研末后制成的香囊，成为南国时尚。

饮食文化是文化和风俗中最能反映一个民族或一个地区特色的一种特殊文化。

楚人在饮食结构上可分为饭、馐、膳、饮四大类。

饭是主食，楚人以稻米为主食，有籼米、粳米、黏米、糯米四种。此外还有小米、粟、黍、大豆、小豆、大麦、小麦等粮食品种。由于地域不同，粮食在食用上有主有次，楚人以稻米为主，而中原地区则将粟、麦放在第一位。

馐是用谷物制成的甜食和点心，既能增加食欲，又便于携带，如用蜜糖和米面制成的糕点称"粔籹"。

膳指用肉类和蔬菜制成的菜肴，品种繁多。

兽肉有牛、犬、羊、猪、野兔、梅花鹿等。

鱼肉有鳜、鲫、鲤、鲢、鳙、刺鳊、银鲴等。

禽肉有鸡、鸭、雁、鸳鸯、雉、鹤、斑鸠、喜鹊、麻雀、竹鸡等。

蔬菜有芋、芥、菘、旱芹、水芹、冬葵、冬苋菜、菌等。

此外，瓜果有藕、土瓜、荸荠、菰梁、茭笋、茭白、茭瓜等。

调味的有生姜和小茴香等。

楚人重鱼，常把鱼肉同熊掌相比。楚人食鱼方法多种多样，有煎、炸、蒸、煮、调羹等。

楚地气候炎热，鱼容易变质腐烂，人们常将鱼宰杀去掉内脏，晒干或焙干后保存起来，称之为"枯鱼"。

鸡是楚人筵席上最受欢迎的菜肴，楚地有"无鸡不成席"之语。

楚人饮料包括各类酒、浆、水和稀粥。

楚人嗜酒善酝，酒的种类很多，香茅酒最具特色，还有瑶浆、琼浆、清酒等。

楚国建筑属于建筑范畴的干栏文化，是以木结构为主的建筑体系，注重与自然的高度协调，尊重自然，体现了天人合一的境界。

木材轻巧，坚韧，易于加工，成为楚国建筑的首选材料。楚国地大物博，木材资源丰富，而石材成本太高，不易开采，难于加工，因此选择木材是必然的。

楚国建筑类型丰富多彩，包括宫殿、地下宫室、离宫、宗庙、公府、馆阁、亭榭、坛、祠、舞台等。

楚国建筑重视人与自然的融合精神，如楼阁都很宽敞，与自然亲近，内外渗透。

又如：运用水平方向的层层屋檐和环绕各层的走廊栏杆，以削弱体型上的孤高之感，使之时时俯临大地。

又如：屋面、屋脊、装饰局部的曲线优美自然，仿佛镶嵌在大自然中，是天地的一部分。

楚国建筑注重与自然高度协调，在城邑、村镇、陵墓、住宅的选址和布局上，都能尊重风水学，院落组群的布局十分合理。

荆楚文化

楚国建筑的屋顶一般都很大，显得刚健质朴。人字型的屋顶造型既扩大了室内的空间，又利于排水，是楚国劳动人民智慧的结晶。

楚国建筑中的木构件斗拱十分精美，不用一钉，全靠插接而成，结合得天衣无缝。这种源于南方古老的干栏式建筑中的榫卯结构，不但系列完备，而且技术先进，为后人树立了楷模，如黄鹤楼、岳阳楼、滕王阁等驰名建筑，与其都是一脉相承的。

（三）崇尚

1. 崇拜凤凰

凤凰是楚国先民的图腾，是孔雀、鹰、雕、雉、鹤、燕等几种动物的综合体。在楚人心目中，凤凰是一种通天的神鸟，只有得到它的引导，人的灵魂才能周游八极，飞登九天。

楚人崇拜凤凰，认为凤凰是真、善、美的象征。在楚人的图案中，凤凰的形象雍容华贵，轻盈秀美，伟岸英武，飞扬灵动。鹿、虎、龙等这些一般人看来高贵的形象，都成了凤凰的陪衬。

楚人认为凤凰不但是通天的神鸟，而且还是先祖的化身，它无处不在，无时不在。它在注视着后代子孙的成长，时时处处在护佑着他们。

2. 尚赤

楚人崇尚红色，在生活用具、建筑、军事、服装、漆器、餐具、烹饪中都喜欢采用红色。

楚人的战旗是红色的，淮阳车马坑出土的多面战旗颜色全是火红的。

楚王的朝服是红色的，楚王的王袍也是红色的。

漆器的内部均采用朱红或暗红漆彩绘，十分艳丽夺目。

楚人烹制菜肴时也喜欢采用红色，有"红烧""酱烧"等名菜。

楚人尚赤，是因为楚人的祖先祝融是火正。火焰是赤色的，楚人尚赤是尊祖重祖的表现。

中国南方地域文化

3. 尚武

楚国举国上下以尚武闻名，人人英武果敢，神勇善战。

楚人的尚武精神是被逼出来的。楚国地处蛮荒，荆棘丛生，猛兽出没。为了生存发展，楚人不得不披荆斩棘，射虎斩蛇。这是形成楚人尚武风气的原因之一。

楚人建国前，屡遭商、周统治集团的征伐，受到残酷的大屠杀。为了保卫家园，保护妻儿老小，楚人必须敢于拼杀，不能坐以待毙。

楚国尚武，每个楚王都能身体力行。这也是身为楚王的必备条件之一。

楚国开国君主熊渠勇力过人，曾把一块白石看成一只白虎，射了一箭，连箭头都射进石头里去了。

楚武王一生是在征鞍上度过的，年过古稀时仍抱病出征，最后为国捐躯，死在战场上。

楚共王亲自披挂上阵，冲在前面，勇过三军。在一次战斗中，他被晋军射伤一目，仍镇定自若。

楚共王大力士叔山冉力能扛鼎，能徒手搏虎。有一次楚军受挫，晋军追了上来。叔山冉自告奋勇，只身殿后。他迎敌而上，扑向追赶的晋军，抓起一名晋军士兵当武器，投向晋军的指挥车，把车前的横木击断。晋军见状，无不骇然，立即停止追击，楚军得以安然退兵。

楚国臣民积极奉行尚武精神，个个视死如归。

楚虽三户，亡秦必楚。秦末，楚人揭竿而起，以大无畏的精神与数倍于己的强大秦军血战，终于推翻了暴秦的残酷统治，楚人的尚武精神创造了历史，谱写了历史的新篇章。

荆楚文化

湘西文化

中国南方地域文化

　　湘西是一片神奇迷人的土地，这里的灵山秀水养育了勤劳智慧的湘西人民。千百年来，土家、苗、回、瑶、侗、壮以及汉等民族在这里共同繁衍和生息，他们用自己的勤劳勇敢和聪明才智创造了湘西灿烂的历史文化及其奇特浓郁的民俗风情，铸成了光辉千秋、永垂史册的湘西文化。多样的文化形态、丰厚的文化内涵、独特的文化精神、质朴灵动的文化气息，令人心驰神往，流连忘返。

一、湘西文化溯源

（一）湘西的地域划分

湘西——湖南的西部，一个字面上很容易理解的行政区域名称。然而，这块位于湘、鄂、渝、黔四省市交界处的多民族聚居的土地，却远比我们耳熟能详的这两个汉字复杂与神奇。

湘西成为今天这一地域概括性的称呼，源于湖南行政区的设置所形成的地理概念。湖南以在洞庭湖之南而得名，但湖南作为名称使用，始于唐广德二年（764 年）所设湖南观察使，其后宋代设湖南路，清代设湖南布政使司，均沿用了"湖南"称号，直至形成了今天的省名。因湘江之故，湖南被简称为"湘"，其地理被概括为"三湘四水"。"四水"即湘、资、沅、澧四条江河，这基本上无异议。而"三湘"则有多种说法，如称漓湘、潇湘、蒸湘；或称潇湘、蒸湘、沅湘；也有说湘乡为上湘，湘潭为中湘，湘阴为下湘，但这些说法均有不足之处，难以概括全省。其实"三湘"源于行政区划的设置。民国建立后，北洋政府颁布省、道、县的行政设置，对清王朝的行政区划进行调整，去府、厅而存道、县，全省调整为湘江道、衡阳道、辰沅道三道。湘江道位于湖南北部，治所长沙，辖区相当于今岳阳、长沙、湘潭、益阳、娄底等市的全部及常德、邵阳、株洲等市的大部。衡阳道位于湖南南部，治所衡阳，辖区相当于今衡阳、永州、郴州等市的全部及株洲、邵阳等市的一小部。辰沅道位于湖南西部，治所芷江，辖区相当于今张家界市、湘西自治州、怀化市的全部及常德、邵阳等市的一小部。三个道将湖南分为三块，依各道地理方位，有了湘北、湘南、湘西的地理区域划分。因湘北的湘江道和湘南的衡阳道实际上占据了湖南的整个东部，导致了湖南近代历史上没有了湘东这个大地理概念。

现在我们所说的湘西，一般是狭义的

湘西，仅指 1957 年 9 月成立的湘西土家族、苗族自治州，即小湘西。而我们"湘西文化"的论述范围是广义上的湘西，指雪峰山以西，沅水中上游，澧水中上游的整个武陵山区，相当于湖南省张家界市、湘西自治州、怀化市的全部和常德市、邵阳市的一小部分，以及相邻的重庆市、湖北省、贵州省的一些地方。

（二）湘西文化的源流

湘西作为中部地区的五溪蛮地和土家、苗、侗、汉等多个民族的聚居之地，风俗习惯扑朔迷离、丰富多彩。现在一种通行的认识是，湘西文化是以土著文化为潜流，以楚文化为主流，以巴文化为干流，以汉文化为显流的多元一体的地域文化。

1. 以土著文化为潜流

若论及湘西文化的源流，不可否认，在巴、楚文化未流播湘西文化之前，湘西土著人创造了土著文化，虽然这种文化在湘西文化大格局中至今影响甚微，但它仍作为湘西文化的潜流而潜存着。它具体表现为旧石器时代的水文化、新石器时代的浦市遗址文化与高坎垄遗址文化以及青铜时期的百濮文化。

水文化，即在湘西五溪境内所发现的一种旧石器时代文化，是在沅水支流水两岸首先发现，从考古实物资料看，文化除了石器的形制特殊、石器的打制方法简单、石料较为单一（主要是河床里的沙岩砾石）外，它还有两个显著特点：一是由于水文化的地点都位于阶地上，这就构成了它区别于华南地区旧石器洞穴遗址的显著特点；二是以砾石砍砸器为代表，构成了水文化的又一显著特点。

浦市遗址出土的薄胎夹砂褐陶或红陶绳纹罐以及橙黄陶上施赭色彩的陶罐，是洞庭湖区大溪文化中所没有的。高坎垄遗址的文化因素，也有其明显的地方特色，特别是出土了与图腾崇拜有关的犬形陶塑，就更进一步体现了高坎垄遗址的地方性和民族性。广为流传的盘瓠神话就发生在五溪地区。这些犬形陶告诉人们一个历史事实：湘西五溪地区曾有一支以盘瓠（犬）为图腾的氏族，说明高坎垄新石器时代遗址是南方蛮夷集团中崇拜盘瓠（犬）的氏族所创造的一种原始文化。

百濮文化。湘西的文物普查表明，仅怀化市和原湘西州十县（市）就发现商周遗址近 330 处。春秋战国时期的遗址，现已发现 220 余处，墓葬群 30 多处 330 余座，城址 2 处，古铜矿井 2 处，窖址 2 处。从已清理的战国墓葬中，发现一种具有明显地方特点，有别于楚文化和巴文化的土著文化。在已发掘的战国墓葬和遗址中，出土了一批楚式剑、吴越剑和巴式剑。同时，还在保靖四方城、辰溪米家滩、溆浦马田坪、慈利官地、常德官山出土了一批形制特殊的青铜剑，如保靖 1 式剑、保靖 3 式剑等。有学者认为，这应是一支独立的青铜文化。

这种青铜文化的创造者应该就是湘西的原始居民与"百濮"融合后的土著人。

2. 以楚文化为主流

春秋初期，楚国首领蚡冒进取黔中（今湘、鄂、渝、黔交界之地），开辟林树丛生的濮地。特别是公元前 523 年，楚平王率"舟师以伐濮"，循沅水而上，用武力夺取了包括酉水地区在内的整个湘西，辰沅一带成了楚国的边陲重地。楚人入主酉水地区后，随之带来的先进文化在土著民族中开始产生了强烈的影响。

如从楚平王公元前 523 年"为舟师以伐濮"算起，到公元前 223 年秦王翦虏楚王负刍而楚亡止，辰沅属楚的历史恰是整整三百年。这不是一个很短的时间，楚国对辰沅一带紧锣密鼓进行大规模开发是在国势走下坡路的时候。公元前 382 年左右，由于楚向北争夺中原受挫和西北面强秦威胁日重，才认真在军政上经营辰沅这片后院，设黔中郡，并把郡治设在沅水中游之处的沅陵。

由于湘西地区独特的地理环境和民族性格，使得中原统治者长期对这一带只采用羁縻政策，而不敢轻易来开发触动这山高水险、民风强悍的边陲之地。无论是秦汉至南北朝时期推行的郡县制，还是隋唐至宋推行的羁縻州制，历代统治者在南方各民族地区，主要实行"树其酋长，使其镇抚"的羁縻政策，对于湘西地区也不例外。元、明及清初数百年土司制度是羁縻州制度的进一步发展，其间"蛮不出境，汉不入峒"。湘西特别是辰沅对中原而言，便长期封锁了。居住于澧沅水系上的楚人和他们的文化也因此而得以免于被中原文化统治得面目全非。清初改土归流以来，汉民大量涌入湘西，随着清廷对湘西澧沅水系诸镇的军事进一步加强，中原文化的输入也增大了规模。这些汉人所带来的儒释道文化，在这里也难免不被历史悠久、源远流长

的楚文化在一定程上巫化了。清廷迫于苗民的反抗，将主要精力放在对辰沅西部山区苗人的剿抚上，对辰沅间楚文化无暇去刻意冲刷。故当他们为镇压苗族而把辰沅军事重镇移向沅水西部逼近苗山的小小支流边的凤凰山城时，由辰沅中上游一带充当绿营兵丁参加镇压苗族的楚人，一时间大量涌入，造成了楚文化的一次重新整合和张扬，在这里发出了一抹耀眼的光芒。可以说，楚文化已经以活化石形态遗存于湘西这块古濮之地，它已渗透到了湘西的土著民族之中。在如今的土家、苗、瑶、侗等民族中，仍保留着相当多的楚文化的要素。

3. 以巴文化为干流

在湘西，特别是在土家族活动的澧水流域与沅水支流酉水、武水流域，巴文化的影响是较大的，从而巴文化与楚文化混融成巴楚文化。土家族是湘西几大主体民族之一，土家族虽然不都是巴人的遗裔，但土家族的主源是巴人。

《太平御览》卷一七一引《十道志》载："故老相传，楚子灭巴，巴子兄弟五人流入黔中曰酉、辰、巫、武、潕等五溪，为一溪之长，故号五溪。"又唐代《元和郡县志》载："辰，蛮夷所居也。其民皆盘瓠子孙，或曰巴子兄弟，人为五溪之长。"这说明巴人很早就进入了湘西。但随着楚文化的强势介入，巴文化也逐渐与楚文化相融合，形成一种"亦巴亦楚"的巴楚文化。最能说明巴、楚文化融为了一体的一件典型器物，是江陵雨台出土的木雕乐器"虎座凤架鼓"。其状，双虎、双凤皆背向，虎仰首踞伏，凤昂首立于虎背；鼓悬于双凤之间系于凤冠之上。凤高大，虎短小，凤轩昂，虎瑟缩。楚人尊凤，巴人以虎为图腾。"虎座凤架鼓"充分说明了两种文化的融合，同时也形象地显示了楚文化与巴文化的主从地位。还有一例，巴人以干栏为居室，今称"吊脚楼"。在鄂西南、湘西北，有这样的土家居俗谚语："左青龙，右白虎，又安静，又热乎""宁肯青龙高万丈，不能白虎抬头望"。"青龙""白虎"分别指住房左右两侧的山，左高右低为最好，反之为禁忌。这显然是楚人"尚左"之风被巴民族接纳的痕迹。至于所谓"不能白虎抬头望"，既可看出巴人对图腾信仰的固守，也可看出巴人对楚人"贱虎"意识的屈就。

4. 以汉文化为显流

在湘西，汉文化的流播源远流长，特别是改土归流后，大量汉人涌入湘西，对湘西文化的进步起了很大的促进作用。迄今，汉语成了土家、苗、侗、汉各族人民交流的共同语言，无论是土家也好，苗族也好，侗族也好，操本民族语言的人是越来越少了。

汉文化在湘西影响很大，但它并没有入主湘西，而只是湘西文化的显流。其一，汉文化主要影响湘西上层文化，而对湘西下层文化的影响则小得多，土家下层文化仍保持着浓郁的巫文化传统。武陵山区是云贵高原的余脉，四面盘山阻隔，河流从山谷穿行，两岸多为狭长台地，交通十分闭塞。历代汉族封建统治者推行"汉不入峒，蛮不出境"的政策，使本来就极闭塞的土家先民长期生活在文化封闭的环境之中。八百多年土司制度的实施，一方面大量引进汉族文化，造就了土家内部与汉文化关系密切、水平相当的上层文化；另一方面却在下层土家百姓之中，极力维护与固守其原始文化传统，无形中给巫文化的延续提供了便利。梯玛（土家巫师）在今天的鄂西、渝东、黔东南的土家地区已不多见，但在以土家族为主体的湘西龙山、永顺、保靖、古丈等县，至今仍不下百人。仅龙山一县，掌坛梯玛就有五十多位。梯玛依然受到村民的敬重，尽管梯玛的活动被视为迷信，但一般老百姓对之仍然深信无疑。其二，汉文化对湘西文化的影响，偏重于物质文化层和制度文化层，而在风俗文化层和心态文化层方面，则影响不大。迄今为止，在湘西，无论是土家族，还是苗族、侗族，对物质层面和制度层面上的汉文化，总的说来是接受较多的。但对于风俗层面上的汉文化，除普遍接受龙的信仰外，则更多地保留着自己民族的风俗习惯，如土家族过赶年和"赶仗"，苗族的"四月八"和赶秋，侗族的"赶坳"，皆历久不衰。特别是这些少数民族风俗活动中的歌舞祀神的巫风，更是弥漫不散。由于湘西文化本质上是巫风尤盛的附魅文化，所以汉文化流播湘西，在很大程度上也被巫化了。例如，湘西人大旱时也抬城隍菩萨求雨，但在求雨仪式中人们却嘻嘻哈哈，娱神娱人，把天旱失收的严峻形势置之脑后，完全是巫风流行。不仅汉文化可以巫化，而且汉人也可被蛮化。现在，土家的大姓主要是田、向、覃、彭、冉。彭氏原为汉人，后来被土家同化了。

湘西文化实质上是由土著文化、楚文化、巴文化和汉文化四流融汇而成，所以呈现出错综复杂的多元一体

湘西文化

的文化格局。各民族长期在湘西这方山水中大杂居小聚居，因而各民族文化便相互混融，形成一个我中有你，你中有我，而又各具个性的多元统一体。

（三）湘西文化的自然环境与社会环境

1. 封闭的自然环境

地处武陵山区的湘西，自古以来便被视为一块美丽而神奇的土地。两千多年前的伟大诗人屈原，被楚王流放在湘沅一带的蛮荒之地。流淌着五溪（酉、辰、巫、武、）清流的湘西地区，留下了诗人的足迹。湘西独特的自然世界，是构成湘西文化世界的环境和基础。

湘西的山，重重复重重，正所谓开门见山，山外有山，山中套山。湘西山势险峻，群峰耸立，沟壑纵横，河谷幽深，是一块形胜之地。北部八大公山是全境的最高峰，海拔 1890 米，莽莽苍苍，浮腾于云雾之中。西部八面山与张家界、洛塔界等大山对峙，山峦重叠，地势险峻。西南腊尔山台地紧靠云贵高原，那里有一座云蒸霞蔚的天星山，是当年苗族起义英雄吴八月与清军血战的古战场，雄峰如利剑穿空，绝壁如刀削斧劈，山腰"之"字形栈道凌空盘上。

这里，不少地区母岩多为石灰岩岩层，形成了许多奇异的石峰、深邃的洞穴、忽隐忽现的阴河。如凤凰齐梁洞、武陵源黄龙洞等，大的可容纳上万人。张家界市的天门山，花垣县的摩天岭，海拔都在千米以上，并有多处高宽均达数十米的穿山溶洞。这里，大小溪河共有一千多条，纵横密布，主要有澧水、沅水及其各个支流，如沅水支流酉、辰、巫、武、。这些河流多乱石、暗礁，滩多水险，故有今日茅岩河和猛洞河漂流之旅游胜观。

湘西属于亚热带季风气候，气候温和，四季分明。由于这里地形起伏，平地和高山气温悬殊较大。在高山深谷地带，常常是山麓是亚热带气候，山腰是温带气候，山顶却是寒带气候，真是一山有四季，且雨最充沛，一些高山常常是云雾缭绕、溪流淙淙，多似仙境。

湘西是天然的植物园。这里有举世闻名的张家界国家森林公园，有大片大片的原始森林和原始次森林，在原始森林带里有许多奇异珍稀的植物。国家所列的 110 多个保护树种，在湘西就有 20 多种。八大公山和天平山的成片珙桐群落为世界所罕见。著名的水杉在一亿年前曾广泛耸立于北美、欧洲和东亚等地，到了第四纪冰川时期，几乎全部毁灭。国外科学家只能在博物馆里看到其化石标本，而在湖南的湘西，古水杉竟顽强地活下来，向游客展露其古老的雄姿。银杏树，也是第四纪冰川期浩劫后的孑遗树种，散生于湘西数地。

湘西又是天然的动物园。境内属于国家保护的珍贵动物有 25 种。如武陵金丝猴和猕猴生活在湘西的深山密林中，它们机警敏捷、攀援如飞。这里的山鸡特别多，有秧鸡、石鸡、野鸡、白鹇、锦鸡、竹鸡。湘西还有世界稀有的两栖动物——大鲵。因其叫声似小孩啼叫，故又称"娃娃鱼"。

一方山水养一方人，奇山异水的湘西自然生态构成了湘西文化世界的环境和基础。湘西独特的自然景观，必将天造地设般地孕育着具有浓郁区域色彩的湘西独特的文化景观。

一是湘西文化注重于生命的存在和雄强。湘西自然世界是一幅充满生气的生命图画，万木峥嵘，百兽活跃，群峰竞秀，河流奔腾，云舒云卷，气象万千，似乎万物皆有生命。既然千古水杉历经磨难还能顽强地活下来。那么，在任何艰难困苦条件下都能顽强地活下去，应该说是湘西人的一种执著的生命意识。

二是湘西文化注重天人合一，人与自然浑然一体，张扬人的自然本性。湘西自然环境呈山环水绕之势，一切皆自然天成，浑然一体。如今湘西乡下男人下河洗澡，仍喜欢光着身子立于水中，毫不回避。至于放排下滩搁浅，水手们光着身子在水里边骂边劳作，更是常事。这是大自然的精灵们与大自然融为一体的充满生气的图画，一切都那么真真实实，不遮掩、不造作。

三是较为封闭的地理环境，使湘西文化保留着较为原始的极富神奇色彩的文化风貌，凸现着鲜明的原始性特点。巫风巴雨，人神杂糅，举凡大型民俗节庆，莫不娱人娱神，热闹非凡。加之在这种自然环境基础上形成的受动自足型的山区农耕自然经济，火耕水薅式的生产方式，以及历代王朝奉行的较为宽松的羁縻政策及数百年土司制度，"汉不入峒，蛮不出境"，致使湘西人长期"不知有汉，无论魏晋"，从而使湘西文化成了研究古代文化特别是研究楚巫文化的活化石。

2. 贫困的经济环境

农耕自然经济是中国古代社会经济的主体，是中国文化植根的经济基础，也是湘西文化植根的经济基础。但是

湘西这种经济基础是建立在原始落后的生产方式之上的。中国农耕经济的既早熟而又不成熟，在湘西地区则表现得更为突出。一是农耕工具和耕作技术的原始粗放，种水稻是火耕水薅，种旱粮是刀耕火种。二是以农耕为主，辅以渔猎和采集。湘西土家族经济明显是一种半耕半牧经济，土家族至今仍喜欢"赶仗"打猎，亦是一例。土家族古代以渔猎为主，农耕为辅，直至宋元时期，渔猎生产仍是土家人生产的主要方式。

贫困的经济环境，对湘西文化的影响主要表现在以下两个方面。

其一，它生长或铸塑着湘西人雄强蛮悍的进取精神和以生存为第一要务的勤劳务实的美德。由于土地贫瘠，物产不丰，致使几千年来湘西人民一直生活在贫困艰难之中，加之山川险阻，交通不便，其物质文明水平相当低下。然而如此险恶的生存环境及原始的生活水平，却生长或铸塑着湘西人雄强蛮悍的民族文化精神。同时也使他们更加深刻地体验到生存发展的艰辛，从而对其以生存为第一要务的务实精神的铸造发生着很大的影响。加之历史上长期形成的帮工互助式的生产方式和原始民主遗风，不断强化着民族内部的情感联系和群体利益至上的伦理道德意识，从而增强了民族的凝聚力，增强了本民族在险恶的自然环境和贫困的经济环境中的适应能力。这是对严峻的生存环境挑战的一种应战。

其二，它使湘西文化呈现出更为守成受动的特色，其突出表现就是巫风尤盛。湘西山区农耕经济是一种原始落后的自然经济，无疑使湘西文化呈现出更为守成、保守、受动的特色，往往需要外来文化的冲击，方能有大的历史进步。如历史上，楚文化对湘西土著文化、巴文化的冲击并入主湘西，成为湘西文化的主流。清改土归流，汉文化对湘西楚巫文化的冲击，最后融汇成一种新型的湘西文化。这种保留着较多的渔猎、采集和半耕半牧成分的湘西山区农耕经济，在文化上的体现就是保留着较多的原始社会和上古社会的遗风，巫风盛行。从宗教角度而言，原始宗教、自然宗教色彩较重，伦理宗教相对较弱。从艺术而言，则保留了较多的原始艺术的特点，神话传说极为丰富，巫歌傩舞经久不衰。从文化哲学而言，则表明湘西文化保留着较多的神话阶段和宗教阶段的特点。这些都显示了湘西文化蕴含的原始性、神秘性和神圣性。

3. 宽松的人文社会环境

湘西人文社会环境，一言以蔽之，就是宽松。一是政治环境的宽松；二是族群环境的宽松。

从湘西地区的历史沿革来看，在民国以前，特别是清代雍正"改土归流"以前，历代封建王朝对湘西主要实行"以夷治夷"的羁縻政策，如秦朝以"巴氏为蛮夷君长"的地方管理，又如唐宋的羁縻制，元明清（截止于清改土归流）的土司制。即使是清改土归流以后，流官以汉人、满人为主，也有一些湘西土家、苗人被委以官吏的。这种羁縻政策长达数千年，致使湘西地区长期处于大封锁下的内部较为自由的政治格局之中。尤其是在黔东南雷公山区和湘黔交界的腊尔山区，由于苗民的反抗，从明中叶到清初，苗民逐渐排除了土司和流官的势力，形成了两片自主自立的区域。这种政治局面，对于更多地保存湘西文化的古朴本色无疑是起了作用的。

在湘西，土家族大姓田、向、覃、彭、冉，苗族大姓吴、龙、廖、石、麻，其宗法统治体现了以血缘为纽带的，"家国同构"的社会政治结构特色，但宗法制度不如中原汉族那么完备系统，原因是湘西社会政治结构比较松散，有较大的独立性，如中央朝廷对湘西边地长期实行的羁縻政策及数百年的"以夷治夷"的土司制度，致使湘西人更注重血缘温情而少等级森严。由于民族战争和民族隔离，致使苗族社会发展到明末清初时代，还处于"有族属无君长，有穷富无贵贱"的历史阶段，汉族的封建文化对苗族影响并不十分严重，在苗族内部还保留着浓烈的原始集体的民主平等制遗风。

由此可见，历史上由于封建统治者实行数千年的羁縻政策（至清改土归流止），湘西社会政治结构总体上比较松散。在大一统专制政治下内部有较大自由度的相对独立性，构成了一种较为宽松的社会政治环境。当然，这种社会政治的宽松是建立在民族不平等基础上的，不得已而为之的被动的宽松，是一种被迫的无奈的选择。例如，早在汉代，汉光武帝几次派兵溯沅水而上，对湘西进行大规模的征剿，都遭到湘西苗蛮的顽强抵抗而失败，历史上著名的"伏波将军"马援更是命丧湘西。又如溪州之战，后晋天福四年（939年）九月，楚王马希范出兵攻打溪州，当时溪州辖今永顺、古丈、龙山、保靖等县，是土家族聚居之地。溪州刺史彭士愁带领溪兵奋力抵抗，经过

湘西文化

两个多月的激战，楚兵名胜实挫，只得停战，坐下来谈判。谈判后，将双方所拟条文，镌上铜柱，于天福五年（940年）十二月竖立在永顺、沅陵交界处。在中国历史上，为缓解民族冲突而铸造铜柱，这是绝无仅有的一例，其珍贵价值是不言而喻的。溪州铜柱实质上是国家与地方划界管理的标志，是封建王朝不得已实行宽松的羁縻政策的又一产物。

人文社会环境的宽松，不仅表现在社会政治环境的宽松，而且表现在族际环境的宽松。在湘西，无论是土家族、苗族还是侗族，各族人民长期大杂居小聚居，各民族互相兼容、宽大为怀，大家和睦相处，相安无事，民风淳朴，人性善良。即便是清改土归流后，汉人大量涌入，各族人民还是互相兼容和睦相处。如土家族自称"毕兹卡"，意为"本地人"；称苗族人为"白卡"，意为"邻居的人"；称汉人为"帕卡"，意为"外来的人"即"客家人"，就是一例。

宽松的人文社会环境对湘西文化的影响是多方面的。一是它有利于保留湘西本土文化的民族特色；二是它促进了湘西多元文化的互动互渗。

其一，宽松的人文社会环境，有利于保留湘西本土文化的民族特色。在湘西，如果依民族来划分，湘西文化有土家族文化、苗族文化、侗族文化、汉族文化之别，各具民族特色，可谓百花齐放，争奇斗艳。如土家族文化可归结为巴楚文化，而苗族文化可归结为苗楚文化。湘西本土文化之所以民族特色浓郁，原因是多方面的，其中，比较宽松的人文社会环境无疑起着重要的作用。封建专制下的羁縻政策长达数千年之久，这种社会政治上的宽松，致使湘西地区长期处于大封锁下的内部较为自由的政治格局之中。这种政治格局，客观上有利于保存湘西文化的附魅色彩浓重的古朴本色，保持各民族文化的民族特色。

其二，宽松的人文社会环境，促进了湘西多元文化的互动互渗。湘西文化是多元的。既有土家族文化，又有苗族文化，还有侗族文化和汉族文化等。在远古，既有土著原始文化，又有濮文化、巴文化、楚文化等。这些文化之所以能够互动互渗，出现多元文化一体化趋势，并最终形成巫风尤盛的湘西区域文化，应该说，宽松的人文社会环境为之提供了较为有利的外部条件。

中国南方地域文化

二、湘西文化的特点

（一）巫风盛行

由于楚建国之时错过了周公的制礼作乐的文化革命，它将夏、商文化与南方土著文化融合成了一种亦夏亦夷、非夏非夷的文化，保留了较多的原始宗教与自然宗教的巫祭傩舞，构成了一种带有浓郁巫魅色彩的附魅文化。作为楚文化活化石的湘西文化，由于特殊的地理人文环境，保留了较多的原始宗教和自然宗教的文化遗留，巫风尤盛，是一种至今仍然处处感触到的巫文化。这不仅体现在大型的民族祭祀中（如土家族的"舍巴节"，苗族的"椎牛"与"还傩愿"），而且在民间形成了更为神秘的巫风巫术，著名的辰州三绝（辰州符、赶尸和放蛊）便是代表。

（二）宗族意识强烈

中国社会，带着氏族的脐带跨入了文明的门槛，必然带有浓厚的祖先崇拜观念和以血缘心理为根基的宗法观念。湘西文化离不开这一文化大走向，但又有区域性和民族性特色，其宗族意识强烈表现在如下几个方面：一、图腾崇拜文化遗留较多，从出土文物考证中亦可证实这一点。除了大家熟知的苗瑶的盘瓠神话即犬崇拜和土家族的虎崇拜外，还有苗族的牛崇拜、鸟崇拜以及龙崇拜、凤崇拜等。二、祖先崇拜之风浓烈，如果说图腾崇拜是一种自然崇拜，那么祖先崇拜则是一种鬼魂崇拜。祖先崇拜的一个重要的产物，是关于英雄祖先的神话出现。湘西苗族祭祀先祖蚩尤、舜帝甚为热烈，而湘西土家族祭祀八部大王等亦为隆重。八部即八个部落，八部大王即八个部落的酋长。土家族祖先崇拜的发达，主要表现在祭祖活动的经常化、祭祖形式的多样化及祭祖意识的普遍化三方面。三、民族节日众多。节日是一种民俗事象，它起源于人们的生产和生活，是人类群体

在社会生产生活中约定俗成的。湘西五溪边地，各民族节日不仅起源于岁时节气，而且起源于生产、祭祖、庆贺、纪念、社交等活动，包含着各自民族的伦理道德和价值观念及行为模式，具有鲜明的民族特色。土家族的节日主要有小年、大年、正月十五、二月二、清明、四月七、四月八、小端午、大端午、六月六、月半、中秋、重阳节及早斋节、族年、女儿节、打土地会等。如土家族"过赶年"、清明扫墓、六月六"晒龙袍"、七月十五过"月半"节、中秋节"开天门"等，都与祭祖有关。湘西苗族的节日集会主要有清明歌会、四月八、六月六、七月七、赶秋、看龙场、赶年场及樱桃会、跳香会、端午龙舟竞渡、上刀梯、跳马等盛大活动。从这些活动中，我们可以领略湘西苗族节日集会文化的特有风貌。其中，"四月八"是纪念自己的先祖、民族英雄亚努的。"六月六"是苗族的远古遗俗，传说是苗族人民纪念六个男女祖先繁衍后代的祭祖活动。端午赛龙舟不仅有吊唁屈原的意义，其实还有一种更原始的意义，即祭祖神，如麻阳县的苗族至今还把划龙舟的活动，作为隆重祭祀盘瓠的仪式来进行。

（三）歌舞文化丰富多彩

巫与舞不可分，中国文献记载的古巫的主要活动，是以舞降神，以救灾祛病。考古学资料和历史记载表明，在中国古代，不论南方或北方，巫师和祭师的活动往往与音乐舞蹈相连，而其中鼓又是最重要的通灵的法器。在湘西麻阳，就发现了远古濮人的铜鼓。古代的巫师，由于通灵的需要，必然是最早的乐师和舞人。正因为如此，《说文》才将"巫"释为"以舞降神者"，意即巫与舞是不可分的。在湘西，无论是苗族，还是土家族，抑或是侗族，都是能歌善舞的民族。楚俗好歌乐舞，在湘西源远流长。信鬼尚巫的文化传统，各种宗教祭祀活动，将巫歌傩舞的艺术感性形式，表演得有声有色。湘西人出口必歌，以歌对话，青年男女以歌为媒谈情说爱亦是常事。苗族人民能歌善舞，湘西苗族的清明歌会、赶秋和跳香，就很有民族特色。清明歌会，又称"赶清明"，一般在农历三月三举行，是湘西苗族的大型歌会。各地的清明歌会，都有传统的"清明场"。民国时期，古丈县曹家乡之管家坪即是，而今则以吉首市丹青寨的"清明场"最为有名。届时，无论阴雨晴明，各寨的苗族群众纷纷赶来参加，参加者成千上万，其活动有青年男女唱和歌曲，甚至有的悬牌唱歌，以决胜负。打猴鼓、吹唢呐，各显技能。苗乡之清明盛会，倘逢丰年，并演古戏傩戏以为娱乐，夕阳西下，众人始散，甚或白天唱了晚上又唱，通宵达旦。土家族也是个能歌善舞的民族。其歌有蒋草锣鼓歌、摆手歌、情歌、丧歌、哭嫁歌等；舞有摆手舞、梯玛神舞、梅山舞、跳马舞等。摆手舞舞姿矫健、粗犷大方、刚强武勇、形式简朴、不用道具，具有浓郁的民族风格。梯玛神舞则表现了十分突出的娱人娱神特征。侗族能歌善舞，其中芦笙舞就很有名气。

三、湘西文化的丰富内容

（一）婚俗文化

苗族恋爱文化突出表现为恋爱歌会、"赶边边场"和"掷草标"等婚恋习俗。

恋爱歌会。苗族是一个历史悠久、崇尚自由、能歌善舞的民族。在婚恋习俗上，苗族的男女青年婚前都有一种以对歌为主要形式、以择偶为主要目的的自由社交活动，湘西苗族称之为"跳月"或"会姑娘"。据《荆南苗俗记》载：三月三"未婚者悉盛装往野外，环山踞坐，男女各成列，更番歌。截竹以筒，吹以和，音动山谷，迭相唱和，极往复循环之妙，大抵道异日彼此不相弃意也。"又据《中华风物志·湖南志》载："湘西苗族，每逢佳节良宵，有跳月之风，童男处女，纷至森林山巅，唱歌跳舞，此唱彼和，虽不相识，可相约订婚。"在湘西苗族地区，至今仍完整地保存着对歌寻求恋人的形式。如在湘西的花垣与黔东的松桃苗族自治县交界的虎渡口，每年的正月初一至十五，两省边境的苗族青年男女都自发地举行"玩年歌会"，用歌声倾诉爱慕之情，寻觅理想伴侣。流行于吉首丹青、泸溪一带的"清明歌会"也深受地方苗族青年男女的喜爱。

赶边边场。湘西苗族古有"跳月"之风，今有"赶边边场"之俗。在圩场或集会附近公开进行恋爱活动的形式，被称为"赶边边场"。湘西苗族一般每五天就赶一次圩场，如有矮寨场、河溪场、马颈坳场、社塘坡场、吉信场等等。赶场时，姑娘们梳妆打扮，特别讲究；男青年衣着整洁，格外精神。他们三个一群，五个一堆。选择圩场附近的山道田坎、路旁、石拱桥上、大树下等公共场地，先集体对歌，尔后可单独幽会。"赶边边场"成为湘西苗族青年男女喜结良缘的主要方式。

掷草标。湘西苗族青年男女谈恋爱，有一种掷草标游戏。所谓"掷草标"，它是指苗族男女群体游玩择偶时，女方会用草枝扎成一束草标，对着她喜欢的对象抛掷，抛出的草标落在哪位小伙身上，那么这位小伙就得和抛掷草标的姑娘对歌，歌若对得好，那么双方则可以单独幽会谈爱。掷草标游戏场面生动，富有情趣，引人入胜。

湘西苗族婚礼隆重而热烈，讲究礼节，处处体现着湘西苗族婚俗所蕴涵的民族文化内涵。其礼节甚多，极具特色的主要有以下几种：

拦门对歌。男方新郎为了把女方新娘热热闹闹地接过家门，必须派出一支阵容强大的接亲队伍去女方家。当接亲队伍到女方家门前时，女方却摆桌挡住接亲队伍。表面看来是女方对客人怠慢，不礼貌，实则不然，而是要展开一场对歌大赛。接亲对歌人如果被女方用歌问住，答不上来，则会被罚喝一碗苗家米酒，不从就会被一群姑娘追逐围住，抓住你非喝不可。每次拦门酒总有一些歌者被弄得满头是汗，一身酒香，逗得一旁看热闹的人们捧腹大笑，欢乐无比。拦门对歌既增添了婚礼的喜庆气氛，又展示了苗族人民的歌艺才华，这种喜庆形式一直保留至今。

闹新房。"闹新房"是指新郎族中的青年兄弟们在婚礼的当天晚上到新房来闹洗脚水，跟新娘之间进行一场才智比赛。兄弟们相伴而来，高兴地涌进新房，开口便向新娘讨洗脚水，新娘则机灵反驳，男女双方你一句我一句，你来我往，直到一方无话可说，才定输赢。如果男方输，就应退出新房，让位给后来者继续闹新房；如果女方输了，调皮的新娘会故意将滚烫的热水端来叫赢者洗脚，弄得男方哭笑不得。而在旁边看热闹者就呐喊助兴，分享其中的快乐。

吃排家饭。所谓"吃排家饭"是指湘西苗族恋爱男女双方家里举行"过礼"仪式时，女方为表示对男方客人的尊重、友好及家族的团结、互助，第二、第三天酒饭由女方叔伯们担负，称吃"排家饭"。届时，仪式主持会集中亲戚的苗家长条凳和木四方桌，桌凳不够时则会拆下门板当饭桌，一字排开，整整齐齐。吃饭时，那香喷喷的苗家腊肉、酸鱼、红酸辣椒、野山葱，那醉人的糯米甜酒，让人垂涎欲滴，忍俊不止。主客双方频频举杯对饮，共同庆贺，偶尔有人把酒对歌，你问我答，热闹非凡。那动人的歌声、沁人的酒香、怡人的场景，无不让人心潮澎湃，村寨邻里及外乡的游客倘若碰到这种场景，定会被苗家这种豪放、热烈、欢快的婚俗情绪所感染，不知不觉地坐上长条凳，挽起袖口，大块吃肉，大碗喝酒，尽情享受苗家婚礼带来的快乐。

土家族婚俗文化中最具特色的莫过于"哭嫁

歌"。婚礼是人生的一件大事。出嫁，是女子最辉煌的时刻，居住在湘西的土家族女子，却是用哭声度过这一辉煌的时刻，人们称之为"哭嫁"。当地人认为女子出嫁"不哭不发，越哭越发""新人不哭，娘家无福"，这就是为何要哭的原因。土家人普遍认为，"哭嫁"是一种吉祥如意的象征，不哭不体面、不哭不热闹、不哭命不好、不哭事业就不会兴旺发达。在长期的封建社会中，由于封建礼教对人的束缚，女子在家庭中地位低微，婚姻不能自主，于是在出嫁前便用土家语特有的低调谐声韵律与歌唱艺术相结合，控诉不合理的婚姻制度，表达追求自由婚姻的意愿。由于这些唱词凄婉、感情真挚、娓娓动人，广为流传，久而久之就形成了哭嫁歌文化，成为土家族婚俗中的一朵奇葩。

土家族的哭嫁歌最初是用土家语演唱的，传播途径主要是靠口耳相传。土家族哭嫁歌同汉族哭嫁歌在形式上有极大的不同，土家族哭嫁歌句式自由、长短不一、语言含蓄明快、民俗性很强。汉族哭嫁歌则句子工整、起承转合分明、文学性较浓。

土家族哭嫁歌都是由新娘、亲属和陪嫁女自愿、自发地进行，男性绝不介入，也无权干涉。土家族哭嫁歌种类一般有以下三种，一是由新娘主哭，接着亲人们顶腔接声劝哭。你一声，我一声，自然形成了一种多声部合唱。二是由人代哭，新娘陪哭。这种类型是因为新娘不会唱哭嫁歌，出嫁时请人代哭唱，新娘边掉泪边跟唱。三是女儿和娘对哭，出嫁时新娘和母亲又哭又唱，互相告别。哭嫁歌通常唱的是姑娘出嫁时与亲人、父母分离的悲伤之情，是土家族妇女生活感受的现实反映。就哭嫁歌本身而言，它既是一部土家风味浓厚的抒情长诗，也是土家族一部婚俗史，从中能了解到土家族婚俗嬗变、妇女心理、社会发展、土家族的语言、信仰、伦理道德、价值观等。哭嫁歌是千百年来土家族女性集体智慧创作的结晶，是土家族文化中的奇葩。

（二）神秘的丧葬文化——悬棺

最早记载湘西悬棺葬的是唐朝张的《朝野金载》："五溪蛮，父母死，于村

中国南方地域文化

外搁其尸，三年而葬，打鼓路歌，亲属宴饮舞戏。一月余日，尽产为棺，于临江高山半肋，凿龛以葬之。"如前所说，湘西地区的悬棺葬分布密集，在沅水流域及其支流酉水流域的各县都有分布，仅泸溪县就有楠木洞的沉香船、响水岩的海上琼楼、辛女岩对岸的仙人屋。

与其他地区的悬棺葬不同，湘西地区的悬棺葬起源较晚，起源于唐宋时期，元朝时随着仡佬人的或被征服，或被同化，悬棺葬逐渐消失。但悬棺葬的遗迹还历历在目，如今在沅陵北溶的沅水南岸，可看见距水面30米的悬崖上，有40多个人工开凿的洞穴，有的洞穴还可看到湘西先民留下的遗物。

悬棺葬是楚文化在湘西地区传播的结果，可以说楚国不仅为湘西地区带来《九歌》般神秘的巫风，还带来了奇特的葬俗悬棺葬。人们一谈到悬棺葬，只认为是东南沿海地区的产物，很少提及楚国。楚国不仅有悬棺葬，而且最早的悬棺葬可追溯到楚人关于炎帝神农的传说。在衡东、南岳一带流传着《狮形岭求葬神农》的传说故事，在这个传说中，迎葬炎帝神农的是距河面三丈多高的石棺，它"峭崖临水"，正符合我们所说的悬棺概念，是传说中最早的悬棺葬。当然楚国有史料文物记载的悬棺葬应起源于战国时期。楚国的悬棺葬不仅年代早，而且分布密集，仅三峡沿岸就有许多处，那些被称为铁棺峡、棺木峡和"插灶"的都是悬棺葬。湘西与楚国先民所处的自然环境都是悬崖陡壁，依水而居。当然并非所有依水而居的民族都有悬棺葬习俗，自然条件并不是葬俗传播的决定因素，它还关系到文化意识的认可。湘西先民除了具备依水而居的自然条件外，在与楚文化的碰撞与整合中，他们的文化意识已逐渐发展到了认可悬棺葬的程度，这个文化意识便是在楚国万物有灵观念支配下的灵魂回归意识。他们认为日月星辰、山川草木都有灵性，都需要崇拜，万物之灵长的人类祖先更值得崇拜。在他们的想象中，人类祖先即使死了，灵魂并没有消失，生命也因此还在延续。死并不可怕，它仅仅是灵魂离开肉体回归到老祖宗的居住地，因此纪念死者最好的办法是送亡魂沿着水路回到老祖宗的诞生地，即楚国老祖宗的诞生地江汉川泽之中。与楚人一样，湘西先民并不是一开始就居住在现今的崇山峻岭中，正如史诗所唱"爹妈原来住东方，大地连水两茫茫，波光潋滟接蓝天，地方平坦如晒席"。湘西人的东方老家是"左洞庭，右彭蠡"之地，到了春秋战国时期因战争原因被迫由洞庭湖西迁，溯沅水而迁往五溪定居下

来。他们谈及祖先来到这里时，总说是坐船而来的。因此，人死装殓时还在死者口中放点碎银，给死者渡河的船钱。在日常生活中，只要家中有个小病小灾，便有专门背旱龙船的人来收灾。有时请巫师禳灾还愿时，在法事终了前，总要"画"一碗水（在水碗上画符念咒）放在神坛上，据说这样整个村寨会化为汪洋大海，使妖魔鬼怪无法为害。即便是在禳灾驱鬼的傩堂戏中，"先锋""开山"诸神也来自沅水中游的桃源洞，一路乘船涉水而来，甚至生孩子也不说妈妈所生，而说发大水从河里捞来的。湘西人认为既然老祖宗的诞生地在东方的水域，那么人死后回到东方的水边才是最好的归宿。

在湘西人的心目中，老人死了，首先要把他的魂招回来，再送到老祖宗居住的地方去，这样才算安葬了老人，尽到了孝心。与楚人不同的是，他们以放河灯、烧纸船的方式为亡灵招魂，使灵魂回归故里。烧纸船是在扎的纸船中放入金银纸锭，然后放河边焚化，意思是让死者亡灵乘船沿着水路漂回故里。湘西人是曾经几度迁徙才定居到现在的地方，他们认为死者的灵魂需要在巫师的"指路""引渡下"，经历迁徙诸地，最后到达本民族的发祥地，同老祖宗安乐地住在一起。有时人死后还请巫师招魂，安灵祭享后，巫师念诵《指路经》赞扬死者功德，驱邪逐魔，开丧指路，让亡灵历经艰辛，涉江过河，最终沿着民族迁徙路线回到祖宗居住地"东方老家"。正因为是回归，与老祖宗团聚，在送亡灵的过程中就不像中原葬俗那样"泣之以血"，而是哀乐与共。他们行悬棺葬时"打鼓路歌，亲属宴饮舞戏"，载歌载舞地把死者放在船形棺木里送上悬崖峭壁中，让亡灵以船为载体回到老祖宗住的极乐世界。

湘西人为何要把船形棺木悬于"临江高山半肋"中？因为在他们的原始思维里，人的生命不仅仅是以肉体的形式存在，而是一种肉体与灵魂相结合的二元存在。肉体形式是易朽的、可消失的，而灵魂形式则是不死的、永恒的。人之死亡，并不是生命的真正绝灭，而只是肉体形式的腐朽，但其灵魂仍在。因此，他们没有像依水而居的其他民族一样，以船棺的方式直接把亡人随船葬入土中或随船漂入水中，而是采取把亡人放置船形棺木后送到绝壁上让尸骨风干的悬棺葬。他们认为"灵魂虽可以自由离开人的身体，但必依附于某物之上。当皮肉糜烂和消解时，它就进入了骨头里"。人的灵魂只有附在无血肉腥味的骨头上才有资格进入圣地，坚硬的骨头才是灵魂长远的寓居之地。所以湘西人不得不耗费巨大的人力物力，将装有死者尸骨的船形棺木置于临江的悬崖绝壁中，让骨头在干燥通风的环境中坚硬不腐。这样使灵魂长久地附在骨头上，随之自然掉入水中，最终回到祖宗的诞生地，并且"以先坠者为吉"。因为尸骨跌得越快，亡灵回归得越快。

湘西悬棺葬源于楚人的灵魂回归信仰。楚人认为，人死了要回到老祖宗的诞生地，所以采用悬棺葬的形式，以船为载体，把尸骨悬在临水的峭壁间，让亡灵随尸骨坠落到水中后沿祖先迁徙地回到故里。在楚人的心目中，灵魂回归故里，不仅要有船为载体，而且要有向导，因此"不仅桥或船可把灵魂送往新居，动物（特别是鸟）也可以召唤来保卫死者进入他们的国土"。这作为向导把亡灵沿着水路送回故里的鸟便是楚人认为至真至美的凤。在所有的鸟中，楚人尤尊凤，因为其祖先祝融是鸟中之王凤的化身。

湘西文化在与楚文化激烈的冲击和碰撞中必然会产生相互接触、相互影响。在他们的心目中，先人的亡灵回归故里也要以船为载体，在凤鸟的引导下，沿着沅江洞庭湖，回到东方的水域。为什么要以凤鸟为向导？要了解湘西人这一葬俗文化，有必要对他们生活中的凤鸟崇拜这一文化象征进行探讨。湘西人崇凤心理的最初表现形式是对神鸟的崇拜，他们的传统文化傩文化祭祀的就是神鸟。据傩文化专家解释，"傩"的繁体字便是由人旁加"堇"（音符）加"隹"（雀）三部分组成。傩文化供奉的是叫傩公傩娘的神像，他们便是头戴凤冠的神灵。当地人还有敬雷公的习俗，平常做什么事甚至掉一粒饭都会当心雷公惩罚，在他们心目中，令人敬畏的雷公便是鸟形人身的形象。这种对神鸟的崇拜以后便发展为纯粹的凤崇拜。可以说在湘西人的日常生活中，凤这种神鸟作为一个根本的不可替代的象征物是无处不在的。在妇女们刺绣的围裙、背兜、帐檐以及庙堂或家具的雕花板上都有凤的形象。凤崇拜还表现在当地的民居中。楚人的许多民宅，山墙两侧和瓦脊两端都以龙头鱼尾的形象使之挺拔、拉高，称为"扳鳌头"。湘西人的民居中，山墙瓦脊翘起的都是灵动向上昂起的凤头。它雄健挺拔，是瑰丽神奇的象征。当然湘西人对凤的崇拜最充分最完满最淋漓尽致的表达方式便是将自己的一个县呼之为凤凰了。所有这些对凤的崇拜都体现在凤的象征意义中，凤至真至美、

吉祥神奇，它作为一种独特的文化风格，已成为湘西人的一个"集体表象"，在日常生活中被反复地象征表达出来。与楚人一样，湘西人生前把凤这种神鸟当做吉祥、神奇的象征，死后自然要与神鸟亲近，祈求神鸟保佑他及后代吉祥如意。神鸟巢居与繁衍的地方便是人迹罕至的悬崖峭壁，所以湘西人尽管都认为悬棺葬不是本民族的葬俗，但还是称其为"石壁仙舟"。他们认为凤这种神鸟，本身就象征了吉祥、神奇，是人们崇拜的对象。把先人葬入"临江高山半肋"处的悬棺，使之与所崇拜的神鸟共处，自然会带来福气。而且还可在神鸟的引导下回归故里，沾上神性而仙化。为了吸引鸟的到来，让亡灵与神鸟更亲近，他们还在悬棺旁"或悬羽箭"，并不顾被人兽侵扰的危险"不施遮盖"。这样从意识到行动完成了对这一外来葬俗的认同。尽管元代以后，由于统治者干涉，悬棺葬在湘西地区逐渐消失，但葬俗中的凤崇拜还在延续。至今湘西人还时兴做棺椁，即在棺木外套船形的纸棺椁上面立一只展翅飞翔的白鹤，并写"乘鹤西去"等吉语，象征亡灵乘坐神鸟飞到祖先的发源地。

湘西人还认为"悬高"与传统文化的"孝道"有关，"弥高者以为至孝"。他们不惜耗费人力财力把先人送到"临江高山半肋"的悬崖洞穴中，没洞穴也要在陡峭的岩壁上用人力"凿龛以葬之"。因为悬崖中的洞穴是神鸟的居住地，让先人的灵魂与神鸟共处于"安乐"之地，在神鸟"引渡"中回到老祖宗的发源地，这才是最大的孝。所以他们把祖先送至临江高山的悬崖洞穴后，任其"风霜剥落，皆置不问"。并且"三年不祭"或"终身不复祀祭"。只有从凤崇拜的角度，我们才能理解湘西人在悬棺葬中把先人"悬高"后"终身不复祀祭"与"孝道"这种貌似矛盾的心理。在我国依水而居的民族很多，不只是湘西人，而湘西人不仅具备依水而居的自然条件，还具备了从主观上认可悬棺葬的历史文化因素，这就是楚文化中的灵魂回归意识与凤崇拜。文化传播的"决定因素不在于地理条件，而重要的在于文化和历史条件发挥的作用"。因此楚文化与湘西文化的交融与会通是湘西悬棺葬在湖南最为密集的主要因素，湘西悬棺葬是楚文化在湘西地区传播的结果，其中蕴含了深厚的文化意蕴。

（三）湘西歌舞文化

在2008年8月8日北京奥运会开幕式前的文艺表演上，有一个节目吸引了全世界人民的目光：一群从远古走来的"毛古斯"，他们身披草衣，头戴草帽，赤着双脚，或碎步进退、曲膝抖身，或左跳右摆、浑身颤动，或摇头耸肩，全身茅草刷刷作响……这是由湖南湘西永顺县选送的土家"毛古斯"——欢庆舞蹈。此次"毛古斯"节目表演阵容强大，共有110人参加。这也是湘西人民第一次在世界性的大舞台上，展示湘西土家族独特的风采。

"毛古斯"是湘西当地土家语，意为浑身长毛的打猎人。毛古斯舞是以土家族的历史、渔猎、婚姻等为内容，融歌剧、舞剧、话剧于一体，表演形式极其古老的一种原始祭神戏剧舞蹈。主要流传在湘、鄂、渝、黔四省市边区的土家族聚集地，重点分布在湘西酉水流域的永顺和龙山等县。它的表演原汁原味、古色古香，足以把人带入那鸿蒙初开的远古时代。

关于"毛古斯"的起源，有一个古老的传说，远古时的湘西森林莽莽，荆棘遍野，人烟稀少。土家先民为了觅食糊口，或上山打猎，或下河捕鱼。后来学会了耕作，才从渔猎生活步入农耕时代。最先有一位土家青年独自下山去学习农耕技能，学成之后急于赶回山寨传授。一路上风餐露宿，全身衣服被山林中的荆棘撕扯成碎片。等他回到山寨时已是夜晚，正逢土家"调年"（过年），举行摆手舞等活动。他一看自己衣不遮体，不好露面，便躲在稻草丛中观看"调年"活动。不料几个小伙子在稻草丛里发现了他。他只好走出来，急中生智，扯了一蓬干稻草披在身上，参加到"调年"活动的人群中去。在"调年"会上，他手舞足蹈，用舞蹈的形式向乡亲们传授所学到的农耕技能。后来，土家人为了纪念这位传授农耕技能的先祖，每逢还愿或祭祖等活动时，都要表演"毛古斯"。

"毛古斯"仪式，因其表演者所处的地域和表演时间的长短差异而呈现出诸多繁简差异，但总体来说，各地都比较注重"狩猎""捕鱼""农事""抢亲""祭祀"等场景的表演，这些场景基本上构成"毛古斯"仪式过程中的核心内容。就"毛古斯"仪式的整个过程而言，其内容完全可以视为土家族先民的历史缩影，也完全可以视为一部土家族戏剧化的民族史诗。其所涵盖的历史过程十分漫长，从原始的采集经济时代一直到现代文明时期的土家族人民的生活，无不在这部戏剧化的史诗中得到了很好的表现。尽管其中一些内容显得比较庞杂，有些游离

湘西文化

于"主题"之外，但作为土家族民间未经任何修饰的原生态文化而言，其所承载的远古的原始信息，流溢出的原始文化的韵味，的确是值得人们加倍珍惜和认真研究、读解的。

"毛古斯"与土家族先祖祭祀的重要组成部分，与先祖祭祀联系更加紧密的则是土家族的另一艺术珠宝，它就是与"哭嫁歌""西兰卡普"一起，被称作土家艺术活化石的"摆手舞"。摆手舞土家语叫"舍巴""舍巴格痴"，其意为"敬神跳"，汉语叫跳摆手。

土家族没有宗教但有宗教观念，崇拜祖先、敬祭土王、敬奉"白虎"、相信"梯玛"等信仰构成土家族的信仰文化。《蛮书校注》卷十载，"巴氏祭祖，击鼓而祭"。可见，摆手舞是土家族祭祀祖先的一种舞蹈。

土家族的祖先原来居住在中原地带，曾有过武功显赫的光荣历史。但在商王朝时，受到其他部落的排挤及武丁的讨伐，不得已率领族人离开中原，艰难地向西迁徙。历经千辛万苦后，最后流落到湘鄂川黔边境。祖先在此开发土地，修筑房屋，重新建立起生活的希望和欢乐。土家族有语言，但是无文字，祖先遥远的历史都记载在世代相传的传统民歌之中，其中最为典型的便是"摆手歌"和"梯玛神歌"。土家族将先祖的这段悲怆历史用神话的语言形式记载下来，口头世代传颂。

八部大神被土家族视为民族共同的远古先祖。土家族人民认为八部大神在本民族的历史上起过重大作用，有过赫赫功绩，因此把八部大神当做族神顶礼膜拜，千秋祭祀。每年正月初九至十一日，在八部庙前，都要举行摆手歌舞活动，隆重祭祀八部大神。

除了八部大神以外，土王也是土家族敬奉的对象。土王是土家族的历代首领，也被视为全民族的祖先。摆手舞的队伍表演要先绕土王祠一周，举行祭祀仪式，然后，再到摆手堂中，按摆手内容依次进行，故有"相约新年同摆手，春风先到土王祠"的诗句。祭祀祖先，成为土家族的一种精神依附、宗教意识和血缘亲情观念，淳朴的土家人民相信，祖先的魂灵会继续保佑他们的子孙后代。

摆手舞的阵容、规模都很宏大，多则数村寨上万人，少则一村一寨数百人，男女老少都可以参加，因此舞蹈形式并不复杂，动作简单而古朴。常由一人在"调年坪"或"摆手堂"中央击响锣鼓，其余人则围绕在锣鼓周围，随着锣鼓节奏转大圈摆手，也可以将锣鼓放在一旁伴奏，排成两排相对而跳和变换队形，摆出各式图案摆手。

土家族摆手舞与其他舞蹈不同，它最突出的特点是"摆同边手"，即摆同边手出同边脚，以手的摆动为主，脚步随着手的摆动而踏着节拍进行，动作稳重粗犷，健美有力。摆手舞中手的摆动一般不超过肩（也有超过肩的动作，如"梳头""打浪子""上摆"），动作线条流畅大方。基本动作有单摆、双摆、回旋摆三种。

摆手队伍进入神堂后，鼓手通常要敲击锣鼓，鼓声由慢到快、由轻到重，用声响渲染出湍急的水流声、猛兽的吼叫声、飞禽的呼啸声、众人渡、可上滩声等各种声音，以此象征着土家族人民在人生之路上辛勤创业的艰难历程。

跳摆手舞时，屈膝的特点很显著。特别是在每个动作的最后一拍膝会屈得更深些，有的动作在起步时稍向下闪动一下，更使整个动作显得生动而抒情。摆手舞据其内容，可分为五类：第一类是装饰性连接动作，"单摆""双摆""回旋摆"，用于开头或结束。第二类是反映劳动的动作，如"照太阳""砍火畲""撒小米""挽麻团"等。第三类是反映生活的动作，如"打蚊子""水牛打架""抖狗蚤"等。第四类是反映军事的动作，如"列队""披甲""登长竿""涉水""过沟"等。第五类是反映狩猎的动作，如"跳蛤蟆""拖野鸡尾巴""鲤鱼标滩""岩鹰闪翅"等对动物姿态的模仿。

每当进行摆手活动时，首先唱的便是《吆喝号子》。《吆喝号子》所有歌词全是衬词，没有正歌词，反复进行演唱。摆手队伍有梯玛队（梯玛即土家族巫师）、旗队、摆手队、乐队、披甲队、炮仗队等。祭祀时，由梯玛带领各摆手队敬八部大王并高唱敬拜"八部大王"的祭词，对神像行跪拜礼，唱"摆手歌"和"梯玛神歌"，再点燃篝火、炮仗，由梯玛率领跳"大摆手"。"摆手歌"和"梯玛神歌"都与宗教仪式挂钩，并以歌曲配合仪式的进行，加强了仪式的气氛和主题以及参与者的集体意识。歌唱间隙里也可穿插演唱山歌调，一般都是些反映男女之情的，如"月到十五正团圆，甘草蜜糖一样甜，称心兄妹同枕睡，恩爱夫妻到百年"。也有反映过去生活的，如"过去土家苦难多，挑肩磨脚爬山坡，肩膀磨成猴屁股，背杆擦成乌龟壳，交通不便莫奈何"。演唱

时声音高亢嘹亮、语言纯朴，歌舞互相烘托，情绪更为热烈。摆手锣鼓不同曲牌引示出的摆手动作中"顺拐、颤动、屈膝、下沉"的共同特点，体现出了土家族人民在崎岖山路上行走的形象，反映出土家族人在崇山峻岭的自然环境中的生活方式和劳动规律。

在苗族文化中，也有与"毛古斯"和摆手舞功能类似的舞蹈——接龙舞。

中国文化中，龙的足迹无所不在。而在推崇龙文化方面要数湘西苗族为甚。传说苗祖仰阿沙是从螃蟹挖的水井里走出来的龙女；另一苗祖盘瓠则是天上的龙犬下凡，而由他们繁衍的苗家自然是龙的后裔。所以他们祭龙、招龙、接龙、看风水、相龙脉等等非常盛行。在湘西苗族的"接龙""椎牛""跳香会"等很多独特祭祀活动中，以接龙舞最为盛大、庄严，且受到广大苗族人民的欢迎。

每逢吉日良辰或重大节日，苗族人民往往会举行盛大的接龙活动，为时一天。接龙一般分接村龙和接户龙两种表演方式，二者的内容和形式基本一样，只有少许差异：一为接村龙规模较大，参与人数多，耗费巨大；二为接村龙时村中各户的主妇需按辈分大小依次前往，而接户龙只需主妇一人便可；三为接村龙用白水牯牛做祭，而接户龙一般用猪做祭。

在接龙舞的表演过程中，龙司（苗族人举行接龙祭祀时的主祭人）首先会举行祭祀仪式，祭雷神、敬祖先，在龙司主持下，鼓乐齐鸣，龙司边摇铜铃边唱巫词，吟唱的内容意思大多是对祖先的怀念和对雷神的祈求，龙司祈求雷神不要同龙作对，让龙能大显神威。之后，龙司开始祭龙神，决心把龙请到苗山来，龙司作法，请龙下凡。其后，在龙司的带领下，人们穿着节日盛装，组成了接龙的队伍。开始接龙，龙司领头在吹打乐队的伴奏下踏着节奏，跳起欢快的接龙舞，湘西苗族人的接龙舞就这样流传至今。

接龙舞，是一种单纯的祭祀性舞蹈，一般表演者由 8 到 20 人组成，舞者多为同族同宗中漂亮英俊的青年男女（以女性为主），舞蹈动作简洁、朴素。他们把伞与伞相接起来，形成龙形，时而上下起伏、左右摆动；时而跑跳前进。人动伞动，恰似游龙腾云驾雾，场面十分壮观。伴奏音乐也是接龙舞的音韵特色。接龙舞主要是靠唢呐和锣鼓伴奏，这也是接龙舞保留原始祭祀遗风的主要手段。现代用于舞台表演的接龙舞则是由文艺工作者以原生态接龙舞为基础，进行艺

中
国
南
方
地
域
文
化

术化的提炼、加工而成。舞蹈动作不仅保留了传统的龙穿花、龙起伏等精华部分，还大胆地吸收了苗鼓舞、芦笙舞、跳香舞、绺巾舞等苗族舞蹈和傩舞、花灯舞等地方性舞蹈的特性动作和基本舞步，表演手法趋于多样化，动作更具艺术性和观赏性，具有鲜明的地方特色和浓郁的民族风格，有很强的艺术感染力。

接龙舞作为典型的图腾崇拜性舞蹈，源于人们对神灵的崇拜和祖先信仰的需要，反映了苗族人民对生命的追求和对生活的向往，寄托着人们对美好未来的憧憬。

（四）民族服饰文化

土家织锦，土家人称"西兰卡普"，汉语叫"土花布"或"打花铺盖"。土家织锦是湘西土家族地区的民间工艺之一，其工艺精湛、造型生动，色彩浓烈鲜艳，纹样粗犷朴实，风格绚丽而敦厚，富有乡土气息，是众多的民间美术奇葩中的一颗璀璨的明珠。土家织锦除了具有实用价值和审美欣赏价值之外，同时还有着丰富的文化价值，它以自身独特的方式蕴涵着土家族文化心理，显露着不同时代的文化积淀，是土家族原生态的文化植被，也是土家族历史文化最形象的"活化石"。

关于"西兰卡普"的来历，在湘、鄂、渝、黔边区的土家族聚集地，流传着一个人尽皆知的美丽传说：很久以前，有一个叫西兰的土家姑娘，心灵手巧、飞针走线，能把天上的云霞、地上的鸟兽都织进她的锦里去。为了在出嫁前给自己织一床特别好看的打花铺盖，西兰先后绣了九十九种花色，唯有白果花未能绣上。而要看到这种花却非常不容易，它只在半夜里开花，白天就凋谢了，而且每年只有几个夜晚开花。为了绣出白果花，西兰每晚悄悄守在白果树下。在春天的一个晚上，终于等到了白果花开的时刻，西兰高兴极了，采摘了几朵，拿回家想照着花的样子织在锦上。但是嫂嫂嫉妒西兰的美丽和聪明，在爹爹面前搬弄是非，谗言西兰半夜出门，败坏了门风，西兰由此被爹爹打死了。土家姑娘为了纪念她，将她绣织的铺盖取名为"西兰卡普"，"卡普"即花布的意思，因为故事起于白果花，故人们又将其称为"白果花织锦"。直到现在，"西兰卡

湘西文化

普"在湘、鄂、渝、黔边区的土家族聚集地仍然十分流行。土家姑娘甚至用"西兰卡普"的色调对服装进行修饰，在衣领、胸襟、袖口、裤脚等处镶上鲜艳的花边，形成了别具特色的土家族服装。而"西兰卡普"则成为闻名遐迩的土家织锦，并以其独特的工艺和巧妙的构图，被列为中国少数民族四大织锦之一。

　　土家姑娘出嫁时，娘家除了打制家具做嫁妆外，还要陪上几套铺盖。这些铺盖中，就有姑娘自己亲手织的"西兰卡普"，土家姑娘会不会织西兰卡普，织得好不好，是判断一个姑娘是否能干的标准。因此，土家姑娘从十一二岁就开始练习用牛骨针织出各种花样，图案由简到繁，为编织"西兰卡普"做准备。到了出嫁前的一两年，一般就不参加田间劳动，专心致志地在家里织锦。土家用来织锦的机器十分简陋，几乎完全是由人工在经纬线上用牛骨针挑织而成。一针一线地来回穿梭，土家姑娘将对未来的幸福生活的憧憬也织进了"西兰卡普"中。

　　"西兰卡普"的纹样之多，在全国少数民族装饰图案中是罕见的，在纹饰结构上各有千秋、互不雷同，名称恰如其分，与内容有着紧密的配合。它将几种基本图案纹样如单独纹样、二方连续、角隅纹样分分合合，安排妥帖，不拘一格。图案纹样中，有用家具作形状图案的，如椅子花、桌子花等；有用花作图案的，如大白梅、藤藤花、韭菜花、大莲蓬、荷叶花、牡丹花、梨子花等；有用禽兽作图案的，如狗脚迹、牛脚迹、猴子花、燕子花、鱼尾花、蛇皮花、狮子花、虎皮花、马儿花、阳雀花等，其他还有单八钩、双八钩、十二钩、太阳花、满天星等。随着时间的推移和时代的变化，图案纹样后来受到汉族刺绣和川东"蓝印花布"的影响，由有规则不断性图案逐步变化成为不规则的图案，如"凤穿牡丹""鸳鸯采莲"。由简到繁，由写实向抽象的纹样演变，每种纹样都记载着各个历史时期的轨迹。当然，其主要的图案纹样绝大多数至今仍保留了远古时代的美术样式和自古以来相传不绝的东西，某些图案的母题，仍能使我们窥见在以渔猎和简单农耕为主要生产活动内容的时代人们最感兴趣的事物。有些图案较强烈地反映着土家族人民生活的深溪绝谷、崇山峻岭和草木畅茂、禽兽繁殖的自然条件以及反映他们对于这些与他们生活密切相关的事物所产生的深厚感情。其中有土家族劳动人民最喜采用的吉利、喜庆的寓意和社会权力

中国南方地域文化

及图腾崇拜的题材，也有以山区花草鸟兽为蓝本的母题。如反映吉利、喜庆题材的有"凤踩牡丹"，象征着荣华富贵；"老鼠嫁女"（迎亲图），象征着喜庆婚嫁；"野鹿衔花"，象征寿高千年；"鸳鸯采莲"，象征爱情永合等等。还有反映当时社会生活的"四凤抬印""玉章盖"等图案，都用来象征土司王权。通过创造和吸收，土家族人民把自己浓烈的思想感情汇入艺术的宝库中。从这些图案和命意中可以看到，勤劳勇敢的土家族人民对生活的热爱，对自己居住的自然环境的深厚感情和他们对未来美好生活的憧憬、追求。他们把这一切都交织在那些绚烂夺目的图案纹样的每一个细节、每一方块和每一根彩线所织的纹理之中。

与"西兰卡普"一样，苗族的民族服装也是中华民间艺术宝库中具有吸引力和民族特色的一朵奇葩。

有人认为苗族的服饰是"穿在身上的书"。传说：蚩尤和黄帝一起到尤梭那里学习文字，黄帝由于开小差，未能学好文字，在回家的路上，黄帝想这样回去，对不起乡亲。就设法抢劫文字，蚩尤于是把部分文字吃了，余下的带回家藏在草席下面。一天，蚩尤准备向苗民们传授文字，发现部分文字被老鼠咬了去做窝，蚩尤看着残缺不全的文字，只好让妻子将其绣在衣服上，代代相传。至今仍有人能读懂一二。由此看来，苗族的刺绣图案与苗文的失传有着一定的联系，因此，苗族的服饰图案可以看成是研究苗族历史文化的活化石。

湘西苗族刺绣是以丝、棉、毛或色布等在各种衣料、布料上用针缝钉构成纹饰的方法，在人们采集的服饰中，几乎所有服饰都有刺绣工艺。苗族女子非常擅长刺绣，图案大致是龙、凤、蝶、鸟、花、草、虫、鱼。苗族是一个讲究生态平衡的民族，他们生活在山坡、水边，亲近自然，与花鸟为伴。在他们的绣品上，有着浓厚的乡土气息。苗族早期是母系氏族，因此他们凤的图案往往多于龙的图案。如果凤和龙的图案放在一起的时候，有时是凤在上龙在下，这一点和其他民族是不同的。

苗族的刺绣技法丰富多样，不同地域的苗族刺绣有不同的技法。不同的技法形成不同的纹饰风格。纵观湘西苗族的刺绣技法，大致有平绣、挑花、堆绣、贴布、锁绣、破线绣、钉线绣七种。绉绣、散绣、堆绣是苗服中特色绣法，绉绣上衣花纹呈浮雕，装饰效

果奇特大方。用这三种绣饰方法制作的上衣均为"盛装花衣"，盛装花衣必须钉上许多银饰，因此人们又把钉满银饰的花衣叫"银衣"。其前襟、后背、衣袖是四方形、方形、半团形的银片、银泡和银铃等，这种绣饰精美的银衣是我国民族服饰中最为精美的。湘西苗族妇女喜用折枝花图案，形象逼真，绣花多用在衣服的襟三沿、袖口、裤脚、围裙以及背裙，帐檐，其绣品平滑光亮、色彩和谐、技艺精巧、独具一格，与苏绣、湘绣一样驰名中外，是我国的著名地方绣之一。

苗族服饰中，除了刺绣，头饰和佩带的银饰也别具特色。

苗族头帕有丝帕、青帕、白帕、花帕等，绚丽多彩。花帕还有家织花条帕、家织印染白花帕等等，各尽其美，为苗族人民所喜爱。苗族的头帕长的达三丈六尺，短的也有一丈二尺。包头帕是苗族人民的传统，男孩长到十二三岁时，必须掌握包头帕的技术。平时是自己学着包，向长辈们学习，也可以互相学习。不管包哪种头式，在技法上都各有各的章法。要求构思精巧、脉络清晰、折叠有致，平正不偏不倚，戴着雅致的头帕去赶场、走亲和参加歌舞会，显得格外俊俏和精神，有的还把自己的头帕作为礼物赠送给情人，以表心意。

银饰是苗族女子最喜爱佩戴的服装饰品，湘西苗家姑娘个个生得眉清目秀，再饰以盛装，更加娇艳妩媚。盛装打扮的凤凰苗族女子，头戴青帕银凤冠，苏山耳环吊两边，颈围银项圈，肩披银披肩，身穿满襟绣花滚边的服装，显得分外端庄美丽。银饰由苗族银匠精心设计、手工制成，非常精美。并且种类繁多，各具特色。在他们眼里，银饰不仅是可以辟邪的神物，并且是表达幸福和财富的象征。苗家少女喜爱全身上下配戴银饰，她们胸前大都佩有硕大的银锁。银锁是苗族姑娘的主要饰物，制作十分精美。银匠在银锁上制出龙、双狮、兰、蝴蝶、绣球、花草等浮雕图案，有的银锁下面垂有银链、银饰和银铃等。银锁又有"长命锁"等名称，有祈求平安吉祥之意，苗族姑娘直到出嫁时方可取下。而男子也有带银项圈的习俗，胸前佩银链或银牌，苗族男子佩戴三根银锁表示未婚，他们常年腰系花带、荷色等饰物，并且腰刀不离身。

（五）湘西建筑艺术

吊脚楼是一种典型的栏杆式建筑。建于斜度较大的山坡上，建造时，顺坡

中国南方地域文化

面开挖成两级台阶式屋基，上层立较矮的柱子，下层立较高的柱子。这样的房子建成后，就可使前半间的楼板与后半间的地面呈同一水平，而自上而下直接立在下层屋基处的柱子，则构成托举支撑前半间房屋的吊脚楼，"吊脚楼"因此而得名。湘西的自然条件是"天无三日晴，地无三里平"，正是由于特定的山地地形和潮湿的气候，形成了吊脚楼这种特殊的建筑形式。吊脚楼主要分布在土家族和苗族的聚居地，又称"吊楼子"，为山野式"楼阳台"，单檐悬挑，屋面反翘，有与正屋成一字形的，也有成90度直角形的。吊脚楼外设走廊，二面称"转角楼"，三面称"走马楼"。民间吊脚楼上多为闺房、卧室或织锦、打花之处，底层为谷仓、柴房。也有底层下临溪流的，泉水叮咚，别有情趣，如吉首峒河街、凤凰沱江沿岸、王村古镇、茶洞边城及龙山洗车河等。山寨吊脚楼掩映在绿树翠竹中，富有大自然风光美。

在湘西地区的建筑中，门的处理有很多形式。堂屋大门是最讲究装饰的，六扇大门上半部皆精雕细刻，花格与图案要体现吉祥如意。可以说龙凤图案是土家族最具代表的形象符号，始终保持质朴、明朗简练、生动的风格，有强烈的生活气息。在吊脚楼中，常见的门主要是框档门与格扇门。框档门的构造是以木料做框镶钉木板。木板可以等宽，也可以宽窄不一。框档门总体比较轻巧，外表大都有简洁的菱形或方形雕饰，显得美观大方，但因镶钉的木板较薄，其坚固性不高，一般用在大户人家的内部厅室和普通吊脚楼的大门，门扇或单或双视具体情况而定。格扇门的处理方法十分丰富，因其轻巧、穿透，被广泛用于内部厅室和住宅的大门。一般为四扇、六扇，也可以采用八扇。平时只开两扇，其余用门闩固定。遇有喜庆、亲朋集会时，才将整个厅堂敞开。每扇门宽约0.6米，高2米。门的构造类似于框档门，外面都有几何或者动植物雕饰。

窗是整个吊脚楼中比较引人注目的视觉中心之一，也是建筑中重要的装饰处理部位，窗的形式与大小的选择直接影响到建筑的风格。土家建筑窗饰雕刻的很多题材都借助于谐音的比拟来表达两个对象之间的联系，使人产生美好的联想。如"喜""禄""封侯"，用喜鹊、奔鹿、蜜蜂、猴子四种动物的形象构成画面。并以动物名称的谐音拼成吉祥语言。其他如"喜（喜鹊）事（柿子）连（莲花）年、吉（鸡）庆有余（鱼）、三阳（羊）开泰、六（鹿）合（鹤）同

湘西文化

春、五福（蝙蝠）捧寿、喜（犀）牛望月"等等。或者以图案形象和文字来表示，运用通感联想的艺术造型方式创造出奇异独特的动物花卉类艺术形象，将人的主观情感融入其中。如"凤穿牡丹"，土家人把牡丹和凤凰作为窗饰雕刻形象，有富贵吉祥之意；麒麟送子意为"祥瑞降临、圣贤诞生"；"喜鹊登梅"，则体现了人们期盼国泰民安的心愿。另外还有"五子登科""天仙送子""封侯拜将"等，以及身着披风、手持如意的土家族英雄。窗雕等皆显示出土家文化，寄托着土家族人们对幸福美好生活的强烈珍视和向往。

在湘西吊脚楼中窗的形式多种多样，由简到繁、由粗到细，处理手法巧妙而娴熟。依据形式的不同，可以分为平开窗、花窗和隔扇窗等，各具特色。平开窗一般用在吊脚楼或者转脚楼的檐廊下，多为两扇，做法比较细致，棂格的搭接方式和图案处理与花窗的构图原则一样，各种图案与轻巧的吊脚楼相配更增添了几分秀美。花窗也往往用意极深，镂有"双凤朝阳""喜鹊恋梅"等图案，古朴而秀雅。其外形美观，但构造较为复杂，固定于墙上一般不开启。花窗形制变化灵活、自由，纤细的棂格、精致的雕刻和镂花组成一组组丰富、优美的图案，或简洁明快、或复杂精细。不同地区、不同时代的图案形式并不完全是窗本身在功能和工艺上的发展，而是当时、当地社会文化和审美意识发展水平的反映。

栏杆是吊脚楼必不可少的围护构件。吊脚楼中所用的栏杆做法和形式比一般汉民居中的更为复杂和多样，栏杆上多雕有万字格、喜字格、亚字格等象征吉祥如意的图案。根据栏杆的形式可将其分成直栏杆和带花装饰栏杆两大类。直栏杆常用于室内楼梯和回廊等处，它本身又包含两种形式：一种是方棱直条式，无任何修饰，做法简单，仅满足最基本的安全之需；另一种是圆柱式或圆柱雕花式，其木条呈圆柱形，上面刻有纹样，再涂以各色油漆，既坚固美观，又典雅大方。而带花装饰栏杆应用极为广泛，一般安装于走廊两柱之间。因柱距不等，构图处理也不相同。当两柱间距离不大时，一般以两柱之间成一整体图案，或平缓、或突出中心，因楼而异，以美观、安全为原则。当两柱间距离大时，一般将其等分几份，其中每一单元都是类似或一样的图。其搭接方式及图案形式，都与门、窗花装饰处理手法类似，但出于安全需要格比门窗要粗大，雕饰也不如门窗精致和空透。建筑中的梁、柱是重要的承重构件，通常也是重点装饰的部位，但由于湘西地区过去比较贫穷，普通民居住宅的梁柱处理十分简单。有些部位的梁巧妙地运用自然木材的曲线美，而柱基本不加修饰，只在大宅院和公共建筑中才对梁柱加以装饰处理。在吊脚楼中，梁一般都不加装饰，只在主梁中间绘以八卦或裹上红布，是一种吉祥的象征。湘西地区的人比较喜欢动植物纹样，通常梁的两端饰以植物图案，有荷花、卷草等，中间则是动物图案，有狮、虎、麒麟等。悬柱有八棱形和四方形，下垂底端常雕绣球和金瓜等各种装饰。

湘西吊脚楼中不仅蕴藏着深厚的人文内涵，还反映出湘西地区民间工匠高超的技艺，生动地反映出各个时期的社会生产及社会文化的发展水平，具有较强的民族性与地方性。

湘西文化

四、湘西文化的现代化转型

文化是一种生活方式。湘西传统文化以自然经济为基础，在现代化历史进程中，随着商品经济的介入，必然导致文化的现代转型。文化的本质在于创新，创新是文化发展的源泉和灵魂。湘西文化绚丽多彩、底蕴深厚，有着独特的民族性和地方性，但必须更新观念，与时俱进，注入新的时代精神，才能在湘西大开发中有如凤凰涅槃一样获得重生。

引导民族传统文化的现代转型，可以通过两个途径：一是扩大文化交流；二是进行文化创新，扩大文化交流是民族文化走向世界的第一步。经济全球化必将带来全球性的文化交融，通过本国文化和外来文化的融合交流，在立足于本民族文化的基础上吸收其他文化的优秀成果，经过不断交融、重组和整合，才能实现文化的弃旧图新和新文化的产生。中国传统文化的现代化是在中西文化相互交流、相互沟通的过程中实现的。民族地区的传统文化也如此，只有在同外来文化的交流中，才能找到传统文化的弱点和不足，认识到传统文化与现代文化的差距，并汲取外来文化的有益养分，将本民族文化融入世界文化的大潮之中。在进行文化交流的同时，还要注意民族文化的创新问题。文化的本质在于创新，创新是文化发展的源泉和灵魂。创新需要两个承传的基础，传统文化是承传的主要对象，是创新的前提；外来文化是创新依赖的外部条件之一，但外面的世界再精彩也只是"他山之石"。传统文化不可以重复、复制。文化是人从现代的生活中创造出来的，我们有什么样的生活，就应有什么样的文化，处理好承传和吸纳的关系，才能创建出崭新的适应现代化发展的新的文化体系。我们既要大力弘扬民族文化的优秀传统，同时又要立足于社会主义现代化建设的实际，坚持创造既有地域特色、民族特色，又具有时代特色的新文化，营造有利于西部大开发的氛围和条件。

对湘西少数民族传统文化进行文化创新和文化转型，必须处理好传承与创新、精华与糟粕、文化与环境的诸种关系。在民族文化传承方面，应对湘西土

中国南方地域文化

132

家族文化中的精华与糟粕进行认真甄别，对那些与时代精神不相融洽甚至与时代精神完全不合拍的东西，任其经历时代大潮的冲刷，荡涤陈腐，以化腐朽为神奇。对于土家族文化中的精华部分或虽不是精华但经改造能与时代精神相结合的独特成分加以有意识的保护。此外，对土家族文化的不同事象，也应采取"无为"与"有为"并行的态度。如土家族文化中的民居建筑、古镇风貌可以进行积极的开发，但土家族文化中的核心部分民风民俗却很难人为地开发，仅靠政府的宣传提倡，或者有意识地对政府机关干部和旅游从业人员进行土家日常语、土家山歌、土家摆手舞的专门培训，也未必能收到实效。因为这类风俗习惯只能散落在偏远的山村，让其以化石般的面貌生长于民间，才有其顽强的生命力。人类历史上许多民族在其文化面临危机或濒临衰竭时，往往从其传统文化中寻找文化复兴的活水和资源。一个民族只有保持丰厚的原生态的文化，才能创造出新文化。如近年来，土家族文艺工作者通过深入发掘传统文化，创造出了《山路十八湾》《山峡我的家乡》《家乡有条猛洞河》等许多脍炙人口的歌曲，受到社会的好评。其他湘西民族文化，如苗族文化、侗族文化、白族文化等，都应该在传承的基础上大胆进行文化的创新。长期以来，不少学者认为现代化和经济全球化的潮流将会导致弱势民族传统文化的生存危机。我们认为，实现现代化不能以牺牲民族传统文化为代价。而且，我们坚信，民族传统文化具有调适重构适应于市场经济的能动禀赋和文化基因，在文化交流和文化创新中实现文化的现代转型，犹如凤凰涅槃一样重新获得新生。

湘西文化

133

徽州文化

　　徽州文化是历史上的徽州人民在长期的社会实践中所创造的物质财富和精神财富的总和，无论在器物文化层面、制度文化层面，还是在精神文化层面，都有深厚的底蕴和杰出的创造。徽州文化是中华民族优秀传统文化百花园中的一朵奇葩，内涵丰富，在各个领域都形成了独特的流派和风格。徽州文化是中国传统文化的典型反映，徽州也是儒家、释家、道家文化的一个厚实的沉淀区。

一、徽州文化概论

（一）徽州文化的得名

徽州有着悠久的历史。其前身经历了"三天子都"——"蛮夷"之地——属吴、越、楚——秦置黟歙——新都郡——新安郡——歙州的漫长过程。北宋末至清代的徽州，其辖境相当于今安徽省的歙县、休宁、祁门、绩溪、黟县及江西省的婺源等县地。徽州在地理上隶属于安徽省，但徽州文化只是安徽文化的一部分。徽州文化随着徽州区域的形成而形成，随着徽州社会的发展而发展。

从自然地理环境上看，徽州自古以来就是一个独立的区域，早在南宋淳熙《新安志》时代，就有"山垠壤隔，民不染他俗"的说法。所谓"山垠壤隔"，是说徽州的一府六县处于万山环绕之中，是一个具有相对独立性的地域社会；所谓"民不染他俗"，是指在一个相对封闭的地理环境中，徽州逐渐成为一个独立的民俗单元，形成了自己独特的风俗和民情。从唐代大历五年（770 年）开始，徽州的行政区域划分就基本上没有太大的变化，辖区面积一直比较固定。当时的歙州领有歙、休宁、黟、婺源、祁门和绩溪六县，而明清时期的徽州府，也基本上就是上述地区。据道光《徽州府志》卷一《舆地志》记载，清代徽州府东西长 390 华里，南北长 220 华里，如果采用现代数字计算，总面积为 12548 平方公里。

北宋宣和三年（1121 年）歙州改名为徽州，从此历史进入了徽州时代，同时徽州文化的时代也随之到来。徽州的一府六县是地域上原徽州府属歙、黟、婺源、休宁、祁门、绩溪六县。在长达 890 年的时间里，朝代不断变更，名称不断变化，但这六个县一直隶属于徽州，这在中国历史上是极为罕见的，同时也为徽州文化体系的形成和发展创造了良好的条件。

任何一种文化的形成都要经历一个漫长的演进过程，徽州文化也是这样。在徽州文化形成之前经历了南越文化、山越文化和新安文化三个发展时期。虽然这些

徽州文化

文化与后来的徽州文化有着本质上的不同，但它们却在一定程度上间接和直接地催生了徽州文化。特别是其中的新安文化，当古代中原文化与当地幽闭的地理环境和社会经济生活融为一体，便形成了博大精深、独树一帜的徽州文化。因此可以说它们是形成徽州文化的背景或基础。

徽州文化是历史上的徽州人民在长期的社会实践中所创造的物质财富和精神财富的总和，无论在器物文化层面、制度文化层面，还是在精神文化层面，都有深厚的底蕴和杰出的创造。徽州文化是中华民族优秀传统文化百花园中的一朵奇葩。徽州文化内涵丰富，在各个层面、各个领域都形成了独特的流派和风格。如新安理学、徽派朴学、新安医学、新安画派、徽派版画、徽派篆刻、徽剧、徽商、徽派建筑、徽州"三雕"、徽菜、徽州茶道、徽州方言等等。徽州文化的内涵不仅体现了中国最正统的儒家思想，也受到了释家、道家思想的深刻影响。徽州文化是中国传统文化的典型反映，徽州也是儒家、释家、道家文化的一个厚实的沉淀区。

（二）徽州文化的范围

学术界对徽州文化的具体界定没有一个统一的说法，但时间段上大致相符。宏观上学者们都承认徽州文化的存在和发展是具有一定空间和时间的特殊性。空间上讲徽州文化根植于徽州的一府六县，在这个具体的地理环境下徽州文化的时间段是以宋代徽州之名正式确立到清代末年，也有学者认为终止时间应为1912 年废除徽州府时。从事物间的普遍联系观点看徽州文化是在它的前身歙州文化和新安文化基础上发展起来的，同时又对现在的时代发挥着作用和影响，因此徽州文化在这个时间段内适当前后延伸都是可取的。

空间上讲徽州文化根植于徽州的一府六县，但这仅是一种概述的说法，实际上关于徽州文化的具体空间范围在学术界也存在着不同的认识。一部分学者坚持徽州文化的研究区域就在徽州实际的地理范围内，这种观点认为徽州文化是指历史上徽州区范围内的文化综合，这样虽然明确了地理范围但同时也缩小了徽州文化的空间范围，也被称作"小徽州"。

徽州文化作为一种区域性文化，它虽然产生于徽州，但又不仅仅局限于徽州本土，徽州人有"十三在邑，十七在外"的说法，作为徽州文化载体的徽州人民走出徽州，通过自己的活动扩大了徽州文化的地域范围，他们将徽州的文化心理、行为方式、宗族制度、风俗习惯带到了各地，这被称作"大徽州"。

学者郭因在其著作中这样界定徽州文化的空间范围："空间界限首先是徽州人和非徽州人在这块土地上所创造的文化，其次是徽州人在非徽州地区所创造的带有徽州文化烙印的文化，三是徽州文化有形无形的影响所及地区带有徽州文化色彩的文化。而徽州不仅指的是原来的一府六县，还该包括曾经先后划入徽州的各县。"这种看待徽州文化空间范围的方法更加符合实际。

综上所述，凡与徽州社会历史发展有关的内容，都属于徽州文化范畴，通常我们用"物质文明和精神文明的总和"来加以概括。细致的划分包括：徽州土地制度、徽商、徽州宗族、徽州历史名人、徽州教育、徽州科技、新安理学、新安医学、徽派朴学、徽州戏曲、新安画派、徽派篆刻、徽派版画、徽州工艺、徽州"三雕"（砖雕、木雕、石雕）、徽州文献、徽州文书、徽派古建三绝（民居、祠堂、牌坊）、徽州村落、徽州民俗、徽州方言、徽菜、工艺、建筑、医学等诸学科。

（三） 徽州的自然环境

"一滩复一滩，一滩高十丈；三百六十滩，新安在天上。"徽州，古代称为新安，自从北宋徽宗时改新安为徽州之后一直沿用至今，徽州曾下设"歙、黟、婺源、休宁、祁门、绩溪"等六县，位于安徽省南部，地处皖、浙、赣三省交汇处。大致在黄山南麓，天目山以北，地处原始江南古陆。位于江南吴越文化的闽浙山地和楚文化的江湖山地之结合部，世称"吴头楚尾"，是吴楚"分源"之地。徽州境内，新安江、龙田河水系，下汇钱塘，阊江、婺江水系西入鄱阳湖，绩溪有数水北注长江。总面积大致在 10000 平方公里左右，人口最多时不超过 100 万。

明代戏剧家汤显祖曾经感慨"欲识金银气，多从黄白游；一生痴绝处，无梦到徽州"，这几乎是在赞叹徽州就是人间天堂。

独特的地理环境使这里成为动乱年代中原

南下移民的聚居地，持续的移民导致徽州地方人口与资源失衡，作为一个高移民地区，山多地少，人烟稠密，粮食供给困难，素有"七山一水一分田，一分道路加田园"的说法。据史料统计，宋元以及明代前期人均耕地还能保持在 4 亩以上，而从明代中期以后则逐步下降到 2 亩以下。持续而紧张的人口压力给徽州人的生存带来很大困难，土地贫瘠造成的产量低下更加重了这一困境，这迫使徽州人必须倾注全力应付挑战。为了糊口促使大批青壮年远离家乡外出谋生，出门学生意、学手艺养家维持生活。为了生存，人们蜂拥而出，求食于四方，徽谚所谓"前世不修，生在徽州，十三四岁，往外一丢"，也由此形成了一支强大的商业力量，史称徽商。徽州人口与资源之间的矛盾从坏事情又变成了好事情，它从另一方面促成经商贸易的壮大和成熟，商人队伍逐渐扩大，并且从商之人日渐增多，有传统的农民和手工业者，最后读书人也加入了发达的经商队伍。有资料表示，明清时代，徽州的商人达到成年男子的百分之七十左右，徽州的环境一方面限制了当地的发展但又同时促进了徽州的发展，勤劳的徽商是独特的地理环境逼出来的，徽商的崛起成为徽州社会发展的根本动力。

二、徽州文化的形成

（一）徽州文化的发展时期

徽州地区尽管千百年来朝代不断变更，名称不断变化，但徽州的地域相对稳定，这就为徽州文化体系的形成和发展创造了良好的条件。

跟随移民而来的中原汉文化、原有的山越土著文化、徽商活动带回的各方文化融合在徽州这块独特的土壤上，最终形成了以程朱理学为核心的徽州正统文化。徽州文化的内涵十分丰富。徽州人在文化领域里建树、创造了许多流派，这些流派几乎涉及当时文化的各个领域，并且都以自己的特色在全国产生极大影响。

徽州地区尚学重教，建有府学、县学和书院。徽州府学、县学和书院的发展促使参加科举考试的人数大为增加，从而使得徽州的士子们通过科举的成功获得政治上的崛起，徽州赢得了"名臣辈出"的美称。跟随徽州教育的发展，徽州刻书行业也随之悄然兴起，有资料显示，整个徽州刻书占安徽刻书的三分之一还多，由此可见尚书重教与刻书的发展有着密切的关系，既相辅相成又相互促进。

跟随历史前进的脚步，徽州文化也得到了曲折却又持续的发展。进入元代以后，汉文化受到打击和压制，徽州文化也不可避免地受到影响甚至是冲击。徽州文化得力于在宋代的强势发展使得它的根基牢靠，根本性质稳定，即使身处恶劣的社会环境依然保持住了发展的惯性。朱子学说地位显赫，被钦定为科举程式，这在很大程度上保证了新安理学的长足发展。同时徽州的教育也持续发展，刻书方面也进一步盛行。

（二）徽州文化的鼎盛时期

徽州文化进入到明代中叶时期，出现了以乡族关系为核心的徽州商帮，并在嘉靖和万历之间达到繁盛。徽

徽州文化

139

商的成熟一方面像酵母一样刺激徽州文化的发展，另一方面徽商的兴盛又为徽州文化的发展提供了厚实的经济基础，这使得徽州文化在历史发展的过程中不断赢得新的发展机会。

根据嘉靖年间的史料记载，当时徽商对教育尤其重视，徽州地区书院林立，社学遍地。其中社学达到了 562 所，书院 46 所，教育的发达使得徽州地区的科举考试成绩优异，根据道光年间的《徽州府志》统计，徽州地区明代期间共考取进士达 425 人，成绩斐然。而同时徽州的刻书与版画也保持着良好的发展，其中版画更多地出现在书籍的插图中。新安医学也涌现出一批医学家和医学著作。还出现了著名的数学家程大位，文学家和戏曲家也相继出现。绘画方面形成了"新安画派"，这标志着当地的绘画艺术发展到了一定高度。

徽商的继续发展使得其财力越来越雄厚，他们在本土的生活也不免日趋奢靡，加上新安画派和徽派版画艺术旨趣的侵染，徽州民居的建造遂成为徽商资本消耗的一个重要途径。著名的"徽州三雕"不仅展现了新安画派和徽州版画深厚的艺术根基，也展示了徽商在当时中国无与伦比的财力和物力。徽州的村落建筑也显示出各自的风格，使得徽州建筑的地方特色逐渐强化并显著。

徽州进入清代后，徽州文化继续旺盛地发展。此时徽州一府六县科举之盛位居全国第二，仅次于苏州府，仅一个休宁县（包括侨寓外地的休宁籍者），历史上就先后出了 13 名状元。明代中叶以后，由于徽商财力的大量投入，徽州教育更加兴盛，以至"十户之村，不废诵读"，坐堂讲学蔚然成风。明清两代徽州人中进士的人数远远超过其他省份。据统计，明一代是 392 名，清一代是 226 名。尽管这是一个很不确切的数字，但也足以反映徽州的人文郁起。蟾宫折桂，魁台历游，在深山僻壤也不乏其人。私塾更是遍及徽州乡村，"远山深谷，居民之处，莫不有学有师、有书史之藏"。科举及第者众多，于是徽州各地便流传有不少科第佳话，如"连科三殿撰，十里四翰林"。三殿撰者，是合歙休二县而言，乾隆三十六年（1771 年）辛卯状元黄轩为休宁人；乾隆三十七年（1772年）壬辰状元金榜为歙县人；乾隆四十年（1775 年）乙未状元吴锡龄为休宁人。四翰林是指同治十年（1871 年）辛未同科考中进士并一同授予翰林院庶吉士的歙县岩寺洪镔、郑村郑成章、潭渡黄崇惺、西溪汪运纶。这四个村镇都坐落在丰乐溪沿岸十里之内，故称十里四翰林。

  徽州在科举上取得了荣耀，这些徽州人在科举上的成功，给家族带来了声望，也带来了财富。明以后，徽州由读书科举而入仕的，绝大部分由大族子弟变成了富商子弟。伴随着明清之际徽商势力黄金时代的到来，徽州人读书的条件不断改善，大批徽州进士涌现出来，并逐渐把持朝政。最有名的如歙西雄村的曹文埴、曹振镛父子，都做到官居一品的尚书，民间称之为"父子宰相"。

  严格的家训族规、浓厚的文化氛围，经商带来的富裕，为鸿学巨儒的诞生培植了沃壤。所以这里不仅走出了富甲天下的商人胡雪岩，更走出了朱熹、程大位、汪道昆、朱升、江永、戴震、俞正燮、王茂荫、胡适、陶行知、黄宾虹、詹天佑等一大批在思想、科学、艺术、教育等领域颇有建树的人物。同时期，新安画派真正形成，"四大徽班进京"发扬了徽剧的独特魅力，并且对京剧的最终形成起到了有力的促进作用。文学艺术也得到长足发展。

  南宋以后政治中心的南移，使得皖江和新安江流域的文化得到迅猛发展，而其间，徽商的崛起，提供了最有力的经济基础。这就是为什么明清两代，徽州社会的整体文化发展水平明显高于全国其他地区的最根本的原因。徽商借助宗族势力和读书入仕的途径，雄霸中国商业舞台近 400 年，以它雄厚的财力和物力，滋育出灿烂的徽州文化。从广义的文化范畴来看，徽州地区在徽商鼎盛的那一历史阶段，一切文化领域里的成就，都达到了当时我国、有些甚至是当时世界的先进水平。比如徽州教育、徽州刻书、徽派经学、新安理学、徽派建筑、徽州园林、新安画派、徽派篆刻、新安医学、徽派版画、徽州"三雕"等等。而这一时期，徽州的自然科学、数学、谱牒学、方志学，也都有了很大的发展，并且富有特色。徽派版画、徽派篆刻都于这一时期相继进入辉煌，篆刻中出现了"丁黄巴邓"（丁是丁敬，黄是黄易，巴是巴祖慰，邓是邓石如）这样的优秀代表人物。徽剧和徽州菜系的诞育与形成，更是与徽商奢侈的生活方式有关。清代十大菜系中的两个菜系，徽菜和淮扬菜，都是属于徽州文化的范畴。民众生活层面所追求的精致、享乐和歌舞升平，是经济极度繁荣的结果。至于说到新安理学和新安朴学的创立，即如当代学者余英时所指出的那样，商业活动或许是儒学向考证转变的一种外缘。

  徽州山水萦绕的地理环境，孕育出完全不同于平原的文化

徽州文化

形态，并将其完好地保存，它们今天仍放射出灿烂的光彩。徽州文化是一个极具地方特色的区域文化，其内容博大深邃，有整体系列性，几乎涵括文化的所有领域。徽州地区文风昌盛、教育发达、人才辈出，深切透露了东方社会与文化之间的关系，全面包容了中国封建社会后期民间经济、社会、生活与文化的基本内容。作为传统社会中最具典型意义的区域社会之一，徽州在现代社会，越来越引起人们的关注，以徽州历史文化为研究对象的"徽学"，已经成为继"敦煌学""藏学"之后崛起的第三大地方学。

（三）徽州文化的特点

徽州文化既是地域文化，又是中华正统文化传承的典型。它集中体现了中华传统文化的精华。早在 20 世纪初，不少中外学者便将探究的目光投向了这片沃土。到了 20 世纪 80 年代中期，徽学研究已呈现出可喜的局面。20 多万件反映徽州民间实态的文书的陆续出现，3000 多种徽州典籍文献和 1000 余种族谱的传世，加之大量遗存的地面文物，加大了徽州对国内外众多学者前来考察、研究的吸引力。徽学在短暂的近 20 年间，已发展成为一门令人注目的显学，耸立于学界之林。它从历史文化学的角度，宽视野、多层次地研究徽州的文化现象，并探索各种文化现象的形成、演进情况，以及彼此间的互动关系。

在《论徽州学的研究对象》一文中，作者对徽州文化的具体特点论述得很充分，他认为徽州文化具有丰富性、辉煌性、独特性、典型性和全国性等五大特点，这是迄今为止对徽州文化特点最全面的解释。

徽州文化的丰富性主要体现在三个方面，首先是遗存丰富。徽州地区历史文献众多，有徽州文书档案、徽州典籍文献等，其中徽州典籍文献历史上见诸著录的有七千种以上，目前存世的上有三千种左右。而大部分没有著述的家刻本如族谱等等有千余种，合计徽州人著述约有四千种以上；徽州文书档案大约有五十万份，数量巨大、内容丰富，其中包括土地文书、赋役文书、宗族文书、财产文书、商业文书、官府文书、诉讼文书、会社文书、科举教育文书、乡规民约等等，文书种类可谓包罗万象。

徽州地处皖南山区，境内山峦叠嶂，群峰竞秀。山隔壤阻的自然环境使徽州形成一个相对封闭的地理单元，历史上较少受到兵燹之灾。在人文上，徽州自唐宋以来，即是经济繁荣、文化昌盛的富庶之区，一向享有"东南邹鲁"和"文献之邦"的赞誉。因此，与相邻地区相比，其文化遗存保留下来的数量众多。据不完全统计，在徽州现有文化遗存中，古村落有 2000 余处，古民居 6000 余处，古祠堂 500 余座，古牌坊 130 座，古戏台近 30 处，古桥 1276 座，古书院、书屋、考棚、文昌阁和文庙等 130 余处，古塔 17 座，古亭阁 100 余处，古碑刻 5005 余处。其中既有世界文化遗产中国皖南古村落的黟县西递、宏村，也有全国重点文物保护单位绩溪龙川胡氏宗祠、歙县棠樾牌坊群和歙县渔梁坝等。至于省、市、县（区）重点文物保护单位，更是达数百处之多。同时还拥有众多国家级和省级的馆藏文物以及丰富的地面文物，由此可见丰富性实至名归。

　　徽州文化内容丰富，几乎都是大家耳熟能详的，例如：徽州土地制度、徽州宗族、徽商、徽州教育、徽州历史人物、徽州科技、新安理学、新安医学、新安画派、徽州朴学、徽州戏曲、徽州文学、徽派篆刻、徽派版画、徽州工艺、徽州刻书、徽州文献、徽州文书、徽派建筑、徽州村落、徽州宗教、徽州民俗、徽州方言和徽菜等等。

　　此外徽州文化学科众多：如徽州文献、徽州档案、徽州教育、徽州篆刻、新安画派、新安医学涉及到经济、社会、教育、学术、文学、艺术、工艺、建筑等诸多学科，并且每个学科和门类的内容都极其丰富，如徽州档案里面就囊括了鱼鳞册、地契、房契、租约、文约、合同、字据、税单、账册、案卷、信札等等。

　　徽州文化在千百年的社会实践和历史演进过程中逐渐形成了一个完整的文化体系，它通过自己的丰富性体现出了系统性。而徽州文化体系内的各个要素又相互依存、互为条件，成熟稳定地构成一个更加宏大的系统，完整又生动地展示着徽州社会历史发展的真实情况。

　　学者唐力行在《苏州与徽州——16—20 世纪两地互动与社会变迁的比较研究》一书中，曾在序言部分就徽州文化的独特性作出了系统又精准的论述："与一般的、以传统农业为主的区域社会不

徽州文化

同，徽州是一个经济、社会、文化发展相对完整的区域社会，是我们认识传统社会的一个极好范本。从经济角度看，徽州在传统农业之外，还有闻名遐迩的商业。透过徽商看商业资本在传统社会中的作用、商业资本与社会转型的关系，这是其他区域社会难以见到的。从社会角度看，徽州是一个宗族社会，传承了中原地区消失了的魏晋南北朝时期的宗族实态。透过徽州宗族组织、家谱、宗祠、族田、佃仆等看中国宗族社会，这也是其他区域社会难以见到的。从文化角度看，徽州理学昌盛，有'东南邹鲁'之称，理学社会以其特殊的地理、人文环境，造成了一个特有的区域社会生活体系，徽商、徽州宗族与新安理学始终处于互动互补的状态中。"

中国南方地域文化

三、徽州文化的丰富内容

（一）徽州村落

1.徽州村落的历史成因

所谓村落主要是指历史上在小农经济条件下自然形成的农村民居点。是由家族、亲族及其他社会集团结合地缘关系形成的共同体，是社会的基本单位。

村落是传统文化的象征体现，它的起源、发展和布局受到多种因素的影响。徽州古村落是中国乡土社会的一朵奇葩，是正处于转型复兴中的山村聚落，是中国明清时代社会生活的具体写照。随着古村落旅游的不断升温，其知名度和影响力不断提高，并已成为多门学科研究关注的热点。

古村落和老房子，是徽文化最宝贵的物质遗存，村落背山面水，讲的是藏风聚气，村外的大片良田，老屋雕梁刻柱，讲的是"廊步三间"。明椽拱顶，高挑净空，厅堂明亮宽敞。门楼繁复，其上无比精致的砖雕是那样安静和雅致。墙的白色和瓦的黑色透出幽幽的古韵，仿佛是一蹴而就的水墨画。精巧的是砖瓦的结构，细致轻佻；写意的是墙皮斑驳的水印，由深至浅晕出"墨分五色"，仿佛凝固住了时间的美。

徽州所独有的粉壁黛瓦马头墙，在青山和绿水之间，显出分外的醒目和幽雅。对于平原上的人们来说，它们美得仿佛不再是一些真实的村子，而是一张张水墨洇染的山水画。这些村落，往往居住着同宗同族的人们，在徽州聚族而居是一种普遍的风俗。康熙《徽州府志》卷一《风俗》中说："新安各姓，聚族而居，绝无他姓搀入者。"也因此在历史上徽州又是家族制度极为盛行的地区之一。自唐宋以来，世系清晰的大家巨族比比皆是，比如分布在各邑的程氏与汪氏。这些古老大族的祖先，大多是因战乱从北方迁徙而来，徽州山重水复，易守难攻，成为中原士族理想的避难场所。千百年来，由王朝更迭、外族入侵、农民起义等等引起的战争连绵不断，但少有殃及徽州者。

徽州文化

徽州村落经历了漫长的形成时期，东晋、唐、宋时期中原地区社会动荡、战乱频繁，由此产生中国历史上三次大规模的北民南迁，在移民的过程中中原士族固有的宗族制度以及生产、生活习惯、先进文化都被带到了徽州。不同族群和徽州本地的山越人经过不断的融合，最终达到互相认同、共同发展，并在徽州山区内根据实际生活状况进行调整，逐渐形成了符合中原士族所需要的居住与生活环境，例如村落的选址、聚族居住、战略意义等方面。徽州人的生活空间由最初的山越村落向徽州村落演变。

一个地域封闭、崇尚农耕的古徽州经历了宋、元、明近 300 年间的稳定发展时期，数以千计的徽州古村落形成。徽州是开发较晚的地区，其习俗趋向文雅是由于受中原具有一定文化传统的宗族不断迁入的影响。科举入仕成为徽州人保持、发扬家族社会地位和赚取功名的主要途径，进入宋代以后徽州地区名臣辈出，教育日益受到重视。在徽州，教育的发达和科举制度的发展之间形成了密切的关系，并由此催生"耕读文化"为徽州村落的主流文化。而耕读文化田园生活一样的气质对徽州村落的景观建设有较大的影响。

明朝中期到清朝中期是徽州商人发展的黄金时代，也是徽州村落发展的鼎盛时期。徽州本土的物资供给能力十分有限，正是在这样的环境逼迫下，作为中原地区豪门望族、仕宦名流的移民后裔加之徽州人优秀的文化基因终使他们能够在明清时期执中国商界之牛耳，称雄达数百年之久。在光宗耀祖等宗族文化的强烈影响下，旅居外地的徽商们源源不断地将财富输回故土，兴文运，奖耕读，结果使许多徽州子弟由科举而人仕，进而官商合流，亦儒亦贾。就徽州的经济、社会乃至政治、文化而言，这种局面使其在封建制度内实现了良性循环，最终造就了财富徽州、人文徽州，影响迄于今天。不难理解，从资源利用方式和经济形态的角度来看，古代的徽州村落业已在一定程度上脱离了对农业的依赖，而是靠境外的徽商和徽籍官僚以其雄厚的经济实力反哺乡里来保持繁荣，是典型的寄生型村落，其经济形态属于资源寄生型。村落的主人是那些累资千万、富可倾国的大商人或出将入相、主政一方的大官僚。他们掌握着大量的财富，衣食无虞，无需向徽州本土索取生活资源，从而能够有足够的条件超越一般的农民意识和现实需求，而陶醉于对自然的欣赏与吟咏，流连于天人合

中国南方地域文化

一的精神之域，追求人道合于天道，营造宁心怡情的和谐世界。同时在风水观念的强烈影响下，具有丰厚文化修养的村落主人不惜一切地营造良好的风水意象，保护村落的生态环境。事实上，徽州的田园、山林、水域已与中国同时期其他地方的自然资源有着功能上差异，换言之，徽州已成为徽商或徽籍官僚们的"后花园"，因此，人与自然的充分和谐也就顺理成章了。

对于徽州商人从何时开始染指盐业我们尚不清楚，但徽州人大批与盐发生关联毫无疑问是从明代推行"开中法"开始的。据资料显示，即使是离徽州府比较近的两浙盐场也几乎是徽商的天下，这里看不到山、陕商人的活动痕迹。尽管在人数上说盐商只是徽州商人的一部分，但其实力即使在全国的商人中也是首屈一指的，在成功的徽州商业系统内盐商形成了独占天下的局势。故盐商成为徽州商人的主体，亦对徽州社会和文化影响较大。同时由于各个行业的成功经营，徽州商人们已经积聚起大量财富，而商人们的利润大多流回家乡，成为徽州建设的主要资金来源。

清朝晚期，盐制改革后徽州盐商开始衰落，加上太平天国和湘军多年混战的战场主要是徽州地区，徽州的村落、建筑受到了严重的破坏，多年的经济积蓄在战乱中丧失，由此徽州村落也进入了衰落时期。在徽商逐渐消亡以后，徽州经济发展和社会变迁相对缓慢，加之新安江水运的没落，造成该区域的萧条和封闭，当然也因此而保留了数以千计的古村落。

如果没有以徽州古村落为代表的大量物质文化遗存的话，徽州文化就难以引起人们的普遍关注，徽学就难以成为独立的学科，这业已成为学界的共识，徽州古村落是传统徽州文化最为重要的载体。

2. 徽州村落的文化特征

徽州村落的古建筑是三次大规模人口迁徙后经过文化大融合的产物，因此徽州古村落的建筑、规划带有明显的南北文化烙印。

首先，虽然徽州古村落的规划带有明显的共性，如水口、水圳等。"得水为上"的布局使徽州村落的画卷气韵生动。徽州人重风水，村子前有水，背后有山，就是好地方。水是重要的意象，村落的布局多以"水"展开。但因为迁徙人口的祖先文化不同又呈现出不同的个性。

徽州文化

147

比如绩溪石家村，他们是北宋开国名将石守信的后裔，所以村落的规划以北方中原唐朝主要城市的规划理念为主，再融入地方规划理念。而村落的建筑却又是典型的徽派民居，这样宋代的城市规划与地区文化的结合使得徽州古村落显示出不同的村落景观与文化意蕴。

其次，徽州古村落几乎都有完备的水系、水圳。水圳是自然水渠沿堤岸稍加整理而成，而水沟多为人工修筑，大多暗藏地下。这样完备的人工水系和自然水系的结合是徽州村落的重要的特点之一。

再次，村落中都有礼制性建筑。徽州古村落因山区地理特征，村落民居多半因地制宜，随坡就势，巧借环境，村景高低错落，丰富别致，群体布局轴线感不强，有南方民间建筑的活泼与构图美。但村中用于祭祖的公共建筑如祠堂规整、严肃，显示着北方城镇的风韵。徽州古村落的祠堂皆为多进院落组合，平面、立面有明显的中轴对称，且强化前后、上下、左右既定的位置，而祠堂门前的入口广场"坦"，也一改徽州建筑的不规整平面，多半为正方形或长方形，且中轴与祠堂中轴重合。更有甚者，坦前设相应规则的水塘，中轴也与其中轴重合，这样，水塘、坦、祠堂、祖松这一组"礼制"性建筑处于一条中轴线上，建筑型制在这里仅是文化的物质外壳和表征，它其实表达着社会的规则和规范，必须统属于教化之礼和家族系统，每个家庭及住宅个体须服从于"宗"的系统，服从于村落的中心，不可逾越，强烈地渲染了封建伦理道德的思想。而这种通过显示对祖先的尊敬进而强化家族统治性的建筑风格明显受汉时礼制建筑型制的影响。

在建筑风格上，徽州古建外部建筑造型简约、质朴、大方，色彩以黑、白、灰为主，淡雅素静，有明显的北方建筑风格；而建筑内部雕梁画栋，华丽、秀逸，色彩有金、有彩，丰富艳丽，有明显的南方建筑风格，或精雕细刻、或气宇轩昂。南北风格，阳刚阴柔，使得村落整体显示出不同的文化内涵。

最后，风水观念和风水术，是探讨中国传统文化无法回避的话题，而徽州古村落堪称风水最发达的地方。在徽文化圈，风水观念盛行，风水术之于村落是实用的工具，对聚落形成和景观构成有着实际的影响。徽州先民卜居相宅，按照风水师的指引寻求风水"生境"，规划和布局村基、宅基及墓园，营构理想的环境格局，趋吉而避害。一旦觅得地形、土壤、水质、微气候等自然条件适宜于人和植物成长的"风水宝地"，就在这儿蓄积生命能量，繁衍生息，使居家生活保持与环境的互养、相生、共存。为此，他们倾注了数十辈千万人的智慧和汗水，营造了一个又一个理想的"人居环境"，尤其对古村落水系营建取得了杰出的成就。穿村绕巷的水圳、清溪碧塘、水街井台，"聚气"又"聚财"，既能孕育生气、增添生命力，又能"克火"，维护和调节局部生态环境，同时还是别具一格的景观，为后人留下丰厚的水文化遗产。

徽州古人崇尚读书，提倡耕读并重的理念，促进了古徽州的繁荣与文明，而后来的历史进程也进一步验证耕与读两者不可偏废，只读不耕，人类无法生存，只耕不读，人类不能进步，文明也难以为继。又耕又读是中国古代小康之家的生活常态，徽州古村落便体现了这种超逸的两栖生涯。

（二）徽州的建筑

徽派"粉墙黛瓦乡村画"是徽州古民居的真实写照，洁白的马头墙，黝黑的屋脊瓦，参差错落，檐牙高啄。这些民居或毗邻而建，或独立而筑，那黑与白的对比、虚与实的映衬、光与影的和谐，入目皆画，步步成景。当然，构成水墨徽州最精彩的视觉元素就是徽州的建筑。

徽州文化的传统特征在徽派建筑上体现出独特风格，徽民所营造的建筑系统，如书院、宗祠、牌坊、聚落、住宅、庭院、坟茔等建筑群，都从不同角度反映了他们共同的哲学思想、宗教信仰、伦理道德观念。建筑作为一种文化的载体，从艺术的角度而言，建筑装饰的现象有着复杂的历史文化背景。建筑装饰在给人们带来情感上的审美愉悦、传递着浓郁的历史文化信息的同时，也揭示了建筑的风貌特征和丰富的文化传统。徽州民居建筑装饰的意义既有对以往历史的传承，也有对徽州人人生哲理的思考;既有对理学母体文化的体现，也有对徽州山水环境的眷顾。徽派建筑青瓦白墙，外简内秀，前庭或后侧一般都布置有小型庭院或花园，粉墙饰以砖雕、石刻花窗，使建筑与山水、花木融为一体，颇具园林之趣，研究和观赏价值都很高。大多为三间与四合格局的砖木结构楼房，马头墙、小青瓦，且"布局之工、结构之巧、装饰之美、营

徽州文化

149

造之精、文化内涵之深"，都是国内罕见，被游客、学者誉为"古民居建筑的宝库"。

贾而好儒，是徽州商人的特色，儒而好贾，是徽州士人的特色。由于亦贾亦儒，他们是有文化素养的商人，或是有钱的知识分子。物质的富有和精神的富有，使得这些徽州商人营造的宅第造型浸润着徽州文化和传统文化的熏陶，加以书法艺术、绘画艺术、雕刻艺术的装饰、美化和自然环境的烘托，以建筑造型实践徽州人民的人生观、价值观。从另一个方面来说如果没有徽商雄厚的经济基础和较高的文化素养，是无法营造徽派建筑的。徽州商人返乡营建住宅、祠堂，并在一定程度上资助亲友、养老恤贫。以及从事修桥补路等等公益事业，久而久之，不但形成了当地的繁荣，对建筑和乡村风貌也发生了巨大的影响，形成了独树一帜的徽州民居。歙县志记载"商人致富后即回家修祠堂，建园第重楼宏丽"，可见当地建筑的发展与徽人外出经商有密切的联系。因此，徽州发达的商业经济和传统文化，为徽派建筑艺术的形成与发展，提供了坚实的物质基础和巨大的精神动力。

如果没有众多富商大贾提供的丰厚物质基础，徽州不可能建造起这么多宏伟的宗祠、书院和牌坊。遍布于皖南山区明清时期的徽州传统民居建筑群，在我国建筑史上书写了诗情画意的篇章，反映了历史上徽州人民最为直接的精神愿望和较为世俗的象征文化需求，为中华民族建筑文化遗产增添了丰厚的一笔。

徽商将大量的商业利润投入到徽州本土，建造村居和园林，给徽州的建筑风格和乡村面貌，都带来巨大的影响，也因此形成了颇具特色的建筑文化现象。

徽州建筑的风格、工艺特点与营造方式有着极其鲜明的区域特色，反映了徽州人的风水意识和装饰审美观念。徽州民居建筑一般依水势而建，总体呈现出背山面水、山环水绕之势。民居建筑在色泽、体量、架构、形式、空间上，都与自然环境保持一致的格调，建筑与环境相互渗透，人与自然融为一体。因此，无论是人们选择的自然环境，还是人工配置的山水花木，总是和建筑、雕刻装饰共同构筑成充满艺术气氛的文化空间。徽州建筑外墙很少开窗，采光、通风全靠天井，设天井也有"财不外流"的吉利寓意。三间屋的"天井"设在厅前，四合屋的"天井"设在厅中，这种设计使屋内光线充足，空气流通。晴时太阳光自天井泻入堂前，称为"洒金"；雨时雨水落入，称为"流银"；四面屋顶均向天井倾斜,四面雨水流入堂前时又称为"四水归堂"。中国人认为"水"就是"财",天井的设计就是遵循"肥水不流外人田"的风俗,有"四面财源滚滚流入"之意。

徽州的民居建筑四周均用高墙围起,谓之"封火墙",远远望去好似一座座古堡,房屋除大门外只开少数小窗,主要靠天井采光。这种居宅往往很深,进门为前庭,中间设天井,后设厅堂,厅堂后用中门隔开,设一堂二卧,堂室后又是一道封火墙,靠墙设天井,中间有隔扇,有卧室四间、堂室两间。往后的更多结构大抵相同。这种深宅居住的都是一个家族。随着子孙的繁衍,房子也就套建起来,因而房子大者有"三十六天井,七十二栏窗"之说。在这种高墙深宅的建筑内"千丁之族未尝散居"的民风在国内是非常罕见的。

建筑内在装饰上精工细镂,大门内外齐整的青石铺地,石阶层层。门罩饰砖刻、石雕图案,内部楼层栏板和拱柱之间华板美观大方,并绘有装饰图案,楼层栏板边沿设栏杆,下有雀替相衬,上有楼厅窗扇,构造规整明快。内部山门、梁垫等木制构件雕有各式图案,皆以象征吉祥的图案为主。

传统徽州民居大都设置庭院园林,庭院一般布置在前庭,也有庭院布置于楼两侧或后院,庭院设置灵活,小巧玲珑,布局紧凑,巧妙运用造园手法,在有限的空间范围内,巧借于因,在庭院胜景中充满诗情画意。

黟县是徽州府治所在地,为徽州之首。1985 年我国政府宣布黟县正式对外开放。1986 年国务院颁布黟县为中国第二批历史文化名城之一。据 1989 年黟县文化局编印的《黟县文物志》记载,该县文化遗迹、古建筑众多,是至今保留古村落最多、最完整的县之一。黟县境内连绵的群山和黄山连为一体,阻碍了它与外部世界的联系,造就了黟县世外桃源的景色,民居数量多、质量精、保存完好。

徽州古民居建筑布局严谨,工艺精湛,蕴藏着极其丰富的文化内涵,2000 年,宏村和与其相毗邻的西递这两座有着千年历史的文明古村,同时被联合国教科文组织批准列入《世界文化遗产名录》。遗产委员会给这两个村的评价是:"它们体现了人与自然的和谐,具备了一种独特的文化元素。"宏村和西递是目前保留最完整的徽派古民居建筑的代表,其村落巧妙的整体布局、极富韵律的空间层

徽州文化

151

次都有典型的徽州地方特色，被称为是"古民居建筑艺术的宝库"。

自古就有"桃花源里人家"美誉的西递古村，始建于北宋时期，大约在 1049—1054 年间，距今已有近千年的历史。西递四面环山，两条溪流穿村而过，整个村落仿"船形"建造，村子长 700 米，南北宽 300 米，村内保存有完整的古代民居建筑 122 幢。沿大理石板往村子去，自古一条纵向街道和两条沿溪的道路为主要骨架，构成东西向为主、南北向延伸的村落街巷系统，街巷两旁民居错落有致，村落空间变化灵活，建筑色调朴素淡雅。其中所有街巷均以黟县青石铺地，古建筑多为木结构、砖墙维护，其中木雕、石雕、砖雕丰富多彩。整个村落与自然环境和谐统一，是徽派建筑艺术的典型代表。

宏村始建于南宋绍兴元年，1131 年间。村落面积约 19 公顷，现存明清时期古建筑 137 幢。宏村地势较高，因此常常被云雾笼罩，被誉为"中国画里的乡村"。宏村的整体布局为"牛形村"，整个村子从高处看宛若一头斜卧山前溪边的青牛。牛背靠的雷岗山为牛首，村口一对古树为牛角，民居群为牛身，穿村而过的邕溪为牛肠，溪水穿流于民居院落，汇入牛胃形的月塘和南湖，绕村的山溪上四座木桥为牛脚。"牛形村"的水系设计别出心裁，不仅解决了村民生产、生活用水，也为消防用水提供了方便，而且调节了气温与环境。宏村的古建筑均为粉墙青瓦，分列规整，充分体现了人与自然环境的和谐。其中最有代表性的建筑是号称"民间故宫"的承志堂，堪称徽派木雕工艺陈列馆，各种木雕层次丰富，繁复生动，经过百余年时光的消磨，至今仍金碧辉煌。

（三）徽商

徽商是中国明清时期最杰出的商帮，徽商以巨大的物质财富塑造了明清时期江南城镇的商业品质。徽商是独特的，亦贾亦儒的文化自觉使徽商从众多的商帮集团中脱颖而出。徽商也是唯一的，商业资本罕见地转化成精致的文化创造，使卓然独立的徽州文化至今星火不息。

徽商产生于徽州，历史源远流长，从东晋起就有新安商人活动的记载，到明成化、弘治年间形成商帮集团，至清乾隆、嘉庆时期，徽商达到极盛，雄踞华夏商界达数百年，执中国商界之牛耳。

明清时期，全国十大商帮中徽商居首，"无徽不成镇"，"无绩不成街"，徽是徽州，绩则是绩溪，旧属徽州。徽州人"十三在邑十七在外"，除了当官走仕途以外，经商的比例是最大的。徽商有艰苦创业传统，所谓"前世不修生在徽州，十三四岁往外一丢"，徽州地狭人稠，力耕所出，不足以供。为了生存徽州人甚至发展出了独特的吃米方法。在休宁地区做早饭的时候，用很多水煮米，待到煮至半熟时就把大多数的米都捞出来留到中午蒸成米饭，剩下的米继续煮很长时间，直到米粒煮得接近溶化了才端上桌食用。就是这样的一顿早餐，使徽州人从孩童时期就知道本地缺米，形成了深刻的危机意识，自然而然地把外出谋生看做唯一出路。对外谋求发展，不屈于命的徽州人对自己的生存环境作出了无奈的选择，走上了一条逼仄险峻的道路——经商。有的从倒夜壶、上门板开始到站柜台，以至发展成账房先生，有的是一个个家族带出去，父带子、叔带侄、舅舅带外甥，有念书当官不成转而从商的。徽商通过艰辛的商旅之路，创造了盛及百年、富甲天下、无徽不成镇的各种美谈。徽商的进取精神，使世人惊叹。他们"以商从文，以文入仕，以仕保商"，形成了世代轮转的良性循环，故拥有雄厚的经济实力。徽州人经商形式千差万别，但有一点是共同的，就是都把读书当做经商的首要前提。徽州素有"十户之村，不废诵读"的特点，从商做官都要有文化。徽州人读《大学》《中庸》《论语》《孟子》，读朱熹讲的"不取不义之财"，都把儒学作为经商之本。徽商是社会认可的儒商，利他人而求利，求利不可忘义。而徽商亦有浓厚的乡土情感，光宗耀祖，叶落归根，是他们的人生追求，因此"盛馆舍以广招宾客，扩祠宇以敬宗睦族，立牌坊以传世显荣"，是他们的生平大业。为了"传世显荣"，不惜巨资，兴建功名坊、孝行坊和墓道坊。如驰名中外的棠樾牌坊群（明代3座、清代4座），以及稠墅牌坊群和雄村牌坊，基本上都是徽商大贾拨出巨资、破土营造的。这些牌坊，构成忠、孝、节、义四大体系，为后人研讨封建文化史，提供了翔实、宝贵的资料。

探寻徽州古人耕读理念的形成，我们发现，如同中国其他地域一样，徽州古人几千年来一直平静地生活在崇尚农耕的社会中，依赖农耕，解决生存问题。只是到了宋代以后，徽州古人才开始清晰地感悟

徽州文化

到，依靠农耕解决温饱并非生命的全部意义，人活着应该了解和掌握更多的知识，而这更多的知识必须通过读书来获取。

徽州古人开始重视读书，其初始目的虽然也有博取功名、改变命运的动机，但对于大多数人来说，读书的目的是非功利性的。他们提出"非因报应方为善，岂为功名始读书"，认为读书的目的，并非只是为日后谋取一官半职，而是把读书作为多彩人生必不可少的内容。

而正是读书，使徽州古人的胸怀和视野逐渐开阔，思想也逐渐解放。首先是他们对"耕"的内涵和外延有了一种更深更广的认识，他们认为"耕"，并非就只是脸朝黄土背朝天，在泥土中刨着一粒粒粮食的劳作，人类赖以谋生的一切手段都应被视为"耕"。于是，他们不再只盯着脚下那一点点土地，而是让目光穿越层层叠叠的山峦，逶巡于中国广袤的疆域。

在此过程中，他们大多数人选择了经商这一职业。在他们看来，在耕读并重的社会中，商应该是"耕"的内容的一部分，经商对人类生存和社会发展会起到积极的作用。于是，他们在"万般皆下品，唯有读书高"的封建社会，大胆地提出了"读书好，营商好，效好便好；创业难，守成难，知难不难"的理念，而且明确告诉后人，效好便好的"效"字，不仅是成效、效果，更重要是把"效"当"学"字来解读，确定好的学习目标，选择好的学习方法，即便是暂时没有取得理想的效果，这学的过程本身也是令人享受的。

于是，"经商"这一在数千年封建社会中一直被视为"三教九流"之外的"末业"，竟让徽州古人果敢地奉为"第一生业"，为后来"无徽不成镇"的徽商神话奠定了理论基础。

自古多山的贫瘠土地，使山地民族生长出了另一种生存智慧，弃农经商，兼把山上的特产如茶、墨、砚、纸、漆、竹，通过这泱泱水路，下芜湖，沿长江而行到上海，再运行到全国各地。通过不断的读书，徽州商人拓宽了视野，经营范围由原先的家乡土特产、茶叶、木材、徽墨歙砚，拓展为粮食布匹、南北杂货、盐业典当，涉足商业范围中的所有门类。尤以盐、典当、茶、木为大，其中盐商的财力最为雄厚。明代万历年间，徽商逐渐取得了盐业专卖的世袭特权，他们大都卜居于长江、运河交汇处的扬州一带。明清之际，江浙共有大盐

中国南方地域文化

商 35 名，其中 28 名是徽商。几百年来，徽商的足迹无所不至，遍及天涯海角，在东南社会变迁中扮演着重要的角色。

胡适先生称吃苦耐劳的徽州商人为"徽骆驼"，这说明了徽商的形成与发展绝非偶然，正是徽州人以"骆驼"一样的精神创造了"无徽不成镇"的辉煌业绩，并在历史上浓彩重墨地书写了专属于"徽商"的一页。

（四） 刻书

徽商之所以能称雄商界数百年，与徽州文化的熏陶分不开，而同时徽商又对徽州文化继续发展产生着影响，这里叙述一下徽商对刻书业产生的影响。明清时期徽州刻书业在宋元的基础上，继续向前发展，并以强劲的势头保持了几百年，这种状态与徽商有很大的关系。

徽州刻书业历史悠久。在唐代中晚期，歙州开始刻印图书。经过宋元时期的发展，明清徽州刻书业兴盛，徽州府的刻书业跃居于全国的领先地位，并成为全国四大刻书中心之一，另外三个是南京、北京、扬州。明清时期我国图书出版业形成了南京、北京及杭州、苏州、湖州、徽州等刻印中心，其中徽州刻本书籍以"无书不图，无图不精"的优长冠盖群伦。明代胡应麟在《少室山房笔丛》有这样的评价："余所见当今刻书，苏（州）、常（熟）为上，金陵（南京）次之，杭（州）又次之，近湖（州）刻、歙（州）刻骤精，遂与苏、常争价。"明谢肇淛著的《五杂俎》也曾有评论："宋时刻本，以杭州为上，蜀本次之，福建最下，今杭刻不足称矣。金陵、新安、吴兴三地，剞劂之精者，不下宋板。"

从明代开始，徽商进入刻书业，使得刻书出版成为一个产业，在明清江南出版印刷业中占有重要地位。乃至江南刻书出版业的辉煌，都与徽商的投资、技术开发及其经营分不开。首先徽商进入刻书出版业，融入大量资本，使得私营出版业得到大力发展。在明代，官营在江南刻书出版业中占有重要地位，而到了清代私营却占有绝对优势，对江南刻书出版业的发展产生重大影响。这一变化，集中地表现在坊刻的兴起以及官刻与家刻的蜕变上。明清江南出版的书籍，官府所刻者

155

称为"官刻本"，私家所刻者称为"家刻本"，而书坊所刻者则称为"坊刻本"。在明代，大体上官刻与家刻多是非营利的，而坊刻则完全是为牟利。但是到了清代，前两者的非营利色彩也日益淡薄，逐渐演化为商业化的出版事业。

徽商经济实力雄厚，亦儒亦贾、附庸风雅的官僚组成庞大的徽州府内域外的坊刻网络。明清时期，徽州地区的不少饱学之士及谢职官员积极参与出版活动，不少弃文经营书业的儒商本身就是官僚、学者。他们的刻书事业往往很难分清是家刻还是坊刻。对于徽州这块尊崇儒商的特殊文化地区来说，大部分刻书主是兼而有之的。在这些出版家群体中，尤以明代歙县丰南吴勉学、吴养春、吴瑠、汪士贤，清代小溪项纲、长塘鲍廷博、江村江防、潭渡黄晟等刻书家为艺林尚重。徽州坊刻发达，徽州府治歙县刻书者聚集，书坊鳞次栉比。如汪士贤与吴勉学的"师古斋"、吴瑠的"西爽堂"、吴养春的"泊如斋"等都是名扬海内的书坊。其余的如郑思鸣的"奎壁斋"、吴桂亭的"文枢堂"等书坊也都很有特色。徽州刻工也不计其数，家家户户以雕刻为业。黄氏、程氏、汪氏、吴氏四大家族的刻工最为著名。此外还有仇氏、潘氏、金氏、鲍氏、方氏、胡氏、毕氏、郑氏、朱氏、许氏、余氏等；"刻铺比比皆是，时人有刻，必求歙工"。徽州坊刻到清代中叶进入鼎盛时期，至少有二十多家刻坊，有茹古堂、延古书楼、古香书店、寿春馆、桂芳斋、文盛堂、沈云轩、兰台紫阳室、恒茂等书坊堂号。

徽商的"贾而好儒"表现之一就是喜欢读书，而好读书就必然爱藏书。徽州地区藏书家中就有许多是徽商。关于徽商的藏书，从以下的例子可见一斑：乾隆四库开馆，诏求天下遗书，全国献书五百种以上的仅四家，而徽州就有祁门的马裕（曰馆之子）、歙县的鲍士恭（廷博子）及印痴汪启淑三家，只有宁波范氏天一阁属浙江省。徽州这三家都是经营盐业的大商人。另据刘尚恒先生《安徽藏书家传略》统计从汉唐至近代，历史上可考的藏书家共二百六十人，其中明清两代逾二百，以地区论，徽州为首近百人，芜湖、安庆地区次之。

徽商热衷于藏书自然会不遗余力地购买大量书籍，另外徽商对子弟的读书十分关心，许多商人希望子弟通过读书业儒来改变提升家族的地位，所以为子弟读书无所不用其力。当时几乎所有的刻坊都有刻科举考试方面的书籍，这为徽商及其子弟读书习儒提供了坚实的书籍基础。

刻书业是徽商为文化事业所作的重要贡献之一，刻书业所提供的大量书籍满足了徽商及其子弟读书的需要，也满足了徽商好儒的心理需求，并且对徽商贾而好儒特色的形成与强化，起到了推波助澜的作用。同时刻书业所积累的资金也成为徽商资本的重要组成部分之一。徽州是程朱故里，明清政府对朱熹之学的大力提倡，使徽州人为此而感到骄傲，从而强化了徽州自南宋以来形成的重教传统。在这种风气的影响之下，徽州的学社和书院较多，这些学社和书院又都需要大量的书籍，如此一番更是加强了徽州重视教育的优良传统，对大多数徽商来说，在经商致富后，让子弟走上科举入仕之路，是最好不过的选择，所以出现"十户之村，不废诵读"的局面也就不足为奇了。

由于徽商的介入，使刻书这一行业更加欣欣向荣；同时徽州的区域特色、徽商的价值取向也通过徽州的刻书业表现出来。其中，刻书业的内容、刻书业的运行都具有浓厚的商业特点，刻书业被打上了深深的商业气息。好儒是徽商一直不断的追求，尽管这可能影响到自己的商业，但大多数商人无怨无悔，即使自己因为生活需要而不得不从事经商，在有可能的情况下，他们也尽量把经商与儒术结合起来，在这个过程中寻求一种心理的平衡与安慰，同时表达着对文化事业的崇敬之情。

（五）徽州三雕

古祠堂、古民居、古牌坊被誉为古徽州"建筑三绝"，而附着于建筑或陈设于居室具有徽派风格的木雕、石雕、砖雕，被誉为"徽州三雕"。徽州地处黄山白岳之间，景色秀丽，民意淳朴，所以徽州三雕更多的是表现家乡的秀美山川，像黄山松涛、白岳飞云、寿山初旭、彰山叠翠、石涧流霞、龙尾山色、太白湖光等；也有表现日常生活的场面，如渔樵耕读、男耕女织、洞房花烛、玩狮舞龙、嬉戏孩童等等。徽州建筑的一个大特点就是"有堂皆设井，无宅不雕花"，其中井指天井，而雕则是指徽州民居无所不在的雕刻艺术。徽州民居从外表看平淡无奇，但内部装饰却非同一般，这是由于明清时期营建住宅的等级制度十分严格，徽商不能越礼，虽然徽商建房极为奢华，但建房

规模上不能与官邸争高下，要想在建宅时争奇斗富，只能在内部装修上开动脑筋；同时，徽州人含蓄内敛的个性气质也决定了他们在建房时舍弃了外表的华丽张扬，苦心追求屋内装饰的华美、醉心于精湛的雕刻。这一切都促使了徽州三雕工艺臻于成熟和完美。

走进徽州古村落，如同走入三雕世界的迷宫，令人眼花缭乱的雕饰物让人目不暇接。不同的图案，不同的造型，变化万千。"一宇之上，三雕骈美"，木雕精细中透着华美、石雕粗犷又不失淡雅、砖雕拙古中透露着细腻。

"三雕"的历史源于宋代，至明清时期达到鼎盛。明代时期雕刻粗犷、古朴，一般只有平雕和浅浮雕，借助于线条造型，不讲究透视变化，强调对称，富有装饰趣味。清代时期雕刻细腻繁复，构图、布局吸收了新安画派的表现手法，讲究艺术美，多用深浮雕和圆雕，提倡镂空效果，有的镂空层次多达十余层，亭台楼榭、树木山水、飞禽走兽、花鸟鱼虫、人物风景集于同一画面，玲珑剔透，错落有致，层次分明，栩栩如生，生动地显示了雕刻工匠高超的艺术才能。

明清徽州民居建筑因其深厚的地域文化和独特的建筑风貌在历史上留下浓墨重彩的一笔，因以其自身的建筑空间形式和绚丽的雕刻装饰展现着她独特的艺术魅力，而赢得世人瞩目。以砖木结构为主体的徽州古建筑群，经受历史风雨的洗礼而依然耸立，无论从建筑学还是美学方面都展示出其自身顽强的生命力，体现了勤劳的徽州人民的伟大智慧。

1. 木雕

古徽州地域内古木撑天，浓荫蔽日，为建造房屋提供了种类繁多的优质木材，杉、樟、银杏、椴、椿等木材大量用于柱、梁、枋、门、窗等部位，成为木雕的各种载体。由于徽州古民居木结构为主的特点决定了木雕的绝对优势，在徽州的三雕中，木雕是整个装饰的重点，数量最多，内容最广。徽州的古民居虽然在外观上素雅简洁，但在建筑内部则极尽雕刻之能事。站在古民居的天井里，举目环顾，触目之处几乎遍施雕刻，梁架、栏板、窗扇、雀替、华板，只要有木之处，就有木雕存在。

徽州木雕在选材上不拘一格，善于巧妙利用不同材质的木材施艺。大大丰

中国南方地域文化

富并加强了艺术表现力和艺术感染力。木雕多饰于月梁、额枋、斗拱、雀替、梁驼（元宝）、平盘斗、榫饰、钩挂、格扇窗格心、裙板、绦环板、莲花门、窗格、窗栏板、栏杆、轩顶、楼沿护板、挂落等建筑构件以及家具上，能装饰之处无不精雕细刻，气势恢弘，令人叹为观止！繁多、华丽的木雕装饰带来视觉上的震撼。

依托于徽州建筑而存在的徽州木雕有一定的制约性，在于其必须与建筑体紧密结合，建筑构件的大小、比例、位置和材料决定了雕饰采用的构图和手法。这促使徽州木雕的雕刻技艺呈现多元化特点。徽州木雕在雕刻技法上有平板线刻、凹刻、凸刻、浅浮雕、深浮雕、透雕、圆雕等多种。徽州的雕刻技艺展示了工匠们过人的聪颖和睿智，他们根据位置和功能的不同选用不同的材料，尊重并发挥不同材料的特性选择最佳的雕刻形式。最具特色的装饰点就是雀替构件"倒挂狮"，展现了丰富的圆雕技艺。倒挂狮的造型特点是依据三角形木构件的形制，取猛虎下山的姿势，头尾向外，腹部朝里，身体弯成曲线，四肢成为支点，斜拉的躯干和柱子构成三角，起到支撑承托的作用。而且每座民居的狮子都不相同，造型生动多变的狮子借助匠人们高超的雕刻技艺，显出蓬勃饱满的生命力。

徽州木雕无论是单个的建筑构件的纹样构成，还是整体构件的组合设计，都具有和谐的设计美感。例如徽州古民居建筑天井内的许多功能区域是通过富有特色的隔扇割断空间的，通常采用莲花门和挂落的形式。莲花门的设计美观、和谐，上部分为了透光一般采用镂空花格，中部称"束腰"，下部称"裙板"。隔扇的中部束腰与人的视线平行，往往是观赏的最佳角度，所以常常也是木雕的精华所在，大都刻画带有情节的民俗故事、戏曲。另外民宅的窗格一般也采用镂空花雕，窗格下沿用平板饰以细腻的雕刻，在窗户三分之一的下部往往配有窗栏板，这是徽州民居很具地方色彩的饰物，方言叫槛挞衣，意思为窗户的衣裳，既可遮挡视线挡风防雨，又不影响采光。

2. 石雕

多山的徽州盛产优质石材，如黟县青、茶园石、龙尾石等。特别是"黟县青"，质地坚柔润泽、纹理细腻，易雕镂琢磨，是理想的建筑石料。同时"黟县青"材质凝重的黑色和

深沉的光泽成为构成徽州古民居风格的重要因素。

徽州牌楼和牌坊是徽州石雕的代表作。不仅数量多而且艺术水平高。因建造年代的不同而风格各异。它们显示和颂扬了立牌楼人的政治地位和功德业绩。反映和宣扬了历代王朝对封建正统礼教的虔诚膜拜。徽州牌坊作为封建伦理道德的物化形式，是封建的精神需要与自然条件相结合的结果。因此徽州拥有各种功能的牌坊：标志坊、科第坊、功德坊、忠烈坊、贞节坊等等。牌坊的整体造型比例得当、和谐美观。通常运用象征、暗喻和谐音的艺术手法表现抽象意义的雕塑语言。著名的有歙县的许国牌坊、绩溪龙川"奕世尚书坊"等。牌坊因为气势恢弘，雕琢内容丰富技法繁复，一座牌坊几乎是一件综合性的石雕艺术精品。黟县西递胡文光牌坊，整个牌坊上下用典型的具有徽派特色的浮雕、透雕、圆雕等工艺装饰各种图案，堪称是明代徽派石雕的代表作。

用于古民居建筑上的石雕艺术多用于建筑物的基座、栏板、门框、抱鼓、柱础、漏窗、石鼓等构件上。石雕的用料取自徽州山区的花岗石、茶园石和黟县青。由于受雕刻材料本身限制，石雕不及木雕与砖雕复杂，主要是动植物形象、博古纹样和书法。石雕工艺刻风格上，浮雕以浅层透雕与平面雕为主，圆雕整合趋势明显，刀法融精致于古朴大方，没有木雕与砖雕那样细腻繁琐。

相比较石雕用于牌坊，石雕在民居建筑中的地位"低下"，似乎不太引人注目。那些石柱础、抱鼓石、石栏杆，只有低头才能看得清楚，但由于石雕与砖雕、木雕韵味不同，其浑厚粗犷，力度不凡，因而也魅力无穷。值得一提的是古民居建筑上的石雕漏窗。石雕漏窗的内容常常表现了主人的追求意趣。形态常常采取方、圆、扁面、桂叶等造型，"扇形石窗"取"善"谐音；将漏窗雕作落叶形态，是渴望功成名就后能及早回到家乡——落叶归根；最负盛名的是西递西园梁与雀替的"松石""竹梅"石雕漏窗，折射了主人"咬定青山不放松"的气节。漏窗石雕的特点在于"漏、透"，突破了有限空间，既美观、坚固，又具有通风采光的功能，还起到了丰富空间的功效。

3. 砖雕

徽州砖雕是徽派古民居装饰艺术的重要组成部分。徽州砖雕作为一种独特的壁饰，被广泛装饰在民居的大门口、门楼或大门两侧的八字墙及照壁上，就如同家家户户的脸面，形成它特有的普遍性的建筑装饰风格。徽州民宅的门楼一般由"楼"和"罩"两部分构成，统称门罩门楼。门罩在大门上方是一座房子的门面，属于近距离观赏，又是入口的标志，因此大都雕刻得精美考究。"门罩"的形式多样，考究的门罩顶上用青瓦双鱼翘檐加斗拱组成，还装饰有鸱吻和角兽，可以遮挡雨水，瓦檐下用水磨嵌砌着对称而又富有变化的图案。通常为四块一组，题材有"琴棋书画""渔樵耕读""八骏图""博古图"等。有的门罩追求繁复的装饰效果，把门罩做成垂花门式，左右两旁各置一垂莲柱，中间用双层雕刻漏窗"喜鹊登梅"，具有立体的审美效果。也有的砖雕檐下用雕刻的飞檐支撑，额枋下有砖雕斗拱，一般都用深浮雕方法，有的在额枋上嵌以圆雕的人物或动物图案。

砖雕所用的材料是特制的水磨清细砖，制作这种砖需要精选泥土，经人工淘除沙质，烘烧成材。一件砖雕作品的制作，需要经历放样、开料、选料、磨面、打坯、出细和补损修缮六道工序。砖雕局限于在不透空的平面上再现三维世界，由于质地松脆和功能性等多方面原因，不可能像木雕那样具有韧性能够精雕细凿，所以一般采用高浮雕和镂空雕技法。雕刻得比较粗犷，而且刻得比较深，空间层次丰富。清代趋于工巧繁缛，一块方不盈尺的砖面上，可以透雕几个层次，有的竟达七八层之多。徽州砖雕艺术展现了徽州工匠们构图布局和总体设计的能力。砖雕形制变化多端却又必须适应结构的要求。砖面的布局往往如整幅立轴和手卷的画法那样严谨。砖雕的打坯工序实质就是构思与构图的过程。工匠们要做到胸有成竹就必须熟悉许多传统题材和画面的安排方法。门罩的总体布局充盈饱满，注重平面的构成形式，秩序井然，简繁得体。砖雕中有很多是系列组雕，有民间传说、戏剧人物、地方风俗、山水楼台等。徽州古建筑因为有了徽州砖雕的装饰而显得更加完美和雍容大度，徽州砖雕同时也影响了苏州、扬州、淞江等地的砖雕风格。

徽州民居建筑雕饰艺术虽被认为是达官贵人和商贾富豪炫耀尊荣的媒介，但却是众多名不见经传的民间匠人辛勤劳作与智慧的结晶。这些雕饰物都有着不同的文化内涵，代表了人们的美好愿望。徽州三雕独特的审美价值、拙朴天成的艺术风格、精致繁华的艺术造型，是其他艺术形式无可替代的。徽州民居建筑雕饰艺术的广泛应用和高

度成熟，是古代徽州文化积淀的结果，也是徽商经济实力以及古代徽州人民审美意识的集中体现。徽州三雕将宋、元、明、清以来儒家文化中"仁""孝"思想与程朱理学"尊""卑"观念融会贯通，流露出独特的庄重、典雅、朴素的艺术风貌，给人一种内敛、含蓄、文雅的艺术感染力。

（六）新安理学

新安理学是产生于古徽州地区、以传承朱熹理学为宗旨的理学派别，因古徽州府治为新安，故称新安理学。新安理学始于宋，传于元，盛于明，终于清，经历了7个世纪的发展演变，对12世纪以后中国哲学史、思想史和学术史的发展产生了重大影响。作为一种地方性哲学流派，新安理学在其演变过程中所呈现出的阶段性特征体现了中国哲学在宋元明清各阶段的共性与徽州地域文化个性之间的有机结合。新安理学作为徽州文化的核心组成部分，它贯穿徽州文化的整个发展过程。

新安理学形成于南宋，唐末五代之后中原儒家文化的南移是新安理学形成的文化条件。儒家文化形成于邹鲁，盛行于中原。唐以前，儒家文化的中心在黄河流域。唐末战乱使得中原士族纷纷南逃，地处江南的新安地区以其优越的地理环境吸引了众多的中原大族，从而使儒家文化在这里传播开来。新安文化原属南方系统，颇有巫风。但儒学文化传入后，本土文化日益受其熏染，最终巫风被转化为儒风。新安文化的转型在南宋时期已基本完成。据《休宁县志》记载，当时新安地区普遍重视儒学教育，"以乡校为先务，早夜弦诵，洋洋秩秩，有洙泗之风"。儒学教育培养了一大批儒学人才，这使得新安地区具备了接受、消化朱熹理学的文化条件。

南宋后期朱熹远宗孔孟，近绍周程，集理学之大成，成为社会统治思想，这是新安理学形成的思想背景。虽然程朱理学的体系在南宋时期就已经形成，但那时候南宋王朝偏安一隅，而且在宁宗初年（1196年），理学被朝廷宣布为"伪学"，党人被禁锢，朱熹遭罢官。直到朱熹死后，理学才得以平反。宋嘉定五年（1212年），朱熹的《四书集注》，被朝廷列为国学必读教科书。宝庆三年（1227年），朱熹被追封为"信国公"，后改封"徽国公"。淳祐元年（1241年），

中国南方地域文化

周敦颐、张载、程颐、程颢和朱熹都进了孔庙，享受祭祀的待遇。朱熹的思想：仁——源于孔子儒家理论、善——源于佛家学说、节——源于道家学说。古语中说，儒在钟鼎（治理国家），道在山林（修身养性），释在超度（追求解脱）。朱熹将这三种貌似无干的思想体系揉合在一起，体现了他对社会现实的深度了解和研究，也体现了他对如何强化封建统治理论需求的深刻认识和探求。朱熹在儒学的框架中，重整伦理纲常、道德规范，高度重视宗族伦理，以封建纲常约束人的行为，对封建文化影响深远。在此后的宋元明清时期，中国学术思想的发展，无论是全局性的还是局部性的，无不深受这一思想的影响，新安地区自然也不例外。

朱熹理学传到新安后形成新安理学，还有一个特别的原因，这就是新安乃朱熹故里，新安人对朱熹及其学说有一种天然的亲和性，这是新安理学形成的心理基础。朱熹虽出生在福建尤溪，但其祖籍却是徽州婺源。朱熹父亲朱松曾在徽州歙县紫阳山读书，到福建后曾刻"紫阳书堂"印章，朱熹因此而别号紫阳。由于朱熹祖籍徽州，又是当时名扬天下的儒学大师，所以徽州人怀着对这位同乡大儒的崇敬之情，对朱熹理学也极为推崇。纷纷建祠造庙，将其作为偶像供奉起来。朱熹本人也多次在新安故里聚徒讲学，传播理学，这是新安理学形成的直接原因。通过多年的讲学传授活动，朱熹理学终于在新安地区传播开来，新安学风从而为之一变，原来沉溺于科场功名的新安士人转而精研朱子之学。这些人学成后又相继兴书院、收门徒、传理学，使得朱子理学深入人心，以至于"家诵其书，人攻其学。而吾邦儒风丕振，俊彦之辈出，号称东南邹鲁，遐尔宗焉"（《万川家塾记》）。对新安学风的这种转变，《婺源县志》叙述道："自唐宋以来，卓行枊文，固不乏人，然未有以理学鸣于世者。至朱子得河洛之心传，以居敬穷理启迪乡人，由是学士争自濯磨以翼闻道。"据休宁程瞳所作的《新安学系录》所载，宋明时期新安地区的理学家达一百多人，正是在这样的条件下，新安理学得以形成并发展。

新安理学有四个演变时期，分别是：第一，南宋形成时期。这一时期的重要代表人物有朱熹、程大昌、吴敬、汪莘、李绩、程永奇、吴昶等人。他们环护在朱熹周围，精研性理之学，著书立说，确立了学派以朱子学为宗旨的基本原则。第二，宋元之交与元代的发展时

徽州文化

期，这一时期的主要代表人物有程若庸、胡方平、胡一桂、许月卿、陈栎、胡炳文、倪士毅、汪克宽等人。他们针对朱熹之后"异说"纷起的学术界状况，致力于维护朱子学的纯洁性。将排斥"异论"、发明朱子学本旨作为学术研究的重心。同时，元代新安理学家崇尚"气节"，不仕元朝，将精力集中于讲学授徒，培养了一批有一定建树和影响的新安理学学者。此期的新安理学出现了人才辈出、学术研究深化和普及读物大量出现等新气象。第三，元明之际与明代的盛极复衰时期。这一时期的要代表人物有郑玉、朱升、赵汸、朱同、范准、程敏政、汪道昆、程文德、潘士藻等人。明前期的郑玉、朱升、赵汸等人在批评元代理学家墨守门户、死抱师门成说之弊的基础上，先后提出了求"本领"、求"真知"、求"实理"的新的治经主张，并据此指导思想进行学术研究，形成了或"旁注诸经"发明朱子之学，或"和会朱陆"弘扬本门宗旨的不同学术风格。从学术研究的成就和特色来看。这是新安理学发展史上最丰富灿烂的时期之一。明代中后期的新安理学学者因受"心学"影响，阐释朱子之学不力，整个学派出现萎靡不振的衰落迹象。第四，清代终结时期。这一时期的重要代表人物有江永、戴震、程瑶田等人。他们在清初学风的影响下。倡导汉学，培养了一批以考据见长的新安经学家，最终实现了徽州地方学术从新安理学到徽派朴学的转变。新安理学从南宋到清代的演变过程，正是12世纪以后中国哲学史和学术思想史的缩影。它对中国封建社会后期历史的发展，特别是对明清时期徽州社会的发展产生了巨大的影响。

朱熹理学对新安理学产生诸多积极影响，如朱熹提倡读书，认为穷理之要必在读书，促进了徽州读书好学的风气。缙绅之家往往自编教材，由父兄率子弟诵读，致使徽州研究学问、从事著述者甚多。理学家对理欲、心物、义理、天人等概念的意义、关系的追问和逻辑论证，提升了徽州文化的理性思维。培养了深厚的理性主义传统，形成"契约社会"，新安理学家恪守朱熹的义利之辨，反复颂扬"正其义不谋其利，明其道不计其功"的思想，学子以之为书院学规；士子以之为立身处世的教条，出了不少廉史；徽州商人"贾而好儒"，以"诚信"为商业伦理。朱熹针对当时宋金对立，一再提出"修内政，攘夷狄"，坚持抗金。宋元明三代，徽州出了不少民族志士，表现了坚贞不屈的气节，与朱熹这一思想的影响是分不开的。理学的核心是伦理纲常，新安理学对忠君孝亲、男尊女卑、祭祀程序、丧礼制服等，规定得尤为繁琐而严格。而且修祠续谱，建坊树碑，旌善纠过。以期起到道德榜样的作用，从朱熹保守的理学体系而言，对新安理学也产生不少消极影响，主要表现为强化宗法等级制度、压迫妇女等。使得大批"贞女烈妇""孝子贤孙"为传统礼教而殉身，这是理学在程朱桑梓之邦结出的恶果。

历史一页一页地翻过了，新安学所赖以产生、生存的时代背景已经消失，其具体的学术主张和思想观点也大多失去了原有的意义和价值，但是蕴涵在新安理学中的学术精神，却早已浸润在我们民族的血液里。

（七）新安画派

"新安画派"以高雅野逸之情怀、简洁淡远之画风，表现出寒荒萧疏之意境，于明末清初之际在徽州区域崛起，它不仅在安徽画坛上占有一席之地，并且在中国绘画发展史上也占有重要的地位。

新安画家倡导"师法自然"，其山水题材，均是自己所亲自历目。新安画坛的早期画家大多数都是恪守节操的遗民画家，其游历本身就是在寻找一个古代隐士啸傲山林的心态和方式。新安画家们在游历过程中不断切磋绘画艺术、吸收外来文化营养。朝代更迭不仅没有影响到绘画的创新与发展，相反遗民画家为了秉承传统文化的气节，选择了逃避现实社会，在绘画中排寂与发泄的生活。"新安四家"里的渐江、查士标、汪之瑞、程遂等这些画家都是"雅好广游"之人，中国画坛上徽州号称山郡，境内山峦迭嶂，河溪纵横。黄山、白岳簇立云间，峥嵘挺拔，锦绣连绵；新安江奔流于山谷盆地之间，波光潋滟，晶莹如玉，素有"大好山水"之誉。这一批雅游之士游历南京、扬州、镇江等地的名胜古迹、园林奇观，东南一境的自然山川、风景名胜，并将游历过程中所感悟的山水物象情态、意象积淀的人文精神和庄禅意蕴都在他们身心中得到提炼和领悟，并付诸于画笔。并在总体上形成了"风神懒散，气韵荒寒"独树一帜的绘画风格。他们以山水画作为自己的精神寄托，将山水和画与自己的生命交融在一起，将中国的

山水画推到了极致。

新安画派对直接承继了宋元山水画家健康醇正的品格，以师法自然为归，以峻岭奇松、悬崖峭石、疏流寒河入画。同时又对古徽州画的画法和画风在继承的基础上作出了重大改进，他们的画风要么焦墨干笔、浑沦秀逸，要么情韵连绵、风趣巧拔，但善用笔墨，貌写家山，借景抒情，表达自己心灵的逸气，是他们绘画的共同特征。在画论上他们更提倡画家的人品和气节因素，具有鲜明的士人逸品格调。

新安画派表现出来的冷然绝尘的意境，不仅仅是新安山水远离尘嚣给他们带来的灵感，同时也与生逢乱世、苍凉孤傲的遗民心境有一定关系。使得新安画派的作品体现出来一种超尘脱俗和凛若冰霜的气质，意境深邃。

新安画派在徽州历史上创造了前所未有的辉煌，在中国绘画史上也有着举足轻重的位置，其作品风格的定论和历史的定位都与徽州的政治、经济、哲学、文化艺术诸方面关系密切，新安画派将中国文人画推到了一个新的高峰，并且影响深远。

（八）徽菜

徽菜代表着徽州区域内人民的饮食食俗，体现着徽州区域文明发展的程度，徽州菜系的共同特征是：清雅淳朴、原汁原味、酥嫩香鲜、浓淡适宜，注重火功、讲究食补，咸鲜微甜、南北皆宜。其内涵不仅包括了作为源头的徽州地方风味，而且也涵盖了安徽沿江和沿淮的风味特色，就是说，徽菜菜系是由安徽一系列既有共性又有各自个性的三种地方风味和流派组成的，它一方面继承了徽州地方风味的优良传统，而另一方面又突破了老徽帮的地方局限性，成为全国公认的八大菜系之一。

徽菜起源于南宋时期的古徽州（今安徽歙县一带），故又有歙味之称，距今已有千年历史。明清时期，徽菜曾在长江中下游及苏、浙、闽、赣、鄂、沪等地具有广泛影响。徽菜的形成和发展，与徽商的兴起、发迹有着密切关系。徽商史称"新安大贾"，徽商敛财聚富，生活奢侈而偏爱家乡风味，有的广置家

中国南方地域文化

厨，以备自己享用和应酬之需，有的从家乡带人出去开办饮肆酒楼，从事行业经营，这对徽菜的兴起和传播无疑起到了推波助澜的作用。

徽菜的名称、由来，蕴藏着不少历史掌故和神奇传说，从而增强了徽菜的文化底蕴。像"桃花鳜鱼""牛尾狸""马蹄鳖""八公山豆腐""淮王鱼""朱洪武豆腐""大救驾""方腊鱼""李鸿章杂烩"等等，每一道菜点都有一个引人入胜、趣味无穷的故事衬托着，使人在大快朵颐的同时，也享受到精神上的乐趣。例如产生于南唐时代的"大救驾"，虽是一款类似"马蹄酥"的点心，但却是颇有来历的。据传是 956 年，后周世宗柴荣命大将赵匡胤举兵攻打南唐，围困寿州（今安徽寿县）九个多月始破城，由于长期苦战，人困马乏，赵不思饮食，寿州城内一饮食小贩为他做了一种精美的酥饼，赵食后食欲大开，体质逐渐恢复，赵黄袍加身当上宋朝开国皇帝后，怀念此饼曾救过他的性命，遂将此饼赐名"大救驾"相延至今。再如诞生于近代的"李鸿章杂烩"，也是一段颇有趣味的故事。据传光绪二十二年（1896 年），清廷派李鸿章去俄国参加尼古拉二世加冕典礼，同时出访美国，这是李中堂最长的一次环球外交活动，在合肥的李府有据可查。在美期间一次宴请各国使臣，让随行的厨师制作了丰盛的中国名菜，外宾食后仍嫌不足，李命厨师添菜，孰料此时厨房准备的正菜备料告罄，无奈将所剩海鲜边脚下料全部下锅混烧上桌，由于火功独到，复合味浓，外宾尝后大加赞赏，纷纷向中堂大人打听菜名，李顺口答曰"杂碎"（即杂烩，合肥土音"杂碎"）。此后，"杂碎"菜便在美国传开，风靡一时，不少旅美华侨纷纷开起了"杂碎"餐馆，大获其利，"李鸿章杂烩"这道菜遂名声大振。

徽商的足迹遍及大江南北，"无徽不成镇"的格局出现后，徽商更是将整个徽州菜系从大山深处带了出去，徽菜在不断的改进和创新中，博采众长，兼收并蓄，最终形成自己独特的风味。

徽州文化

四、徽州文化遗存的价值

徽州文化遗存具有极为重要的学术价值，历史上徽州留下的这些珍贵的历史文化遗存，是徽州社会各阶层物质和精神生活的直接体现，徽州文化遗存所透视出的徽州文化内涵是具体的、全方位和多层次的。

徽州保存下来的数量和类型如此丰富的文化遗存，对我们重构和再现徽州人过去的生产与生活，具有不可低估的历史价值。由粉壁黛瓦马头墙式的民居组成的徽州古村落随处可见，完整的古村落如被列入世界文化遗产名录和全国重点文物保护单位的黟县西递和宏村，距今已有数百年历史。它们宏大的规模、恢弘的气势和精雕细琢的工艺，都给我们真实了解清代以后徽商的生活提供了最为直接的依据和活的标本。而悬挂在宏村承志堂那幅"读书好营商好效好便好，创业难守成难知难不难"的木质楹联，则使我们真切体会到三百年前徽州人观念的变革。走在当年的徽商古道和两旁店肆林立的古街如歙县渔梁、休宁万安、婺源清华、祁门侯潭和黟县渔亭等，则又使我们仿佛回到了当年徽商所创造的繁华时代。徽州文化遗存是徽州人生产与生活最真实的客观存在，它为我们复原和再现徽州历史文化，提供了最具说服力的活的证据。

徽州文化遗存具有极为重要的建筑学价值，并以依山傍水、山环水绕为村落选址，以粉壁黛瓦马头墙、四水归堂为民居标志；以小桥流水人家、追求精致古朴的园林设计，都是徽派建筑的典型特征。徽州近万处自元至民国时期的各类文化遗存，为我们了解和研究皖南古建筑提供了最有价值的实体，诸如元代遗构的徽州区西溪南绿绕亭、呈坎古村雕梁画栋的贞靖罗东舒祠和明代古建筑群等。这些建筑学上的成就，为我们研究极具地域特色的徽派建筑及其演变轨迹，提供了活的标本。

徽州文化遗存的艺术价值亦不可小视。至今尚存的近万处徽州文化遗存，在类型上几乎囊括了从官府到民间的所有建筑类型，尤其是文化遗存中整体景

中国南方地域文化

观和自然和谐与共，体现出了整体的艺术之美。而古建筑特别是古民居、古祠堂和古牌坊构件上精雕细琢的石雕、砖雕和木雕工艺以及三雕画面中所反映的人物、花鸟、虫鱼和戏文故事等各种内容，栩栩如生，其艺术价值是不言而喻的。至于尚存的数百通徽州碑刻，其文字本身就是一个个精美的书法艺术品。

徽州文化遗存还具有极高的文物价值。宋元明清时期，徽州宗族发达，社会稳定，经济繁荣，教育勃兴，人文昌盛。富甲一方的徽商贾而好儒，不惜斥巨资，进行村庄、居舍、祠堂、园林、学校、书院以及各种公益性设施的建设，留下了丰富的地面文化遗存。如今，这些地面文化遗存从广义上来说，都已变成了文物。这些珍贵的地面文物，仅挤身于世界文化遗产名录的就有黟县西递和宏村的古村落，更有包括许国石坊、棠樾牌坊群、渔梁坝、罗东舒祠、呈坎古村、潜口明宅、老屋阁、绿绕亭、龙川胡氏宗祠、西递宏村古村落和程氏三宅等 11 处，被先后批准为全国重点文物保护单位。这些珍贵的地面文物，不仅具有重要的历史价值，而且具有无与伦比的科学和艺术价值。

徽山徽水钟灵毓秀，物华天宝，人杰地灵。徽州文化拥有丰富的学术内容、多彩的生态资源、星罗棋布的人文景观，数百处保存完整的徽派建筑俨然一座巨大的文化宝藏。随手拾起任何一部分都是耀眼的明珠，恨不得将每一颗明珠都展示给大家，但我们伟大祖国幅员辽阔，其他区域的地域文化一样风格鲜明、体系完整。是它们共同以熠世的辉煌映照历史的夜空，是它们整体构成了博大精深的中华民族传统文化。

徽州文化

百越文化

　　"百越"，又叫"百粤"或者"诸越"。百越的文化如同"百越"的概念一样，是包含有多种特性的文化，形成于不同的时间和年代，存在于辽阔的方国地域。百越族群的各部之间，政治、经济、文化发展也很不平衡。百越文化的总体特征从宏观上来看，应指从西周到西汉在中国东南和南方地区以及越南的古民族，也就是百越民族的生产文化、社会文化和精神文化的特征。

一、百越与百越族

"百越"，又叫"百粤"或者"诸越"。所谓"越"，即"粤"，古代"粤""越"通用。"越"与"粤"，是古代江南的土著人称呼"人"的语音，所以"越"最初是"人"的意思。而"百越"的"百"，是个约数，并不是确数，意思是数目众多。

"百越"是对南方各民族的一种泛称。夏朝称"于越"，商朝称"蛮越"或"南越"，周秦时期的"越"除指"越国"外，亦同样是对南方诸族的泛称，到了周朝就称"扬越""荆越"，战国称"百越"。从古书的记载来看，古代百越民族多聚邑结寨散居于山川要塞、深林丛竹之中，溪谷之间，而且数目众多。《逸周书·王会解》又有"东越""欧人""于越""姑妹""且瓯""共人""海阳""苍梧""越区""桂国""损子""产里""九菌"等名称。宋朝人罗泌的《路史》又具体解释了百越的族称有："越常、骆越、瓯越、瓯皑、且瓯、西瓯、供人、目深、摧夫、禽人、苍吾、越区、桂国、损子、产里、海癸、九菌、稽余、北带、仆句、区吴。"

"百越"在古文中还常泛指南方地区。《过秦论》中说："南取百越之地"，《梦溪笔谈·采草药》中说："诸越则桃李冬实"，又如吕思勉先生所指出的，"自江以南则曰越"。在此广大区域内，实际上存在众多的部、族，各有种姓，故不同的地区又各有异名，或称"吴越"（苏南浙北一带）、或称"闽越"（福建一带）、或称"扬越"（江西湖南一带）、或称"南越"（广东一带）、或称"西瓯"（广西一带）、或称"骆越"（越南北部和广西南部一带）等等。

关于百越族的来源，目前学术界主要有两种不同意见：一是认为百越族源于夏民族，即"越为禹后说"；二是认为百越族是由当地原始居民发展而成，即"土著说"。但根据考古资料和史料，后者更为可信。夏族和百越族不但姓氏不同，分布区域和文化特点也不同。因此，百越族的来源和形成，尽管也包含一些其他民族的成分，但主要应是由当地原始先住民发展形成的。

公元前221年，秦始皇消灭六国，完成了统一中原的大业，之后就着手制

百越文化

定北讨匈奴、南征百越的战略。经过一系列的准备，公元前 218 年，秦始皇命大将屠睢和赵佗率五十万大军，发动了征服岭南越族的战争。秦军兵分五路，经广西北部的越城岭、湖南南部的九嶷山以及江西南康和余干等地，向今天两广地区的越族进军。其中，攻占番禺的这支秦军最为迅速。他们经九嶷要塞，顺北江而下，直达珠江三角洲地区，并占领了番禺。而进攻今广西地区越族人的两支大军，由于以屠睢为首的一些秦军军官采取歧视越人的政策，急于推行秦的暴政，引起了越人的全面反抗。越人由于熟悉地形，善于爬山涉水，夜间偷袭秦军，扰得秦军苦不堪言。越人一度获胜，秦军粮道被断，供给不足，主帅之一的屠睢也被杀害。由于粮食匮乏、主帅被杀、数十万的秦军伤亡，使战争陷入了对峙阶段，前后相持达三年之久。

为了扭转兵力不足、粮草供给困难的局面，公元前 217 年，秦始皇命监御史禄在今广西兴安县境内开凿沟通湘水和漓水的灵渠。由于灵渠总长仅 34 公里，工程的劳动量不大，秦军很快就完工了。灵渠沟通了湘水和珠江水系，秦军的粮饷能够络绎不绝地运到岭南，为秦始皇完成岭南的统一大业提供了可靠的物质保障。

公元前 214 年，秦始皇命任嚣和赵佗再次进攻百越各部族。秦军势如破竹，很快击溃了今广西等地的西瓯族和今越南中、北部的雒越族的反抗，整个岭南地区从此划入了秦朝的版图。

为了保持岭南的稳定，秦始皇命进军岭南的将士留守当地"屯戍"。另外，还从中原向岭南地区大批移民。留守的将士和移民，除少数与中原移民女子结婚外，其余多娶越女为妻。他们为岭南地区带来了先进的文化和农业、手工业技术，为岭南的发展作出了重大的贡献。

秦平岭南的战争是秦始皇统一中国战争的重要组成部分。它在历史上第一次正式将岭南纳入了中国的版图，使越族正式成为中华民族大家庭的一员。它对促进汉越民族的融合及岭南社会政治、经济和文化的发展都起着不可忽视的作用。

那么百越族后来的去向如何呢？在我国统一的多民族国家中，百越在长期与其周围特别是同汉族的不断交往中，不仅在政治、经济、文化上相互交流，而且在血统上彼此融合。越族同我国其他古民族一样，不断同其他民族相互融合。至东汉三国时，百越族已经逐渐消失。最后，百越族大部分混合于汉族之中，而另一部分则发展为现今我国南方壮侗语族的一些少数民族。

二、百越文化特征

百越的文化如同"百越"的概念一样，是包含了多种特性的文化，形成于不同的年代，存在于辽阔的方国地域。百越族群的各部之间，政治、经济、文化发展也很不平衡。百越文化的创造者古越土著，在与他族的交流过程中，一部分逐渐与汉族融合，一部分则逐渐成为近代壮族、傣族、布依族、侗族、水族、仫佬族、毛南族、黎族、苗族、瑶族等民族，以及藏缅语族、孟高棉语族中部分民族的主要族源。后来，他们中的不少民族和外族，还不断走出或走进百越地界，百越文化的传统，也成为在整个东南亚及南太平洋地区得以发扬光大的跨国文化。

对于百越文化的总体特征，从宏观上来看，应指从西周到西汉在中国东南和南方、越南这一地区的古民族，也就是百越民族的生产文化、社会文化和精神文化的特征；但是从微观上来看，在西周到西汉一千年间，还可划分若干时期、若干具体地区进行论述。过去，国内外学者对这方面已进行不少有益的探讨，但还没有得到全面、正确的结论。

已故厦门大学林惠祥教授指出：石锛和印纹陶是东南地区新石器文化特征。林惠祥教授还指出：越族文化特异之处在于其有断发文身、契臂、食异物、巢居、语言不同、使舟及水战、铜器七种。

美国克罗伯认为东南亚古文化至今还保存着26种文化特质，即刀耕火种、梯川、祭祀用牺牲、嚼槟榔、高顶草屋、巢居、树皮衣、种棉、织彩线布、无边帽、戴梳、凿齿、文身、火绳、取火管、独柄风箱、贵重铜锣、竹弓、吹箭、少女房、重祭祀、猎头、人祭等。

凌纯声教授认为克罗伯所提26种东南亚古文化特质，在我国今日西南部和南部的一些少数民族中，十之八九还可以找到。他又增加了24种文化特质，即铜鼓、龙船、半箭、毒矢、梭标、长盾、涅齿、穿耳、穿鼻、鼻饮、口琴、鼻笛、贯头衣、衣着尾、坐月、父子连名、犬图腾、蛇图腾、楼居、点蜡印花布、岩葬、缸葬、石板葬等，连克罗

伯所提的 26 种，共为 50 种东南亚古文化特质。

后来凌纯声教授在《南洋土著与中国古代百越民族》一文中，再次论述其中的 10 种文化特质，即祖先崇拜、家谱、洗骨葬、铜鼓、干栏、龙船凿齿、文身、食人与猎首、洪水传说等。他提出这些中国古代百越民族（包括东南的白越与西南的白淮）与南洋土著的共同文化特质，除了扩大到中国西南部地区外，有些文化特质如铜鼓，却是东南越族所没有的；有些文化特质，如犬图腾，缺少历史根据和群体性（内部普遍性），还是应该好好考证。

刘芝川在《菲律宾民族的渊源》中提到中国大陆上古代百越，以及这个民族在今日的遗裔，与菲律宾民族有相同的 23 种文化特质，即以鼻箫取悦情人、独柄风箱的使用、新娘子坐花轿、服役婚的通行、竹生的故事、少女房、干栏、铜鼓与铜锣、文身、猎首与食人肉、洪水的故事、梯川文化、瓷葬风俗、丧礼、自制寿衣与自制棺材、山居、染齿、嗜食狗肉、绑腿、布、刀耕火褥等。此外，他还简述另有祖先崇拜等 40 种共同文化特质。

近年来，有关百越民族的专著和论文，也论述及百越民族文化特征，这是个可喜现象，但仍然不够全面。比如《百越民族史》一书中认为百越民族文化特征是：物质文化方面，水稻种植，喜食蛇蛤等小动物，发达的葛麻纺织业，大量使用石锛、有段石锛和有肩石器，有极其精良的铸剑术，善于用舟，习于水战，营住干栏房屋，大量烧用几何印纹陶器和原始瓷器；精神文化方面，具有鲜明特点的语言，流行断发文身和拔牙风俗，保留浓厚的原始婚俗；崇拜鬼神，迷信鸡卜，实行崖葬，崇拜蛇、鸟图腾。这当中未专门列出社会文化，也没有全面的介绍。

《百越民族文化》一书中介绍了这个民族的农业经济、手工业、物质文化、科学技术、文化艺术、宗教信仰、生活习俗等，这些文化特征的群体性与特殊性，还值得进一步研究。尤其一千年间越族在不同地区难免存在差异，也需要进一步探讨。

《吴越文化新探》一书认为吴越相同的文化特征有：语言、断发文身，以及男女同川而浴、好用剑等。此外，还指出吴越地区古代文化成就是：铜铁冶炼、青瓷、稻作文化、造船、水师与航海等。以上文化特征，还不能概括说明整个百越民族，有的特征还只能认为是以浙江于越地区为主，而不是整个百越民族地区所普遍存在的。

最近，《亚洲东南沿海地区的百越文化及其民族文化心理特征》一文，提出有：崇拜图腾、崇鸟敬蛙，敬神信机、好事诅咒，好勇尚武、轻死易发，积极进取、勇于探险，重利贱义、讲究权变等五项。说明作者已从百越文化的专题心理特征角度深入探讨。但至今为止，我们还需要探讨百越民族文化特征，包括生产、社会、精神生活各方面，以取得共同的认知。

百越民族是中国南方古代主要民族，根据文献记载，主要活动在西周到西汉的一千年间，活动地区主要在中国东南部和南部，以及越南等地。如果我们能在这漫长的时间内和广大的地区中，根据考古发现与史料，来分期分地区论述其文化特征，然后综合认识百越民族文化特征，才能得到科学的、全面的结论。

百越文化

三、百越文化中的音乐

百越大地的中心，是五岭之南的两广，史称岭南。一向是我国南方各族人民的经济、政治、文化中心，也是中华文明向东南亚与南太平洋传播的主要通

道。近代以来，又是我国最早实行门户开放的地区之一。以百越文化为背景的岭南音乐文化传统，既闪烁着古代文明的光辉，又展现出近代文明的异彩。在现代文明建设中，它必将为中华文明增辉，为亚太文明添彩。

在百越地区出土文物中，最古老的音乐文物，是浙江余姚河姆渡文化遗址中的160件骨哨，距今约有七千年的历史，系新石器时代古越先民留下的珍品。骨哨以鸟类肢骨制成，管身凿一至三个音孔，吹奏时能发出酷似鸟鸣的简单音调。是为古越人拟鸟捕鸟之工具，说明此时的古越先民，已进入以狩猎经济为主的"耗耕农业"阶段。值得注意的是，在出土骨哨中，有些还插育细骨，吹管时抽动细骨，即可形成曲调。今日杭州西湖随处可见的"竹哨"，与此极为相似。比较中推导，竹哨的前身骨哨，可能就是古代乐器箫笛类之雏形。骨管音哨，当是竹管或芦管乐器的先声。当代南方少数民族地区广泛流传的单管乐器（笛箫类）和编管乐器（芦笙类），理应是百越文化创造者们对于中华文明的一大贡献。

《越绝书》《吴越春秋》中均有夏禹为"大越海滨之民"治水，以及"使百鸟还为民用"的记载。《博物志·异鸟》和《吴越备史》甚至说："鸟为越祝之祖"，"鸟主越人祸福，敬则福，慢则祸，于是民间悉图其形以祷之"。说明居住在大越海滨的越族先民，是鸟图腾崇拜的民族之一。20世纪50年代挖掘的壮族古歌《百鸟衣》亦可予以印证。今人不妨以越歌与越人崇鸟习俗试行逆向考察，也许能找出音乐史上的《玄鸟》乐舞与百越文化的联系。

流传至今的《击壤歌》唱道："日出而作，日入而息。凿井而饮，耕田而食。帝力于我何有哉！"据音乐学家王光祈（1892—1936）考证，此歌和现代闽浙一带的畲族民歌在词句结构上完全一样（均为四字句）。并进而推论，他们在

中国南方地域文化

旋律上也极其相似。东汉王充《论衡·艺增》说《击壤歌》起源于尧舜时代。尧与舜相继为新石器时代晚期父系氏族社会后期部落联盟的首领。其中，舜"曾耕于历山，陶于河滨，渔于雷泽。南巡死于苍梧之野"。以上所述之福建、浙江、苍梧，均属上古时代越人先民生息之地，也是我国最早进入农耕文明的地区之一，虽然不能因此而断定《击壤歌》源于此地，但可以说曾经流传此地。

秦始皇统一中国后，曾于公元前214年开凿灵渠（今广西兴安县境），连接湘漓二江，沟通了长江水系和珠江水系，中原文化大量进入百越之地的岭南。汉族乐舞甚至传到了今日越南北部地区，百越文化之乐舞内涵开始发生新的变化。秦设桂林郡、象郡、南海郡等，在汉初（公元前206年）被赵陀合并为南越（含今广西全境、广东和贵州大部、越南北部等），自称武王。元鼎五年（公元前112年），路博德、杨朴等平定了南越政权，曾为此举行盛大庆典，乐舞中曾用"二十五弦瑟"和"夔摸瑟"等。前者系中原传统乐器，后者则系自阿拉伯、印度，经越南传入岭南的西亚乐器。广州郊区出土的南越王二世赵胡墓葬，内有铜编钟三组27件，石编磬两组18件。可知南越王朝乐队规模之一斑，亦可见中原乐舞在南越乐舞中已占主导地位。至此，百越乐舞逐渐向着岭南化，即越汉融合的方向发展。

近年关于"岭南古乐——羊角钮钟"等汉代文物出土的报道便是一例。据称，这种铜钟在广西各地曾先后出土多起。仅近年即有浦北县四件、容县四件、西林县三件、贵县与柳州各一件。1975年，在云南楚雄还出土过一组六件。其流传地"北不过五岭，南不过红河，同早期铜鼓分布如孪生兄弟"。云南学者杨德鋆考证说，铜鼓与羊角钮编钟"两者大约属于配套的敲打类合奏乐器。编钟粗细高矮有别，能敲出音阶，演奏简单乐句。铜鼓声音低瓮，与编钟同奏，高低音相互补益，可减少铜鼓单独击奏时的单调感，颇合上古帝喾高辛氏令双手'鼓鞞（鼓）击钟（磬）'的意味"。前述东夷部族首领挚（少昊氏），即帝喾（高辛氏）之子。以上各点从不同角度说明，这些均属百越先民及其后裔的创造，绝非中原文化等之所属。

百越民歌广为流传，最早的越歌是歌舞乐三者的综合体，起源于古人类同自然的斗争与祭典。据《河图玉版》记载："古越俗祭防风神，奏防风古乐。截竹长三尺，吹之如嘷，三人被发而舞。"古越先民多沿

海河而居，常与风妖斗争。壮族远古神话中不乏整治"风公""风婆"的故事。祭防风神，当系原始乐舞的重要内容。乐舞中吹之如嘷的竹器，当系"骨哨"之后真正用于歌舞乐的原始乐器。这种三人歌舞，当系先民们在劳动过程中和祭祀活动中最早创作的原始歌舞。

劳动创造民歌，民歌赞美劳动。广西田阳县壮族歌手世代传唱的《弓箭歌》，反映了远古先民渔猎时代的劳动生活。此歌使我们联想到另一首著名的越地古歌《弹歌》所唱："断竹，续竹。飞土，逐肉。"两歌相比，内容形式均极为相似。所用工具均为弓类，所逐对象均为肉类。可以认为它们都是恩格斯所说的"蒙昧时代高级阶段"生产劳动的赞歌，体现了民歌最早的社会功能和先民的原始审美观念。

原始氏族社会中后期，在今广西境内产生了一部创世史诗《布洛陀》，一直以长篇叙事诗民歌的形式在口头广为传唱。许多地方的巫师、道公还存有土俗文字的手抄本世代相传。经专家考证，被确认为壮族古歌。布洛陀，壮文译意为"鸟的首领"，可能是古越先民中鸟图腾氏族对其首领的称谓，大约与前述同样以鸟为图腾的挚（少昊）氏族及其《玄鸟》乐舞有某种联系。古歌《布洛陀》共四部十九章，分为礼歌、石蛋歌、初造天地、造人、造太阳、造火、造谷米、造牛、分姓等等。歌唱了壮族先民分别在洪荒时代、蒙昧时代、文明时代初期的伟大创造，是壮族地区原始社会的一部百科全书。作为歌唱的创世史诗，《布洛陀》的遗音同样在民间歌手的口头留存至今，这就是当代广西红水河流域和右江流域的壮族民歌（包括某些巫师调、道公调等）。

在百越诸族的先民中，各个氏族都有自己的图腾崇拜。我们已经知道的，除鸟图腾外，还有蛇图腾（闽越）、蛙图腾（骆越）等。壮族先民来自多种氏族，原有多种图腾乐舞，流变至今，大多遗存于风俗歌曲之中。

广西红水河流域盛行的蚂拐节和《蚂拐歌》，就是原始社会晚期蛙图腾氏族的遗风遗音。

陈杰良指出："按蛙之崇拜，即为图腾主义之遗迹。东兰壮人之埋蛙婆，即为祭祀图腾仪式之一种。"东兰县长江乡的蚂拐节又称蛙婆节，为时一月，最为隆重。节日活动从正月初一开始，分为找蚂拐、孝蚂拐、葬蚂拐三个程序。其中最引人入胜的是唱蚂拐歌，游村串户，守蚂拐灵，通宵对歌，以及祭祀蚂蚂、祈保丰年的蚂蚂歌会活动。

原始农业社会后期，壮族先民摆脱了刀耕火种的生产方式，逐渐以驯化牛代替人耕。人们视牛为宝，并在民间形成了"脱扼节"及其风俗歌曲《牛歌》。每逢脱扼节，人们修整牛栏，卸脱牛扼，洗梳牛身，饲以美餐。并唱着《牛歌》牵牛入室，绕筵席踏歌而行。以此为牛招魂，使之在春耕大忙后得以歇息。红水河一带至今还流传这样的《牛歌》："牛呛我的宝咧，牛呛我钓财咯，捻子花开了，阳雀鸟叫了，春水弹琴了，禾苗封洞了，四月八来了，脱扼节到了！我把牛扼脱，让你喘口气，让你歇歇脚，吃吃好料子，听我唱牛歌。"此后是叙述牛的来历，追述刀耕火种与人工犁耙的艰辛，歌唱牛耕的进步和对耕牛的赞美等。反映了先民们从狩猎时代跨进耕种时代以后新的精神面貌。

另外，据考证，今日壮乡婚前"依歌择配"，婚后"不落夫家"的习俗中，就留有原始社会婚姻形态大变革的遗俗遗音。据史载，"依歌择配"是由血缘婚制转变为对偶婚制时代的新风。当时，人们虽然仍在氏族里从事集体生产劳动，但已禁止同氏族男女通婚，提倡氏族或氏族部落之间择偶婚配。于是部族间聚会交往、依歌择偶的风尚应运而生。后来形成的并得以在壮乡沿袭至今的"歌圩"，便是这种风俗的集中体现。晋代沈怀远《南越志》载："越市之名为圩，多在村场，先期招集各商或歌舞以来之，荆南岭表皆然。"此系指大规模之聚合会歌而言。除此，还有更自由的小型的串寨会歌活动，亦系早期对偶婚制的遗风。此歌语言古朴无华，结构松散自由。总之，依歌择偶之风，无论规模大小，其聚群歌唱、集体择偶的形式，就是对偶婚制初期群婚制残迹的证明。

在对偶婚制向一夫一妻制过渡时期，又出现了族外抢婚新风。这是由"从妻居"向"从夫居"的伟大转化，是原始社会"父权制"取代"母权制"的"最激进的革命之一"。族外抢婚，在于发展本氏族男子取得的优势，消除母系氏族社会的残余，用强制手段建立以男子为中心的家庭。这种抢婚习俗，在我国南方许多民族的婚俗歌唱活动中保存了下来。广西百色、靖西、隆林等县山区，自古沿袭至今的"夜间迎娶"婚俗歌，就是这种遗俗的遗音。今日壮乡夜婚仪式，先由男方结队高唱《迎亲歌》奔赴女方村寨；同时，女方也结队高歌，在途中拦路对唱。男方则趁女方斗歌不备，强抢新娘而归。此外，有些地方在抢婚之前，女方还要摆歌堂，聚众唱《哭嫁歌》。

如《武缘图经》所载"壮女出嫁，前数夕，即号哭痛晋"的仪式，在广西武鸣等地的婚歌活动中至今犹存。所唱《哭嫁歌》之内容，亦均与抢婚有关。抢婚风俗，是文明婚姻的先声。随抢婚制遗风而传世的拦路歌、哭嫁歌等，虽然各地不同，但均是研究百越文化与社会发展史的鲜活史料。

梁山伯与祝英台的故事，源于百越发祥地江浙一带，约成于魏晋，稍后即传入岭南。今日壮乡已到处传唱，尤以右江之田东、田阳、田林、百色最盛，且有手抄本世代相传。壮乡之梁祝业已壮化。唱本中称梁山伯系东兰人，祝英台系怀远（宜山）人，均为桂籍。悲剧的矛盾冲突，亦变为在梁祝与土官之间展开。不少细节还饰以壮乡特有的景物风情，并以长篇叙事民歌《唱英台》为名，于壮乡小调中填词传唱。词曲、内容、形式等均富有浓郁的壮族特色。足见梁祝歌对壮族民歌和壮族人民精神生活的影响有多么深远。

如何开发和振兴"百越文化"中的音乐，是当前应该重视的一个课题，它不仅可以丰富华夏之声，而且会大大促进与东南亚诸国音乐文化的交流。

四、百越文化中的绘画

百越人民所创造的文化是我国古代文化的一个组成部分。因此，百越民族文化中的美术，也是中国美术史中不可缺少的一部分。百越美术包括了百越民族的绘画、雕塑、工艺及建筑艺术等方面。本段文字则专述百越民族绘画艺术的历史发展轨迹。以百越地区古文化中发现和出土的绘画作品为主，并结合一些有关文献的记载，力求对百越民族绘画艺术及其特色加以探讨。

以下根据百越民族文化发展的历史，将百越民族的绘画历史划分为史前时代、商周时代和秦汉时代三个发展阶段来叙述。

（一）史前时代

从目前发现的资料看，史前时代百越民族的绘画主要有：刻或绘于陶器上的图案和花纹，刻画于象牙、兽骨上的花纹图画及刻于玉器上的绘画作品。

1. 陶器刻绘艺术

陶器刻绘是新石器时代百越族先民日常生活中最流行的画作。可分为两种表现形式：一种是比较简单抽象的图案装饰画，一种是表现真实具体的动、植物形象。表现抽象图案画的历史十分悠久。早在八九千年以前的江西万年仙人洞的新石器时代早期遗址中，当地的越族先民就已在陶器上刻画方格纹和戳印有圆圈纹的简单图案装饰。在略晚一些的广西桂林甑皮岩遗址出土的陶器上，也有刻绘着席纹和方格纹（包括刻绘于陶拍上印于陶器表面的印纹装饰）的纹样图案。此外，在浙江余姚发现的河姆渡文化遗址，苏南浙北及上海地区的马家洪文化遗址及良渚文化遗址，江西的修水跑马岭、清江筑卫城等遗址的新石器文化遗存，福建闽侯的昙石山文化遗址，广东石峡文化中的新石器时代遗存，都出土有数量不等的几何形花纹陶器。这些陶器上的几何状花纹一种是将纹样刻画于陶拍上，再拍印于陶器体表；一种是直接刻画在

陶器上。这些表现在陶器上的装饰花纹，在新石器的早、中期阶段，种类较少，也较为简单。而到了新石器时代的晚期，则有了很大的发展，花纹的种类形式日趋多样化，纹样有大小方格纹、网状纹、编织纹、圆圈纹、圆窝纹、重圈纹、旋涡纹、曲折纹、水波纹、重菱纹、叶脉纹、蓖点纹、席纹、弦纹、绳纹、贝齿纹、锯齿纹、云雷纹等等，并出现多种纹样组合的情形，如编织纹与旋涡纹、划纹与圈点纹等组成的纹饰图案。

除了上述刻画的几何形花纹外，同时还存在着另一种彩绘装饰。这些彩绘陶器的花纹亦以几何形为主，但纹样一般较上述刻画纹简单，色彩则以朱红、赭色、黑色和褐色为主。如在福建昙石山文化遗址及浙江河姆渡文化遗址中出土的彩纹陶器都是代表性的例子。在江、浙地区的良渚文化的陶器上也习见涂朱红彩及施红、黄色彩绘的情况。值得强调的是在良渚文化的彩绘陶器中，还发现了彩色漆绘陶器，例如在吴江的团结村和梅埝，分别发现了一两件良渚文化的漆绘陶器。在梅埝的一件黑陶束腰小壶上，发现了先涂一层稀薄的棕色漆，然后再用金黄、棕红两色厚漆加绘两组绞丝纹图案的情况。这是中国美术史中目前已发现的年代最早的漆绘陶器。表现生动具体的动、植物形象的陶画作品中，典型的有浙江河姆渡文化遗址及江苏、浙江良渚文化遗址中出土的陶画作品。在河姆渡遗址出土的猪纹陶钵上，刻绘着两只长嘴竖鬃、腹略下垂的猪，其形象虽表现得较稚拙，但不失生动。在陶盆上刻画的鱼藻纹亦较生动，这些动物画反映绘者已能较突出地抓住各种动物的主要特征和习性。在河姆渡遗址中表现在陶器上的写实的稻穗纹及草叶植物纹样，都表现得十分生动。在稻穗纹陶画中有一件作品表现了一株稻穗居中，直立向上，另外两排沉甸甸的谷穗垂向两边。一些花草茎叶也栩栩如生。河姆渡文化中这些线条流畅、造型生动的陶画艺术都是越族先民采取了写实主义的手法创作的。另外，在良渚文化的陶器上，也能见到数量不多的飞鸟纹、蚕纹及较简化的鱼纹等写实的动物画图案。这些生动写实的动物画精品都具有较高的艺术价值。

2. 骨、牙刻绘艺术

新石器时代的百越先民不仅在陶器和陶拍上普遍刻画各种纹样和图案，还在一些兽骨和象牙制品上刻绘花纹、图画。目前这种在骨、牙器具上刻画图纹

中国南方地域文化

的情况在百越地区发现的资料还不太广泛，但这些已发现的骨、牙器绘画作品大都具有较高的艺术欣赏价值，可谓先越绘画的精品之一。其中有代表性的作品是在浙江河姆渡遗址中出土的骨、牙绘画。如在河姆渡遗址出土的一件象牙质盅形器上，描绘了两条相对行进的蚕虫，一条拱首爬行，一条仰首拱尾爬行，它们的动态行姿被表现得十分逼真生动。在另一件象牙质的蝶形器上，在中部绘有一同心圆圈，圆圈两侧刻画着两只相对的鸟，鸟的造型为尖钩喙、圆眼、昂首向上，图案布局安排得十分巧妙。此外，在一件双鸟纹骨匕上，也刻绘着两只双头鸟，造型为大头勾喙，形象雕造得奇特有趣，作者采用了较生动的形象来表现神话传说或图腾崇拜的题材。此外，在河姆渡文化遗址中还出土了一些刻画着几何形图案装饰的骨、牙器。河姆渡文化中的这些骨、牙器的刻画艺术堪称新石器时代百越先民绘画中的优秀作品。

3. 玉器刻绘艺术

在百越先民史前绘画创作中，玉石器上的刻画纹饰和图案艺术可称为当时绘画艺术的一个发展高峰。在太湖流域的良渚文化遗址中曾先后出土了不少刻玉佳作，其中极具代表性的典范则是在浙江余杭反山和瑶山遗址中出土的大批精美的刻玉作品。在这两处遗址中出土的大量玉琮、玉钺、玉冠饰、玉牌饰、玉瑗、玉管等玉器上，有很多都刻绘有异常工细绚丽的花纹和图案。其中的图画题材除了大量的几何形纹样外，常见的是兽面形纹、鸟纹、羽人纹及"神人"（鸟爪羽人）和兽面纹的复合形象。例如在反山 12 号墓出土的一件号称"琮王"的特大玉琮的四面，共刻画有八个神人兽面复合形象，另外还刻绘了八个简化兽面纹及十六个鸟纹。前者是主题纹饰，后者均为陪衬纹样。主纹的神人形象头戴宽大高耸的羽毛冠，圆眼宽鼻，龇牙咧嘴，面目较狰狞；上肢作两手叉腰状，下身为蹲踞状，脚为三爪鸟足。在神人的四肢和全身都刻绘着细密的云雷纹。在神人的胸腹部刻画有一圆眼、阔鼻、大嘴的浮雕兽面形象，十分狰狞威严。此人兽复合形象被发掘者称为"神徽"，笔者认为"族徽"较妥当。另外八个简化兽面纹被认为是简化了的"神徽"（族徽）。而十六个鸟纹，形象皆相同，鸟的头、翼、身均有变形夸张的表现，身上刻满了卷云纹、弧纹。发掘者认为其可称之为"神鸟"，笔者认为其应是一种鸟图腾的形象。古越族正是崇鸟的民族。

　　另外，在反山和瑶山两处出土的大量三叉形玉冠饰、半圆形玉冠饰、玉钺及玉锥形器上，皆刻绘有不同表现形式的族徽形象、兽面纹或羽人及鸟纹等图案。在"凸"形和玉冠状饰上，不仅配合镂刻有用阴线刻画的人、兽复合像，并且还有表现羽人侧身像的情况。这些良渚玉器上的刻画线条极为流畅、细腻和繁缛，十分精美，可谓史前时代百越先民绘画艺术的集大成者。并为后来商周时代的百越绘画艺术奠定了雄厚的基础。

　　商周时期，是百越民族文化的大发展时期。这一时期百越的绘画艺术也有了长足的进步，并日臻成熟。从现有的考古发现的资料和有关的文献资料来考查，这一历史时期百越民族的绘画艺术在陶器印、刻绘装饰，青铜器刻画纹饰，壁画等方面都有较突出的表现。另外，在服装纹饰和文身花纹等方面也有一定的反映。可以看出，绘画艺术的表现范围和内容题材更加广泛了。

　　1.几何印、刻纹陶器艺术

　　到了商周时代，百越民族的制陶工艺已十分发达和成熟了，同时还创烧和流行原始青瓷器工艺。这一时期的陶器上的装饰及部分原始青瓷器上的纹饰，均以抽象图案化的表现形式为主，在新石器末期已有一定程度流行的几何形花纹题材，此时已发展成一个代表着百越族文化特征的艺术门类。史前时代陶器上时常可见到的那种表现生动的动、植物写实图画，在这一时代陶器装饰上已经衰落，被一些陶器上的雕塑造型所取代。笔者认为这个时代陶器上写实绘画的衰落也与青铜器上绘画装饰的兴起，以及壁画、绢帛绘画的产生发展有关。这种生动写实的艺术表现不仅没有衰落，而是在更适于其表现的载体上发扬光大了。

　　这时期印、刻于陶器上的几何形花纹图案，除了史前时代末期已出现的席纹、方格纹、网状纹、编织纹、弦纹、绳纹、锯齿形纹、圆圈纹、圆窝纹、重圈纹、旋涡纹、曲折纹、水波纹、重菱纹、叶脉纹、蓖点纹、云雷纹等，有进一步的提高外，还出现了许多新纹样，如回纹、米字纹、S形纹、夔纹等等，

中国南方地域文化

尤其是几种以上纹样组合成的组合纹饰愈加发达。这些组合纹饰体现出了一种丰富多彩的表现形式和审美意趣。特别突出的例子是在福建闽侯黄土仑商末周初的遗址中，出土了一批造型刻纹精美别致的陶器。在这些陶器上多见用蓖点及复线、三线等刻画成的三角纹、雷纹、曲折纹、变体回形纹、S形纹等图案，有不少器物实行印纹和刻纹并用或不同纹样互配，创造出了多彩多姿的形式美。陶器上流行的几何形印、刻纹装饰是这一时期百越民族生活中最普及的图案艺术的表现。

2. 青铜器装饰刻绘艺术

商周时代百越地区也效仿中原，开始产生并发展了青铜器装饰绘刻艺术。这种装饰绘画存在着两种手法：一种是将花纹图画刻于陶范、模上，印铸于铜器上；另一种是直接用尖刀或锐利的金属器在青铜器壁上堑凿、刻画出图像。尤以前一种方法较为普遍。在江西吴城文化遗址中就出土有殷商时期越人的青铜器，在吴城附近的清江横塘发现的青铜虎鼎和鸟鼎，其体装饰有饕餮纹和圆圈纹等。

到了两周时代，是百越民族青铜文化的一个大发展时期，青铜器上刻画装饰亦得到飞速的发展。这时期的重要作品有江苏六合程桥东周墓出土的一件铜匜五块残片，在其上刻绘着树木、野兽、对饮的人物及奉豆（殷）侍者等画像，是一幅描绘当时贵族宴饮和狩猎的写实图画。另外，在六合和仁的东周墓中，亦出土一件铜匜残片，其上刻绘了人物、禽兽、楼阁亭台及树木庄稼等。画面构图可分上下两部分，上部内容题材主要是表现动物和树木，动物中除有虎、鹿之外，还表现了一只单首双身的怪兽，这应当是当时神话传说中的怪兽。下部分内容题材主体是一座二层的楼台建筑，楼上中间有一案，案上置两器物。楼上楼下都有人手执供物跪拜。楼台外边绘有群鸟和禾苗。此幅图画上，人物及动、植物的形象都塑造得十分生动，线条刻绘亦相当流畅，同时在构图安排上比较充实饱满。它们是当时有一定代表性的绘画杰作。

此外，在浙江鄞县出土的一件东周青铜钺上，刻绘有一幅"羽人划船"的图画装饰，表现了四个头戴随风飘摆的长大羽饰的越人坐在独木舟上向前奋力划进的形象。为了使画面饱满充实，在羽人头顶的空间部位刻绘了一对蜷身相对

百越文化

的蛟龙形象。整个画面位置经营得十分巧妙和谐。另有一件出土于越南的战国铜靴形锥，其上亦有一幅按该器不对称的造型安排的羽人舞乐图画。画面描绘了三个羽人：一为吹笙的男性，二为随笙乐起舞的女性，三为跳舞的孩童。该图大概是表现了某一越族家庭（一夫一妻一子）的一个生活场景。该器物上亦绘有一对卷身相对的蛟龙形象。类似上述这种在各类青铜器上刻绘人物或动物画的例子，在百越地区屡见不鲜。

如在香港大屿山石壁发现的青铜匕首上，便有几何纹饰衬配以人物头像的图。在广东海丰采集的铜戈的内后端，饰有一羽人形象。另外，在香港大屿山东湾及广东石峡遗址文化中，皆出土有刻绘着羽人头像的青铜短剑。在广东广宁铜鼓岗战国墓中出土的半球形铜器上，刻绘有十分生动流畅的鸟纹图案。当时，在百越人制造的青铜戈、矛、剑、匕首、钱、钟、铃、锌、鼎、盘、匜、尊、盂、提簧等器物上，都普遍流行着各种形式的刻绘装饰和图画。显示了这一时期铜器上绘画艺术的发展水平。它们在这时期百越绘画艺术中占有着极为重要的位置。

3. 壁画、文身及服饰花纹艺术

在中原文化的影响下，百越民族亦有了自己的壁画艺术。这时期的壁画由于建筑物难以保存下来，因此，发现的有关文物资料还很有限。但是，从浙江绍兴306号战国墓中出土的铜屋模型来看，此时百越人在壁画艺术方面已有了一定的发展。这座房屋模型的阶座四周、屋顶四坡及八角形"鸟图腾"柱上，都刻绘满布着勾连回纹和勾连云纹等花纹装饰，便是实证。从历史文献记载方面看，越国在春秋时已有壁画。如孔晔《会稽记》载："昔有善射者陈音，越王使简士习射于郊外，死因葬焉。冢今开，冢壁悉画作骑射之象，因以名山。"可见连越人的墓室中也已有了绘制壁画的情况。由此也可推知，当时越族一些贵胄生前的居室中，也应有绘制壁画的情况。《吴越春秋》对当时的勾践为吴王采木建房的情况描述道："巧工施效，制以归绳，雕治圆转，刻削磨砻，分以丹青，错画文章，婴以白璧，镂以黄金，状类龙蛇，文彩生光。"说明当时吴、越人对宫室建筑的修治十分讲究，这类建筑物一般都应有雕梁画栋及壁画之类的装饰表现。

文身，是当时百越民族的文化习俗之一。即在人身上刺画出花纹、动物图案，再染之以墨。对于商周时代的百越人文身的花纹图画，今天已难以发现实物了，只能从历史文献中去探寻。在《论衡·四讳篇》记有："吴越之俗，断发文身。"《史记·周本纪》载：太伯、仲雍"二人亡如荆蛮，文身断发"。在《史记·越世家》中也有"文身断发"的记载。《淮南子·原道训》云："九疑之南，陆事寡而水事众，于是民人被发文身，以像鳞虫。"高诱注曰："被，剪也。文身，刻画其体，内墨其中，为蛟龙之状，以入水，蛟龙不害也，故曰'以像鳞虫也'。"郭璞注《山海经·海内南经》中的"雕题国"说："黥涅其面，画体为鳞采，即鲛人也。"可知当时的文身绘画常在人体上刺画出许多水中猛兽形象及神话中蛟龙的形象。

（三）秦汉时代

秦汉时代是古代中国第一次大一统的时期。这一时期的百越文化愈益与中原文化相融合。因此可以说这一时期的百越民族文化既处于一个发展的高峰阶段，也处于与中原文化大融合的阶段。百越民族的绘画艺术在这一历史阶段更强烈地与中原文化中的绘画艺术相互影响吸收，成为后来传统中国画艺术的基础和来源之一。这时的百越绘画突出体现在青铜器装饰画方面，另外在崖画、壁画、漆画及玉器刻绘等方面也取得了很大的成就，而陶、瓷器的装饰刻绘已退于次要地位。

1. 陶、瓷器纹饰

此时期，商周时代盛极一时的印纹陶艺术已趋于衰落。在秦代及西汉前期的陶器上，印纹以方格纹、菱格纹、回形纹、编织纹、绳纹及部分米字纹为主，还流行各种圆圈形、方形或方边与 X 形、三角形，或圆圈、十形、三角形等几何形状组成的几何戳印纹样。直接刻画在陶器上的图案纹样略胜印纹一筹，主要有水波形纹、弦纹、蓖点纹、锯齿形纹、栉齿形纹、圆圈形纹、三角形纹等，同时，这些纹样互相配合，几种以上组合成的复合纹饰也很普遍，另外也有少数动、植物刻画图样。总之，在西汉中期以前，陶器纹样的刻绘还十分繁密细致。西汉中期以后，纹饰

百越文化

开始逐渐趋于疏朗、粗率。以后随着青瓷器的兴起，陶器日渐衰落。陶器上的纹饰表现也逐渐转于青瓷器釉下刻绘方面。由于瓷器较侧重于施釉装饰，刻画纹样装饰已不占主导地位。同时，在秦汉时期中原绘陶艺术的影响下，彩绘陶器已开始在部分百越地区流行。

　　2. 青铜器装饰刻绘艺术

　　这一时期青铜器上的刻绘艺术，除了先秦时期的各种几何纹图案纹样继续得到承袭外，有突出成就并代表这一时期百越绘画艺术高峰的是铜鼓、铜提篝等铜器上的表现社会现实生活的绘画。

　　在两广地区及越南北部出土的众多此时代的铜鼓上，母题花纹以"羽人划船"的图案最多也最普遍。这类反映百越人水上活动的绘画，大多是装饰于鼓体的主要部分，其余周边部分则多以各种几何形花纹或动、植物图案来衬饰主题图案。这些《羽人行船图》的主题图案大多是表现几条前后衔接的行进着的舟船，船上载有进行着各种活动的羽人。在这些舟船前后间隔处常绘有水鸟或游鱼的形象。这些表现羽人泛舟的图画，大多简洁生动，有很高的概括力。船上各种人物的动姿大都塑造得比较准确。画面的构图和位置的经营安排亦较精妙恰当。这些铜鼓腹部的装饰图画，展开来看，都是一幅幅十分优秀的横幅长卷，堪称百越绘画中的佳作。

　　在新石器时代末年良渚绘画上已出现的羽人形象，到这一时期已由单纯的人物形象扩大到表现更多人物活动的内容和更为广泛的社会生活场面了。这时期发现的铜鼓上的《羽人行船图》表现内容较多样，手法也不尽一致。但大都体现着日趋成熟的状态。画工们对人、动物活动的刻画和观察了解已有相当的深度，因而得以创造出许多各具特色的优秀作品。如在广西贵县罗泊湾西汉前期墓出土的一面铜鼓上，刻绘着四条前后相连的舟船，每船有六个坐于舱内划船的羽人，船下也有游鱼，前后亦有水鸟相随。此图画在人物、舟船及鱼鸟的表现上都显示了一种略有变形、夸张的意趣古朴的描绘手法。在某些方面，它已经孕育了后来"羽人划船"纹向抽象图案发展的胚芽。

　　此外，表现百越人水上活动的绘画并不只局限于铜鼓上，在广州西汉南越王墓中出土的一件铜提筒，腹部亦刻绘了一周羽人船队的图画。画面上前后相衔的船只上，都载有各种姿态的羽人形象，其中还有一些被俘的俘虏形象。在每只船首的下边还悬挂着被割下的人头。该画内容是表现一组作战得胜而归的船队。刻绘的线条和绘画技巧十分纯熟。这些都说明，以百越人水上活动为主要内容的绘画，在这时期百越艺术中相当流行。这正是艺术反映现实生活的写照。史载百越人"水行山处"。《越绝书》中亦有越人"以船为车，以楫为马，往若飘风，去则难从"的生动描写。汉代文献中也有越人"习于水斗，便于用舟"等诸多记载。这些都可证明百越民族特定的社会生活是百越人写实主义绘画内容的主要题材。

另外，在这些青铜器上表现人物社会活动母题绘画的周围，一般都同时刻绘着繁密、美观的各式几何形纹样的花纹饰带，用以衬饰所表现的主题装饰，使之整体装饰构图上富于变化、多姿多彩，同时又起到了烘托绘画主题的效果。总之，这一时期青铜器上各种匠心独运的装饰图案，体现了当时众多的百越画工卓越的绘画水平和独特的艺术表现风格。

3. 壁画、崖画艺术

前文论述了百越民族中文化较先进的吴、越人，在春秋战国时代已产生和流行壁画艺术，到了秦汉时代，百越在先秦时已产生的壁画艺术的基础上，又在受中原文化的影响及艺术交流下，有了进一步的提高，并得以广泛普及。目前，在广东和福建地区都发现了壁画遗迹。

如在广州象岗南越王墓室中的两石门及门楣，前室四壁及其顶盖石上，都有用朱色和黑色墨绘制的卷云纹图案画。该壁画上描绘图案纹样的用笔相当酣畅，反映出较熟练的绘制手法。从当时王室贵胄墓葬多仿生前居室以及当时事死者葬地下如生前的情况判断，在南越国的宫室建筑中，应有同样的或者更为精美的壁画。这可在福建崇安闽越故城宫殿遗址中找到实证材料。在福建崇安汉代闽越遗址中的甲组宫室建筑群遗址倒塌的残墙基上，发现墙皮白石灰面上有朱色彩绘遗迹。这些彩绘遗迹证明在闽越人的宫室建筑中是绘有壁画的。这都反映出当时壁画艺术已在百越地区较广泛地流行。

另外，除了这一时期百越建筑壁画的流行外，在广西左江流域的江岸崖壁上，还发现了分布范围很广的绘画，一般都称之为崖画。对这批崖画资料，目前多数学者都认为是汉代的图画或始于汉代的图画，其应属当地百越人（活动于广西的一支）的作品。这些岩壁画所表现

 百越文化

 189

的主要题材是人物形象或人物的活动场面，其次还表现了许多动物以及一些器具的形象。这些崖画的一个很重要的特点就是图画的分布范围很广，规模相当宏大。在图画表现上，或仅勾勒人物、物体的轮廓线，或采用设色平涂的手法，用色则多采用红色。

4. 漆、木画及玉饰刻绘艺术

西汉时期在百越聚居区也出土了不少反映当时漆、木绘画及玉器刻绘艺术的文物。有关漆绘方面，如在广西贵县罗泊湾西汉墓中就出土了一批漆画方面的作品。在其中一件提梁漆绘铜筒上，绘有十分生动的人物、禽兽、花草树木及山水等图画。在另一件铜盆的口沿部及腹内外壁上，也分别绘有漆画。腹外壁绘着四组叙事题材的图画，每组画面自成一体，其中有表现奔马或持兵器的士卒，有描绘束发盘腿而坐的酋首，亦有人兽搏斗的形象及刻画人物格斗、奔走、拱立等姿态和场面的图像，该器腹内壁则绘有鱼、龙、卷云等图形花纹，其母题表现了两条口内含珠的巨龙图案。另外，在广州发现的南越王墓中也出土了诸多绘有精美图案的漆器。南越王的棺内髹朱漆，外表以黑漆作地，上施卷云纹彩绘图案。并且在其墓的主棺室东侧，发现一件三米多长的铜框架漆屏风。同时在墓中西耳室内还出土了两件十分精美的漆绘人物画像铜镜。另外，在广西贵县风流岭 31 号西汉墓中出土的部分残漆器，上面的图案花纹以针刺的朱漆卷云纹为主，有的还间有仙鹤、怪兽等图画。

关于此时的玉饰刻绘艺术，以广州南越王墓出土的玉饰艺术品为典范。出土的大批玉璧、玉剑具、玉璜、双龙凤纹玉环、龙凤透雕玉环、双兽玉佩、金钩玉饰及角形玉杯等等，纹样刻绘或镂刻均十分精美绚丽。

应当指明，秦汉时期，由于中原王朝对百越地区的统一及中原人民的部分迁入，上述漆、玉器的绘、刻艺术受中原绘、刻艺术的影响很大，走上了汉、越艺术融合的道路。

综上所述，百越民族从新石器时代的陶、骨、玉器上刻画的纹样图画到商周秦汉时代的青铜器装饰画及漆画、玉刻、建筑物装饰壁画等，都反映出了共同的表现手法——装饰衬托实用的器物，并寓审美和欣赏意趣于其中。另一方面，百越人创作的许多绘画佳作多表现于"重器"之上，如河姆渡绘画中刻画于象牙蝶形器上的造型别致、线条流畅洒脱的鸟纹，骨匕上的双头鸟纹，象牙

中
国
南
方
地
域
文
化

盅上的蚕纹等，在良渚绘画中刻画于玉琮、玉钺、玉冠状饰、锥、管等饰品上的各类兽面纹、鸟纹、人物或羽人神兽纹等。这些器物都是当时十分重要的祀、礼器，饰品及象征权力、地位的重要器具。而商周秦汉时期的绘画杰作亦多表现于珍贵的青铜器等物品上，为重要的礼、乐、祭器，及王公贵胄和有一定身份人所执生活器具、兵器之装饰。这些作品，不仅表明古代百越绘画表现的侧重点，也反映出那些逸名的百越艺术匠师创造美的高度智慧和艺术表现手法之风范。

百越民族的绘画作为中国古代绘画的一个组成部分，也与我国中原及其他地区同时期的绘画一样，对后世的中国绘画艺术起了很大的影响作用，也为独树一帜的中国画艺术的形成奠定了一定的基础。它们在以下三个方面表现得较为突出：

第一，对中国美术中注重对称协调的风格及绘画中讲求构图均衡的方面，有重要的影响。追求对称、平衡的结构布局是中国古代艺术中审美的要素。几千年来的中国艺术始终是沿着这条道路发展的，无论在绘画方面还是在建筑、雕塑以及各类工艺、装潢美术中，皆贯穿有这个审美的主轴。而这种审美思想和表现手法，早在河姆渡及良渚绘画中就已习见，并且这种艺术风格基本已成为规范，一直延续和贯穿于百越绘画艺术史之中。

第二，百越民族在其生活日用器皿上开创和流行的各种抽象和象征性的几何纹样图案，在中国的建筑装饰、工艺美术等各领域中得到持久不衰的继承和发展，在中国艺术史中占有重要的地位。其在原始社会已创造使用的表现于陶、玉、骨牙器上的抽象花纹，如各式的云纹、雷纹、涡纹及兽面纹等等，对此后的中国青铜文化中铜器装饰艺术有着重要的影响。后者是对前者艺术表现的吸收和发扬光大。

第三，百越民族的绘画对后来在魏晋南北朝时期大发展的中国绘画也不无影响。如百越人在铜鼓、铜提筒等器物上的绘画构图都是横幅式展开的，并且所表现的人物等形象都是长式左右平行排列描绘的。这些艺术表现也都给魏晋时产生的横幅长卷画作品以一定的启示。在艺术表现上，虽然百越地区的绘画和中原地区的绘画都有写实的及抽象图案化的表现手法，且后者更为普遍，但能代表绘画艺术之

高峰的杰作则都是写实的作品。由于这类作品是以现实主义的表现为基准的，因此，这类绘画作品表现的社会生活内容广泛，意义也比较深刻，是绘画艺术的精髓部分。

百越人的写实绘画，在内容题材方面多是表现百越民族的生活习俗及本地区有关的事物，因而，这些绘画，特别是在铜匜、铜钱、铜鼓及铜提筒等器物上那些再现百越人社会生活的图画，可谓典型的百越民族的风俗画。它们不仅展现了当时百越人的各种社会劳动、生活风俗、战争、祭祀、狩猎、舞乐等历史情景，并且其独到的骨法用笔及酣畅的塑形、线条等绘画技巧，也为中国绘画艺术史增添了光辉的一页。

五、百越文化与海洋

"唯湖南、贵州另有所谓南蛮者在其地。"百越所散居的这片狭长的区域，多处于热带、亚热带，气候温暖，雨量充沛，境内层峦叠嶂，河流纵横，湖泊密布，平原狭小，在这样山多水盛的环境中所孕育出来的文化与山水有着千丝万缕的联系，因而与海洋文化关系密切，本文主要从水稻种植、舟船航行、渔捞作业、图腾崇拜、舟船祭祀、文身习俗等方面简要分析百越海洋文化的特征。

（一） 水稻种植与"饭稻羹鱼"的饮食习俗

水稻种植与"饭稻羹鱼"的饮食习俗是百越民族海洋文化物质要素之一。百越所居住的地带，属于热带和亚热带，气候温暖，雨量充沛，其东南端江河纵横，湖泊星罗棋布，这是一片枕山面海的区域，温暖潮湿的环境很适宜水稻的生长。《周礼·职方氏》云："东南曰扬州……其谷宜稻。"《史记·货殖列传》记载："楚越之地，地广人稀，饭稻羹鱼，或火耕而水耨，果隋蠃蛤，不待贾而足。"由此可知，百越应是以水稻种植、渔猎捕捞为特点的经济生活。文献记载我国南方水稻种植的历史是极为悠久的，《山海经》曰："西南黑水之间，有都广之野……爰有膏菽、膏稻……百谷自生，冬夏播琴。"至于明确提及百越先民水稻种植的记载，在史籍中也不乏其数，《吴越春秋·勾践阴谋外传》说于越"春种八谷，夏长而养，秋成而聚，冬畜而藏"。近年来我国关于稻作起源的考古有新的发现，在浙江、湖南、福建、江西、广东、广西等省陆续出土的史前稻作遗存，进一步续证了古籍中关于百越水稻种植的记载。例如，在湖南南部道县发掘出一万年前的炭化稻谷，在广西南宁地区已发现了一万年前的稻谷加工工具，在河姆渡遗址发现四百多平方米的稻谷、稻壳和稻草堆积，在江西修水跑马岭遗址发现大量炭化稻谷、稻米、稻壳和稻杆。这些出土的稻作遗存便是百越从事水稻种植的物证，但是光靠水稻种植无法满足他们的生活需要。从中国东南到西南这片狭长的沿海地带内绝大部分地

区是崇山峻岭，平原面积狭小，湖沼密布。当时的百越先民生产力低下，改造自然的能力极其有限，仅能够从事有限的火耕水耨式的水稻种植，无法保障他们拥有充足的食物。他们还必须利用本区内水草丰满、水生动物种类繁多的特点，大量捕捞食用水生小动物，才能够生存下去。《博物志》云："东南之人食水产……食水产者，龟、蛤、螺、蚌以为珍味，不觉其腥臊也。"可见百越喜食水生小动物，"不觉其腥臊"的生活特性的形成，与其生活环境有密切关系。中国沿海发现的贝丘遗址以两广最多，广东的海滨贝丘遗址不下八十处，广西东兴海滨山岗和小岛上的三处贝丘发现文蛤、魁蛤、牡蛎等多种海生软体动物遗壳。可见古越人多食水产，今天即使不处在沿海地带的壮、侗民族也依然保留有此习惯，民间流传的"冬至狗肉，夏至鱼生"谚语，在广大农村群众中照样存在，只是在吃的方法上稍为注意清洁卫生罢了。今天只要到广西西部壮族的聚居县的人，没有吃不到鱼生的，当地壮族人称之为"横切"；同样只要前往广西侗族的集中地——三江和龙胜两县，也能品尝到侗族的腌鱼和酸鱼。值得一提的是，侗族的酸鱼有的腌至十年八年，质不变，而腌得越久越好，人们将其作为招待贵宾的珍品。

（二）舟船航行与渔捞作业

舟船航行与渔捞作业使百越民族的海洋文化特征得到最直观的体现。百越在交通方面体现的是一种以船为主体的海洋文化特征，这与中原地区华夏族以车马为主的大陆性交通特征具有明显的差异。《吕氏春秋·慎大览》记载："如秦者立而至，有车也；适越者坐而至，有舟也。"百越民族以习于水性、善于航海而著称于世。文献中关于百越民族善于舟楫、长于航海的记载多不胜数。《淮南子·齐俗训》："胡人便于马，越人便于舟。"《越绝书·吴内传》："方舟航买仪尘者，越人往如江也。"《越绝书·记地传》：勾践对孔子说，越之常性"以船为车，以楫为马，往若飘风，去则难从"。能有如此娴熟的驾使舟船的技巧，足见船在古越人生活中使用频率之高。勾践时期，有于越大规模航海活动的明确记载。《越绝书·记地传》载："勾践伐吴，霸关东，从琅琊起观台。台周七里，以望东海。死士八千人，戈船三百艘。"又说："初徙琅琊，使楼船卒二千八百人，伐松柏以为桴。"有人考证过，从越国的旧都大越（今浙江绍兴）迁到新都琅琊（今山东琅琊），走的都是海路，须经东海、黄海海域，其间航程数千里，如果没有丰富的航海经验和卓越的航海技术是不可想象的。

除了古籍记载，还有许多实物证据证明了部分地区的古越先民具有善于舟楫、长于航海的传统。在河姆渡遗址的第三、四文化层中发现了六支木桨，均为整段木料加工而成，柄、翼自然相连而又形制分明，十分坚固，与现在使用的木桨形状没有多少差别。同时还发现被认为是废弃的独木舟遗骸和两件陶舟。陶舟一件呈长方槽形，犹如今天宁绍一带的运石船；一件呈梭形，两头稍尖而微上翘，俯视平面似梭，视如半月，前胸有鸡胸式小钣金，利于破浪。陶舟应该是河姆渡人独木舟的模型。与河姆渡文化早期年代相当的桐乡罗家角遗址第三文化层中，也出土两件被认为是独木舟的遗骸。在以后的良渚文化时期，发现的木船桨更多，如吴兴钱山漾遗址出土有以青冈木制成的长翼短柄的船桨，杭州水田畈遗址出土桨翼有宽、窄两种船桨。被认为是于越民族基本文化特征之一的段石锛，出现在东南亚和南太平洋等地，那是于越民族在海侵时期向海外迁移沿途传播的；在加利福尼亚"浅海"中发现古代东方的"石锚"，通过对"石锚"样本鉴定，最终得出它们来自中国东南沿海地区。

近年来，有的学者把汉族"男耕女织"的农耕文化当做百越文化的主流，其实不完全是这样。成书于西汉初期的《淮南子·原道训》载："九疑之南，陆事寡而水事多。"《盐铁论·论蓄》也说："越人美蠃蚌而简大牢。"这说明渔猎和捕捉海生食物是南越居民主要的生活之源。直至东汉时期，岭南仍有不少居民"以采海物为生"。1983 年广州象岗发现的南越王墓出土了动物遗骨二十多种。其中遗海产动物为多，该墓还出土了 620 件陶网坠和一批铁器，其中有凿、镊、削刀等，这是南越人用来捕鱼和采掘、捕捉、加工其他海生动物的工具。在出土的海产品中，龟鳖板上有烧烤的痕迹。这些出土文物，几乎为我们重现了两千多年前南越人烧烤、煮食海味食物的生活图景。岭南越族还盛产珍珠、红珊瑚，南越王墓出土的一个装满珍珠的漆盒可说是例证之一。史书中记载汉武帝建郡于海南岛北端，因为其地位于海中崖岸之上且盛产珍珠故而以珠崖为名。汉代番禺就是珍珠北运的集散地。越人渔捞作业的兴盛可见一斑。

（三）图腾崇拜、舟船祭祀与文身习俗

如果说水稻种植、"饭稻羹鱼"的饮食习俗、舟船航行与渔捞作业等是从物质要素层面体现百越民族海洋文化特征，那么百越民族的图腾崇拜、舟船祭祀与文身习俗等则是从精神要素层面反映了百越民族的海洋文化特征。摩尔根在《古代社会》中指出：图腾是"意指一个氏族的标志或图徽"。古代先民认为自己氏族全体成员都起源于某种动物、植物或其他物体，相信自己与某种动物、植物或其他物体具有特殊的亲缘关系，于是他们把某种动物、植物或其他物体视为自己的亲族和保护神，虔诚顶礼膜拜。他们把自己崇拜的图腾形象刻画在自己的皮肤上，作为特殊的标志，冀图通过文身的方法使自己所崇拜的图腾神灵常附于己身，而受到其庇护。《史记》曰："越王勾践……文身断发，披草莱而邑焉。"《战国策》载："被发文身，错臂左衽，瓯越之民也。"《淮南子·齐俗训》云："中国冠笄，越人剪发。"《淮南子·原道训》也说："九疑之南，陆事寡而水事众，于是民人被发文身以像鳞虫。"关于百越断发文身的原因，史籍中也作了解释。高诱在注《淮南子·原道训》中解释道："被，剪也。文身，刻画其体，内墨其中，为蛟龙之状，以入水，蛟龙不害也。故曰'以像鳞虫也'"。清人屈大均在《广东新语·鳞语》条中也指出："绣身面为龙子，使龙以为己类，不吞噬。"多水的环境固然为古越人提供了维持生存的食物，但是水中游弋的毒蛇和潜藏的蛟龙和尾鳄也时刻威胁着他们的生命安全，为了适应"陆事寡而水事众""常在水中"的特殊生产生活环境的需要，运用文身的方式尽量把自己装饰成"龙子"的模样，祈望通过这样的人体造型艺术在水中活动时，可避蛟龙之伤害，或谓之可"避水神"。龙的初始原是蛇，正如闻一多先生在《神话与诗》中所说的，龙是蛇类变种，龙的基调就是蛇。百越崇拜蛇图腾，《说文解字》云："闽，东南越，蛇种。从虫，门声。"这里所谓的"蛇种"就是"蛇的后代"的意思，即信仰蛇的氏族。《吴越春秋》中有两则记载，文曰："天生神木一双……状类龙蛇"，"子胥乃使相土尝水，象天法地，造筑大城……立蛇门者，以象地户也……欲东并大越，越在东南，故立蛇门以制敌国……越在巳地，其位蛇也，故南大门上有木蛇，北向首内，示越属于吴也"。近年在福建陆续出土的

中国南方地域文化

闽越旧址中，也有一些关于百越蛇崇拜的实物，如武夷山城村闽越国故城址出土的瓦当中，一种极富地方特色的瓦当图案上有蛇的纹样，一些在闽地出土的春秋末期的陶器，可见蛇形印记。古代越族一些氏族和部落的龙崇拜与蛇图腾是一脉相承的，蛇是"似龙形"的原生图腾，蛇作为一种动物实体的原始象征，在其后从自然形态演变为更多的抽象的内涵。在古代百越及其后裔民族的许多神话传说以及许多历史文献的记载中，都可寻见古越人奉行蛇图腾的大量证据。有些地方以鱼为图腾，以鱼纹文身，而无论是蛇、龙图腾还是鱼图腾，都与水上人家、近海居民有极其密切的关系。

正因为古越人"以船为车，以楫为马"，船在他们的日常生活中占有重要地位，是他们赖以生存的重要手段，而不管是舟船航行还是渔捞作业，都有很大的风险，在当时生产力低下、科学技术不发达、对自然依赖性很大的情况下，他们祈求平安、企盼丰衣足食的方式就体现在对舟船的祭祀上。古越人的舟船祭祀，在已经出土的属于古越人典型祭祀器物的铜鼓上所镂刻的太阳纹和船纹而得到反映，1989年珠海市南水镇高栏岛宝镜湾海边发现了春秋战国时期的摩崖岩画。这幅长5米、高2.9米的大岩画，由舟船、人物、蛇、鸟、鹿、波浪纹、雷纹等多组图案构成，造型奇特，形象丰富，富于想象，缥缈神奇之情溢于岩壁之表。有专家认为这是一幅平安海航祈祷图，表现了南越人的航海活动、海滨生活和敢于探索向外拓殖的海洋意识。

德国著名哲学家黑格尔的名著《历史哲学》，提出中国没有海洋文化之说。该书认为尽管中国有海，在古代也可能有发达的航海业，但是中国却"没有分享海洋所赋予的文明"，"海洋没有影响他们的文明"。但是研究表明，中国不仅有发达的内陆文化和大河文化，而且也有悠久而丰富的海洋文化。我们单是从海洋对百越民族文化的影响，无论是从物质层面还是精神层面，都能发现其鲜明的海洋文化特征。

六、百越文化的习俗

(一) "断发文身"透视

在百越奇特的民风族俗中，最引人注目的莫过于"断发文身"了。《谷梁传·哀公十三年》说："吴，夷狄之国也，祝发文身。"《汉书·严助传》也说：

"越，方外之地，劗发文身之民也。"在中原华夏史官的笔下，"断发文身"几乎就是"蛮夷"不开化的同义语。实际上，"断发文身"的表象后面，深藏的正是古代越族独特的价值观念；而透过中原史官的评估，揭示出来的就是古代东南越族与中原华夏族两大价值体系之间存在的鲜明的差异。

在上古时代的华夏族看来，人的身体、皮肤和毛发都来自于生身的父母，必须倍加爱护而不能使之有丝毫的毁伤，这是对父母尽孝道的基本内容。《左传》《史记》诸史中，载有周文王的伯父太伯、虞仲谦让王位而奔荆蛮"断发文身"的故事。《论衡·四讳篇》记载尤详：昔太伯见王季有圣子文王，知太王意欲立之，入吴采药，断发文身，以随吴俗。太王薨，太伯还。王季辟主，太伯再让，王季不听，三让，曰："吾之吴越，吴越之俗断发文身，吾刑余之人，不可为宗庙社稷之主。"王季知不可，权而受之。

从中可以看出华夏族与越族在"断发文身"上表现的不同的价值观念。按照周室君位嫡长子继承制的传统，太王死，继承王位的应是长子太伯，可是太伯却坚辞不受，理由是自己到吴越之地后，已经断了发、文过身。且不管这段文字的真实性如何，故事本身已向我们坦露了华夏族对"断发文身"的看法。在华夏人看来，断了发、文过身，那已经是"刑余之人"，因此而断"不可为宗庙社稷之主了！《韩非子·说林下》记载："公孙弘断发而为越王骑，公孙喜使人绝之曰：'吾不与子为昆弟矣。'""断发"，意味着对父母之大不孝，兄弟之间遇到此事也是疾之恶之而与之绝交的。"断发文身"的习俗，在华夏族看来是如此不可思议，那么，盛行此风的东南吴、越先民又是如何看待的呢？

"断发文身"的具体内涵是什么，它在越族社会又具有怎样的社会功能、价值和意义呢？

"断发文身"，包括"断发"与"文身"两个子项。我们且先看一下吴、越先民"断发"习俗：在典籍中，"断发"又作"侧发""剪发""祝发"和"被发"，写法虽不同，实际上却是同一个意思。"侧发"即"剪发"，《汉书·严助传》："越……侧发文身之民也。"《战国策·赵策二》："被发文身，错臂左衽，瓯越之民也。"南宋鲍彪注和元吴师道补注本均作"祝发"，而"祝发"就是"断发"，《谷梁传》中"祝发文身"句下注云："祝，断也。"由此可见，被发、祝发、断发、剪发、侧发，指的都是同一件事，即用刀或剪把头发截断。

当然，吴越先民的"断发"，也不是把头发剪得精光而不加修饰的。《国语·吴语》记越王勾践夫人"送王不出屏，乃阖左阖，填之以土。去笄侧席而坐，不扫。"由此看来，盛行"断发"的越人也同样使用笄一类头饰束发打扮，把头发梳理成一定的发式。这一类事实也为吴、越先民活动地区的考古发掘材料所证明。据报道浙江河姆渡遗址中曾经出土过骨笄数枚；上海裕泽文化遗址中也出土了三件扁平长条形、通体精磨过的骨笄；江苏好墩新石器时代遗址的中年男性墓葬中随葬扁平长条形骨笄三件，青年女性墓葬中也有五件；吴江梅堰新石器时代遗址中，共采集到骨笄五十四件，分别呈圆形、椭圆柱形及管形，系用兽肢及禽腿骨制成，利用骨臼作笄头；福建闽侯县昙石山遗址中，也有越族先民遗存的骨笄出土。文献记载和考古资料明确无误地显示了"断发"一语反映的仅仅是古代越人对头发进行的某种修饰行为，而不是指越人的发式。

东南越人的发式，就是文献中所谓的"椎髻"。《史记·陆贾传》说南越王赵佗"反天性，弃冠带"，随从越人之俗，"魋结箕据"，"魋结"即"椎髻"，《吴越春秋》卷二也说吴王寿梦居蛮夷之地，"徙以椎髻之俗"。据研究，古代"椎髻"发式有男、女之别，男子的"椎髻"发式，以椎之形，结于头上，其状或如广东清远县马头岗出土的铜柱人头上高起的髻；或如越族后裔黎族男子头上的结髻，或垂于额前，或挂在脑后。女子的"椎髻"发式，有如广东麻鹰岗西汉墓出土的女俑头上的"锤形髻"，此发式类似于滇人妇女的"椎髻"，用红线结扎后垂挂在脑后。

文身是百越普遍盛行的风俗，据《史记·越王勾践世家》："越王勾践……文身断发，披草莱而邑焉。"结合上文所引文献中关于越人断发文身的记载，推定越国君臣上下都施行"文身"，应该是无疑义的。作为周室同姓的吴国统治者是否也"文身"呢？据《左传·哀公七年》："太伯端委以治《周礼》，仲雍嗣之，断发文身。"又据《史记·鲁周公世家》："吴王夫差强，伐齐，至缯，征百牢于鲁。季康子使子贡说吴王及太宰喜否，以礼诎之。吴王曰：'我文身，不足责礼。'"这样看来，吴国统治者从先祖仲雍到吴王夫差，也都是文身的。

所谓文身，就是用刀、针一类锋利的器具在人体的不同部位刻画出各种花纹，并在上面涂上墨炭、丹青等颜色的粉末，等到皮肤发炎过后，身上的花纹就会永不褪落了。据《淮南子·傣族训》，越人文身时要"刻肌肤，镜皮革，被创流血"，忍受巨大的痛苦。对于吴、越先民文身的具体部位，以越族后裔的傣、黎、高山族文身习俗观之，傣族男子凡自 14 岁至 20 岁之间，都要文身，或刺体部，或刺四肢，或将手臂头皮剖孔嵌入金玉珠宝颗粒；黎族女子文身的部位，大抵分为四处，即面部、胸部、臂部和腿部。吴越先民施行文身之处，应与其后裔相去不远。

文身的花纹图案，据《说苑·奉使篇》记载，越国使节诸发说越人"剪发文身，烂然成章，以像龙子者"。《淮南子·原道训》也说越人"被发文身，以像鳞虫"。高诱注曰："文身，刻画其体，内墨其中，为蛟龙之状。"据考证，古人所谓"龙"和"蛟龙"，实际上就是横行于江河中的鳄鱼。当年的东南沿海地区，除现存的扬子鳄外，还有湾鳄和马来鳄。又据考古资料，殷墟妇好墓出土的"文身"玉人上饰有几何形纹。传世文物"饕餮食人卣"上被吃的"文身"者，也刻满几何形纹饰。湖北荆州出土的战国"大武铜戚"上的"文身"人，全身也刻满鳞形纹。在我们看来，这些"文身人"，极有可能就是东南地区的越人，当然，吴、越两国虽都同属古越族，由于信仰习尚的差异，文身的花纹图案以及文身部位，也会有所不同的。

从文化人类学的凸镜透视"断发文身"，我们就会发现，百越先民当年盛行的这一奇风异俗，实际上是具有多重的社会功能和多元的价值取向的。文身既与百越先民的原始宗教意识维系在一起而具有巫术的因素，也因其表现了古代越族对美的热烈追求而具有审美的价值；同时，"断发文身"还因其根植于亚州东南沿海地区独特的自然地理环境之中，而带有多重的实用功能。

据《说苑·奉使篇》，越人"处海垂之际，屏外藩以为居，而蛟龙又与我争焉，是以剪发文身，烂然成章，以像龙子者，将避水神也"。为了谋生活命，百越先民们每日里在江海浪尖上讨生活，常常要与鳄鱼等凶猛怪物打交道。在那生产力原始低下的时代，先民们畏惧自然，出于对蛟龙之类凶猛怪物的恐惧，便在身上刺刻花纹图案，把自己打扮成蛟龙的形状，以为这样一来就会被蛟龙误认作同类，可以躲避蛟龙的伤害。因此，模仿"蛟龙"（鳄鱼）而避祸的"文身"行为，实际上就是英国人类学家弗雷泽所称的"模仿巫术"的具体运用，它所表现的就是百越先民对自然物的超自然力量的原始崇拜。

百越先民文身模仿"蛟龙"以避害，剪短头发以便游泳涉水划舟，其中具有的实用功能意义也是非常明显的，"断发文身"的功能还不仅限于此。据民族学资料，"文身"是越人及其后裔中实行的一种成年礼。《岭外代答》卷十谈到黎族女子文面的仪式及其作用时说："其绣面（文身）也，犹中州之笄也。女年及笄，置酒会亲旧女伴。自施针笔，为极细花卉飞蛾之形。"高山族先民的文身仪式一般在结婚前后举行，男子结婚后"即于肩背、胸膛、臂、两腋，以针刺花，用黑烟文之"。越族后裔的傣族男子，也把文身作为成年的标志。在越族部落，男女只有经过文身，才能确认为氏族的正式成员，得以享受氏族成员的一切权利和义务。对保护神的狂热呼吁，对成年和未来的盼望追求，使越族先民对"文身"的仪式既感到亲切、感到恐惧，又感到真正的神圣和庄严。

"文身"又是越族社会中氏族部落的标志。各个部落都有自己的文身花纹，互相之间不能随便乱刺；即使在同一部族内部，社会成员之间的文身花纹图案也有区别。如高山族的某些部落，视人形花纹最尊贵，只有酋长才能刺刻，而一般的部落成员，只能刺刻各种形式的动植物墨花。在黎族部落，文身的花纹图案也与其社会和政治组织有关系，不得互相混杂或假借。据人类学者刘咸实地调查研究，黎族各部落有各部落的文身标志，各族系有各族系的标记，各村也有各村的标记。如律黎之面纹与生铁黎有别，水满峒黎与番阳营黎之面纹不同。又如"水满峒之各种剃头黎所画面纹，亦彼此不同；番阳

百越文化

201

营所属之律黎与生铁黎村，鸡犬之声相闻，而两村黎妇所绘面纹大异"。可见文身为区别部族记号，意义甚明。

"断发文身"还表现了越人对美的追求，是百越先民审美观念的表现。据《左传·哀公七年》，吴国始祖仲雍"断发文身，裸以为饰"，把"文身"当做美的妆饰；《淮南子·傣族训》也说："夫刻肌肤，镵皮革，被创流血，至难也，然越人为之以求荣也。"好勇尚武的吴越先民，强忍切肤流血之痛以求尊荣，其中的审美价值无疑是非常突出的。

（二）凿齿、产翁、契臂

1. "凿齿"与文化传播

"凿齿"，文献中又称"齿"，俗称拔牙。百越之地，先民的某些部落曾经盛行这一风俗。《管子·小问篇》："昔者吴、干战，未龀不得入军门，国子其齿，遂入，为干国多。"盛行拔牙而与吴国交界的"干国"，典籍中又称"干越"，乃古代越人之一部。据考证，干即邢，《说文·邑部》："邢，国也，今在临淮。一曰邢属吴。"干国后为句吴所灭，其地归吴；越灭吴后，据有干地，故《越绝书·记吴地传》说："马安溪上干城者，越干王之城也。"

百越之地某些先民部落盛行拔牙风俗，也已经为近年来的考古资料所证实。据报道，上海青浦裕泽、江苏常州圩墩、邳州大墩子、福建昙石山等新石器时代遗址中，都有"凿齿"人遗骨出土。上述新石器时代文化遗址有如一条半弧形长线，穿越过吴、越之境，它与文献记载相印证，说明从新石器时代至春秋战国时期，吴越地区某些原始部落确实是通行拔牙之风的。

拔牙风俗在先民社会，那是具有特殊社会意义的。它首先是一种礼仪，是成年的标志。干越风俗，未拔牙就意味着未成年，因此就不能从军，也不能成婚。只有行过拔牙礼的人，才能享受氏族成员的权利与义务。拔牙的这一文化功能，在民族学资料中也有所反映。据《临海水土志》记载，与吴、越先民有渊源关系的高山族人，"女已嫁，皆缺去前上一齿"。

当然，"凿齿"（拔牙）并非越族先民所独有，而是新石器时代以来栖息于江湖海滨地区的民族普遍盛行的风俗。在中国，山东大汶口文化、湖北屈家岭文化、广东石峡文化，以及台湾屏东鹅銮鼻和恒春、垦丁等地新石器时期的原始居民都流行拔牙之风。这种风俗最早发生在大汶口文化的早期居民中，盛行于黄河下游的鲁南苏北一带大汶口文化分布地区，以后逐渐向南，由浙、闽、粤沿海流传到珠江流域和台湾岛上。像这种地理分布如此广阔、时间相距如此久远的古朴民风，可能由于人的迁移、通商、战争等途径而引起的文化交流与传播，也可能是相似的自然环境中的人类适应性产物。

2. 契臂、产翁的文化功能

《淮南子·齐俗训》："故胡人弹骨，越人契臂，中国歃血也，所由各异，其于信一也。""契臂"即割破手臂或大腿，使之流血至地，它与中原华夏族杀牛献血、胡人"弹骨"一样，是流传于吴、越先民中的一种古朴的盟约形式。百越先民每于忠情激动之时，便拔出佩剑在手臂或大腿上割上一刀，用鲜血以输诚款，上至君王，下及百姓，莫不如此，据《淮南子·人间训》："越王勾践一决狱不辜，援龙渊而切其股，血流至足，以自罚也。"因为断狱不当而造成冤案，越王勾践就拔出龙渊宝剑，割肉流血以示自罚，以此与国人盟誓，表示以后将秉公断狱。可见，"契臂"在越族社会有一定文化功能。

"产翁"风俗，在百越之地也曾盛行一时。据典籍记载，"越俗，妇人诞子经三日，便澡身于溪河，返具糜以饷婿，婿则拥衾抱雏坐于寝榻，称为产翁"。"产翁"，即父亲坐褥育儿。按照这一奇特的风俗，吴越地的妇女产后仅仅三天，就要下床从事家务，如烧饭、挑水，服侍丈夫；而男人则必须盖着棉被、怀抱新生儿卧床抚育。从文化人类学的观点看，"产翁"风俗产生于母权制向父权制的过渡时期，是父亲为确认其与子女的血缘继承关系而采取的一种象征性行动，用马林诺夫斯基的话来说："产翁的功能，和其他的举动一般，是在用象征的方法把父亲同化于母亲，以确立社会性的父道。"

（三）在"食人"之风背后

百越地区的某些部落，上古时代还盛行"食人"之风。有关这种野蛮陋习的传说，直到战国时期还在中原流传着。《墨子·节葬篇》说："昔者

越之东有辄沐之国者桥，其长子生，则解而食之，谓之宜弟。"《鲁问篇》又载："楚之南有啖人之国者桥，其国之长子生，则鲜而食之，谓之宜弟。美，则以遗其君，君喜则赏其父。"楚国之南，越国之东，都在百越之境，盛行这种野蛮习俗的主人，无疑是吴越之地的越族先民。

透过百越先民"咬人""食人"的表象，我们就会发现隐藏在先民文化心理深层的奥秘。"咬人""食人"，首先隐含宗教上的意义。史书记载吴、越之地，"近夏瘴热，暴露水居，蝮蛇蠹生，疾病多作"。由于生产力的原始低下，人类在险恶丛生的自然环境的挑战面前几乎无能为力，先民的生存问题成了当时最大的难题，营养不良，医疗条件极差极劣，"丈夫早夭，五女二男"，男孩的出生率和成活率之低真是世所少见的。为了使母亲日后生育的子女能够健康地成长，为了使整个氏族人丁兴旺，吴、越地区的先民们遂借助神秘的巫术。他们相信，身体的孔窍、胎盘、脐带、血液、毛发、指甲，人的心脏、肝脏、眼睛、脂肪等等，都能对那些吃它们的人产生这样那样的作用，都可以派上这样那样的巫术用场，他们希冀母亲吃了长子以后，会生出更多更强壮的子女来。在父权制确立之初及其后相当长的时间里，男女之间的性关系还是相当随便、自由。在这种形势下，那些拥有相当财富的男子，就难免怀疑首生子是妻子与他人所生，为保自己的嫡亲骨肉继承遗产，就势必要采取某些措施。而杀长子，无疑是这些习俗中的一种。